서울교통공사
필기시험 모의고사

제4회~제5회

- 정답 및 해설 -

제4회 정답 및 해설

직업기초능력평가

1 ①

① 침강(沈降) : 밑으로 가라앉음
② 침식(侵蝕) : 외부의 영향으로 세력이나 범위 따위가 점점 줄어듦
③ 침체(沈滯) : 어떤 현상이나 사물이 진전하지 못하고 제자리에 머무름
④ 침범(侵犯) : 남의 영토나 권리, 재산, 신분 따위를 침노하여 범하거나 해를 끼침
⑤ 침해(侵害) : 침범하여 해를 끼침

2 ②

제시된 글은 첫 문장에서 유행성 감기가 퍼지는 속도는 인간의 여행 속도에 비례한다는 내용을 언급하고, 과거와 오늘날의 그 속도 차이에 대해 비교하고 있다. 글 후반부에서 현대식 속도가 유행성 감기를 예측할 수 없게 만들었고, 따라서 통제수단도 더 빨라져야 한다고 언급하므로, 답은 ②이다.

3 ①

배경지식이 전혀 없던 상태에서는 X선 사진을 관찰하여도 아무 것도 찾을 수 없었으나 이론과 실습 등을 통하여 배경지식을 갖추고 난 후에는 X선 사진을 관찰하여 생리적 변화, 만성질환의 병리적 변화, 급성질환의 증세 등의 현상을 알게 되었다는 것을 보면 관찰은 배경지식에 의존하다고 할 수 있다.

4 ④

④ 계란 알레르기가 있는 고객이므로 제품에 계란이 사용되었거나, 제조과정에서 조금이라도 계란이 들어갔을 우려가 있다면 안내해 주는 것이 바람직하다. 이 제품은 원재료에 계란이 들어가지는 않지만, 계란 등을 이용한 제품과 같은 제조시설에서 제조하였으므로 제조과정에서 계란 성분이 들어갔을 우려가 있다. 따라서 이 점에 대해 안내해야 한다.

5 ③

정보사회에 있어서 인공지능(AI)과 통계의 역학관계를 주제로 한, 맥락 파악형 문제이다. 상기 자료는 여러 가지 기술적 관점에서 달리 보일 수 있지만, 그 용어의 구분이 모호하고 중첩됨을 말하고 있다. 다시 말하면, 글쓴이의 제시 질문에 관련하여, '인공지능 시대에 통계는 그 역할이 뒤떨어지지 않는다.'임을 알 수 있다. 따라서 이와 같은 맥락적 관점에서 본다면 다른 네 사람과 거리가 먼 발언을 한 사람은 ③번 정 대리이다.

6 ②

산재보험의 소멸은 명확한 서류나 행정상의 절차를 완료한 시점이 아닌 사업이 사실상 폐지 또는 종료된 시점에 이루어진 것으로 판단하며, 법인의 해산 등기 완료, 폐업신고 또는 보험관계소멸신고 등과는 관계없다.

① 마지막 부분에 고용보험 해지에 대한 특이사항이 기재되어 있다.
③ '직권소멸'은 적절한 판단에 의해 근로복지공단이 취할 수 있는 소멸 형태이다.

7 ①

'채'는 의존 명사로 '이미 있는 상태 그대로 있다는 뜻을 나타내는 말'이다. '체'는 의존 명사로 '그럴듯하게 꾸미는 거짓 태도나 모양'을 의미한다. '–째'는 접사로 '그대로, 또는 전부'를 의미한다. 따라서 '껍질째'는 '껍질'이라는 명사에 '–째'라는 접사가 붙어 '껍질 그대로 또는 전부'라는 의미가 되므로 바르게 쓰였다.

② '앉아 있는 상태 그대로 있다.'라는 의미로 쓰인 것이므로 의존 명사 '채'가 쓰여 '앉은 채로'라고 써야 한다.
③ '똑똑한 척 꾸미는 거짓 태도나 모양'이라는 의미로 쓰인 것이므로 의존 명사 '체'가 쓰여 '똑똑한 체'라고 써야 한다.
④ '살아 있는 상태 그대로'라는 의미로 쓰인 것이므로 의존 명사 '채'가 쓰여 '산 채'라고 써야 한다.
⑤ '죽은 척 꾸미는 거짓 태도나 모양'을 의미하는 것이므로 의존 명사 '체'가 쓰여 '죽은 체를 했다'라고 써야 한다.

8 ①

① 재배면적은 고추가 2024년 대비 2025년에 감소하였고, 참깨는 증가하였음을 확인할 수 있다.

② 고추는 두 가지 모두 지속 감소, 참깨는 두 가지 모두 지속 증가하였다.

③ 고추는 123.5천 톤에서 55.7천 톤으로, 참깨는 19.5천 톤에서 14.3천 톤으로 감소하였다.

④ 고추는 대체적으로 감소세라고 볼 수 있으나, 참깨는 증감을 반복하고 있는 추세이므로 적절한 설명이라고 볼 수 있다.

⑤ 예를 들어 2023년 고추의 경우 재배면적은 감소하였으나, 생산량은 오히려 증가한 것을 확인할 수 있다.

9 ②

한 시간 동안 A의 효율 : $\frac{1}{6}$

한 시간 동안 B의 효율 : $\frac{1}{4}$

한 시간 동안 C의 효율 : $\frac{1}{3}$

$\left(\frac{1}{6}+\frac{1}{4}+\frac{1}{3}\right)\times x=1$

$\frac{9}{12}x=1$

$\therefore x=\frac{4}{3}$

$60\times\frac{4}{3}=80$(분), 즉 1시간 20분이 걸린다.

10 ④

1인 수급자는 전체 부부가구 수급자의 약 17%에 해당하며, 전체 기초연금 수급자인 4,581,406명에 대해서는 약 8.3%에 해당한다.

① 기초연금 수급자 대비 국민연금 동시 수급자의 비율은 2017년이 719,030 ÷ 3,630,147 × 100 = 19.8%이며, 2024년이 1,541,216 ÷ 4,581,406 × 100 = 33.6%이다.

② 4,581,406 ÷ 6,987,489 × 100 = 65.6%이므로 올바른 설명이다.

③ 전체 수급자는 4,581,406명이며, 이 중 2,351,026명이 단독가구 수급자이므로 전체의 약 51.3%에 해당한다.

⑤ 2017년부터 2025년까지 65세 이상 노인인구는 꾸준히 증가하고 있다.

11 ①

㈎ 남성은 2021년에 전년과 동일하였고 이후 줄곧 증가하였으나, 여성은 2022년부터 감소세에서 증가세로 반전했음을 알 수 있다. (O)

㈏ 69.0% → 68.9% → 68.4% → 67.5% → 67.0% → 66.8%로 매년 감소하였다. (O)

㈐ 2024년은 21.2 ÷ 64.3 × 100 = 33.0%이나, 2025년은 22.6 ÷ 68.1 × 100 = 33.2%로 남성의 비중이 가장 높은 해이다. (X)

㈑ 2024년의 증가율은 (64.3 − 60.4) ÷ 60.4 × 100 = 약 6.5%이며, 2025년의 증가율은 (68.1 − 64.3) ÷ 64.3 × 100 = 약 5.9%이다. (O)

12 ③

- 2026년 남성 우울증 환자 수 : 22.6 × 1.1 = 24.86만 명
- 2026년 여성 우울증 환자 수 : 45.5 × 0.9 = 40.95만 명

따라서 2026년 전체 우울증 환자 수는 24.86 + 40.95 = 65.81만 명이다.

13 ⑤

① 팀 선수 평균 연봉$=\frac{\text{총 연봉}}{\text{선수 인원수}}$

A : $\frac{15}{5}=3$

B : $\frac{25}{10}=2.5$

C : $\frac{24}{8}=3$

D : $\frac{30}{6}=5$

E : $\frac{24}{6}=4$

② C팀 2024년 선수 인원수 $\frac{8}{1.333}=6$명, 2025년 선수 인원수 8명

D팀 2024년 선수 인원수 $\frac{6}{1.5}=4$명, 2025년 선수 인원수 6명

C, D팀은 모두 전년대비 2명씩 증가하였다.

③ A팀의 2024년 총 연봉은 $\frac{15}{1.5}=10$억 원, 2024년 선수 인원수는 $\frac{5}{1.25}=4$명

2024년 팀 선수 평균 연봉은 $\frac{10}{4}=2.5$억 원

2025년 팀 선수 평균 연봉은 3억 원

④ 2024년 선수 인원수를 구해보면 A-4명, B-5명, C-6명, D-4명, E-5명

전년대비 증가한 선수 인원수는 A-1명, B-5명, C-2명, D-2명, E-1명

2024년 총 연봉을 구해보면 A-10억, B-10억, C-20억, D-25억, E-16억

전년대비 증가한 총 연봉은 A-5억, B-15억, C-4억, D-5억, E-8억

⑤ 2024년 총 연봉은 A팀이 10억 원, E팀이 16억 원으로 E팀이 더 많다.

14 ①

㉠ '거리 = 속도 × 시간'이므로,

- 정문에서 후문까지 가는 속도 : 20m/초 = 1,200m/분
- 정문에서 후문까지 가는데 걸리는 시간 : 5분
- 정문에서 후문까지의 거리 : 1200 × 5 = 6,000m

㉡ 5회 왕복 시간이 70분이므로,

- 정문에서 후문으로 가는데 소요한 시간 : 5회 × 5분 = 25분
- 후문에서 정문으로 가는데 소요한 시간 : 5회 × x분
- 쉬는 시간 : 10분
- 5회 왕복 시간 : 25 + 5x + 10분 = 70분

∴ 후문에서 정문으로 가는데 걸린 시간 x = 7분

15 ③

㉠ "옆에 범인이 있다."고 진술한 경우를 ○, "옆에 범인이 없다."고 진술한 경우를 ×라고 하면

1	2	3	4	5	6	7	8	9
○	×	×	○	×	○	○	○	×
							시민	

- 9번이 범인이라고 가정하면

9번은 "옆에 범임이 없다.'고 진술하였으므로 8번과 1번 중에 범인이 있어야 한다. 그러나 8번이 시민이므로 1번이 범인이 된다. 1번은 "옆에 범인이 있다."라고 진술하였으므로 2번과 9번에 범인이 없어야 한다. 그러나 9번이 범인이므로 모순이 되어 9번은 범인일 수 없다.

- 9번이 시민이라고 가정하면

9번은 "옆에 범인이 없다."라고 진술하였으므로 1번도 시민이 된다. 1번은 "옆에 범인이 있다."라고 진술하였으므로 2번은 범인이 된다. 2번은 "옆에 범인이 없다."라고 진술하였으므로 3번도 범인이 된다. 8번은 시민인데 "옆에 범인이 있다."라고 진술하였으므로 9번은 시민이므로 7번은 범인이 된다. 그러므로 범인은 2, 3, 7번이고 나머지는 모두 시민이 된다.

㉡ 모두가 "옆에 범인이 있다."라고 진술하면 시민 2명, 범인 1명의 순으로 반복해서 배치되므로 옳은 설명이다.

㉢ 다음과 같은 경우가 있음으로 틀린 설명이다.

1	2	3	4	5	6	7	8	9
○	○	○	○	○	○	○	×	○
범인	시민	시민	범인	시민	범인	시민	시민	시민

16 ⑤

1. [이야기 내용] 마지막 문장에서 3사람 외에 다른 사람은 없었다고 하였으므로, 미용실에는 여자 미용사 1명, 여성 손님 1명, 남성 손님 1명이 있었다. → ○
2. 세 번째 문장에서 '커트 비용으로 여자 미용사는 ~'이라고 언급하고 있으므로 이 미용실의 미용사는 여성이다. → ○
3. 두 번째 문장에서 '여성에 대한 커트가 끝나자, 기다리던 남성도 머리를 커트하였다'라고 하였으므로 여자 미용사는 남성의 머리를 커트하였다. → ○
4. '커트 비용으로 여자 미용사는 남성으로부터 모두 10,000원을 받았다.' 이 문장만으로 '돈을 낸' 사람이 머리를 커트한 남자 손님이라고 단정할 수는 없다. 여자 손님이 낸 돈을 남자 손님이 미용사에게 건네주었을 수도 있다. → ×
5. [이야기 내용]만으로는 이 미용실의 일인당 커트 비용을 알 수 없다. → ×
6. 두 번째 문장에서 '여성에 대한 커트가 끝나자, 기다리던 남성도 머리를 커트하였다'라고 하였으므로 머리를 커트한 사람은 모두 2명이다. → ○

17 ⑤

㉠ 70명이 기권하면 기권표가 전체의 3분의 1 이상이 되므로 안건은 부결된다.

㉡ 104명이 반대하면 기권표가 없다고 가정할 경우 106명이 찬성을 한 것이고, 기권표를 제외해도 찬성표가 50%를 넘기 때문에 안건이 반드시 부결된다고 볼 수는 없다.

㉢ 141명이 찬성하면 나머지 69명이 기권 또는 반대를 하더라도 반드시 안건은 가결된다.

㉣ 안건이 가결될 수 있는 최소 찬성표를 구하면 69명이 기권하고 그 나머지에서 찬성이 50%를 넘는 것을 의미하므로 210 − 69 = 141명, 여기서 50%를 넘어야 하므로 71명
그러므로 최소 찬성표는 71표가 된다.

18 ⑤

⑤ 어머니와 본인, 배우자, 아이 셋을 합하면 戊의 가족은 모두 6명이다. 6인 가구의 월평균소득기준은 5,144,224원 이하로, 월평균소득이 480만 원이 되지 않는 戊는 국민임대주택 예비입주자로 신청할 수 있다.

① 세대 분리되어 있는 배우자도 세대구성원에 포함되므로 주택을 소유한 아내가 있는 甲은 국민임대주택 예비입주자로 신청할 수 없다.

② 본인과 배우자, 배우자의 부모님을 합하면 乙의 가족은 모두 4명이다. 4인 가구 월평균소득기준은 4,315,641원 이하로, 월평균소득이 500만 원을 넘는 乙은 국민임대주택 예비입주자로 신청할 수 없다.

③ 신청자인 丙의 배우자의 직계비속인 아들이 전 남편으로부터 아파트 분양권을 물려받아 소유하고 있으므로 丙은 국민임대주택 예비입주자로 신청할 수 없다.

④ 3천만 원짜리 자동차를 소유하고 있는 丁은 자동차에서 자산보유 기준을 충족하지 못하므로 국민임대주택 예비입주자로 신청할 수 없다.

19 ②

② 출입문을 개방하는 것은 비상코크를 작동함으로써 가능하다. 비상코크는 객차 내 의자 양 옆 아래쪽에 있다.

20 ④

50세인 최 부장은 기본점수가 100점 이었으나 성수기 2박 이용으로 40점(1박 당 20점)이 차감되어 60점의 기본점수가 남아 있으나 20대인 엄 대리는 미사용으로 기본점수 70점이 남아 있으므로 점수 상으로는 선정 가능성이 더 높다고 할 수 있다.

① 신청은 2개월 전부터 가능하므로 내년 이용 콘도를 지금 예약할 수는 없다.

② 신혼여행 근로자는 최우선 순위로 콘도를 이용할 수 있다.

③ 선정 결과는 유선 통보가 아니며 콘도 이용권을 이메일로 발송하게 된다.

⑤ 이용자 직계존비속 사망에 의한 취소의 경우이므로 벌점 부과 예외사항에 해당된다.

21 ④

모두 월 소득이 243만 원 이하이므로 기본점수가 부여되며, 다음과 같이 순위가 선정된다.
우선, 신혼여행을 위해 이용하고자 하는 B씨가 1순위가 된다. 다음으로 주말과 성수기 선정 박수가 적은 신청자가 우선순위가 되므로 주말과 성수기 이용 실적이 없는 D씨가 2순위가 된다. A씨는 기본점수 80점, 3일 전 취소이므로 20점(주말 2박) 차감을 감안하면 60점의 점수를 보유하고 있으며, C씨는 기본점수 90점, 성수기 사용 40점(1박 당 20점) 차감을 감안하면 50점의 점수를 보유하게 된다. 따라서 최종순위는 B씨 − D씨 − A씨 − C씨가 된다.

22 ①

100만 원을 초과하는 금액을 법인카드로 결제할 경우, 대표이사를 최종결재권자로 하는 법인카드신청서를 작성해야 한다. 따라서 문서의 제목은 법인카드신청서가 되며, 대표이사가 최종결재권자이므로 결재란에 '전결' 또는 상향대각선 등 별다른 표기 없이 작성하면 된다.

23 ⑤

50만 원 이하의 출장비신청서가 필요한 경우이므로 전결규정에 의해 본부장을 최종 결재권자로 하는 출장비신청서가 필요하다. 따라서 본부장 결재란에는 '전결'이라고 표시하고 최종 결재권자란에 본부장이 결재를 하게 된다.

24 ③

㉠ [○] 전동차 분야의 2024년 소계액은 1,488억 원, 2025년 소계액은 1,672억 원으로 모든 분야 중 가장 큰 금액이다.

㉡ [○] 2024년 공기질 개선 측정기구에 대한 투자액은 0원이므로 2025년에 새롭게 투자한 항목이라는 것을 알 수 있다.

㉢ [×] 노후 전선로 및 노후 전력설비를 개량하는 데 투자한 금액의 합은 2024년에 423억 원으로, 노후시설 개선 전체 투자금액 1,076억 원의 약 39%를 차지한다. 2025년 역시 두 내역의 금액 합은 461억 원으로, 노후시설 개선 투자금액의 48% 비중이다. 따라서 두 해 모두 노후 전선로 및 노후 전력설비를 개량 비용은 노후시설 개선 분야의 투자금액 중 절반에 못 미친다.

㉣ [○] 도표 중 증감란을 보면, 세부 내역 모두에서 감소(△) 표시가 없는 분야는 '공기질'과 '디지털 기반 안전시스템(SCM)'임을 알 수 있다.

25 ②

② 해당 내용은 조직도를 통해 타당하게 유추하기 어렵다. 철도안전법상 관제자격증명의 신체검사는 서울교통공사의 종합관제단이 아니라 국토교통부장관이 실시한다.

26 ⑤

⑤ 데이터는 논리적 및 전사적으로 통합된 공동의 저장소에 수집 · 저장 · 제공되어야 한다. 또한 정보 수요자의 정보 활용 공통기반을 구축하고, 운영 및 유지하여야 한다.

27 ⑤

차트는 '가로 막대형'이며, 부서명은 '오름차순', 순위 [E4]셀 함수식은 '=RANK(D4,$D$4:$D$8,0)'이므로 ㉠, ㉡, ㉢ 모두 맞다.

28 ③

특정 값을 일시적으로 필터링하는 기능인 필터 기능을 사용하여 '승차'값만 확인하는 것이 가장 적절하다.

29 ③

① '승차/하차'를 나타내는 '구분' 열이 삭제되었다.

② [B2:I6]의 셀은 각 지하철역별 승차 인원수와 하차 인원수를 더한 값을 표현하고 있다.

④ [J2:J6]은 스파크라인을 이용하여 셀 안에 차트를 삽입하였다.

⑤ [B7:I7]은 average 함수를 이용하여 시간대별 평균 이용자수를 나타낸 값이다.

30 ②

제시된 항목 중 직접비는 직원 급여, 출장비, 설비비, 자재대금으로 총액 4,000만 원이며, 간접비는 사무실 임대료, 수도/전기세, 광고료, 비품, 직원 통신비로 총액 1,025만 원이다. 따라서 출장비가 280만 원이 되면 직접비 총액이 4,080만 원이 되므로 여전히 간접비는 직접비의 25%가 넘게 된다.

① 30만 원이 절약되므로 간접비는 직접비의 25% 이하가 된다.

③ 간접비가 35만 원 절약되므로 팀장의 지시 사항에 어긋나지 않게 된다.

④ 간접비 총액이 1,000만원 밑으로 내려가므로 팀장의 지시 사항에 어긋나지 않게 된다.

⑤ 직접비가 220만 원 상승하므로 팀장의 지시 사항에 어긋나지 않게 된다.

31 ④

일반적 질병으로 60일 병가를 모두 사용하였고, 부상으로 인한 지각 · 조퇴 · 외출 누계 허용 시간인 8시간을 1시간 넘겼으므로 규정 내의 병가 사용이라고 볼 수 없다.

① 공무상 질병으로 인한 병가는 180일 이내이며, 조퇴 누계 시간이 8시간 미만이므로 규정 내에서 사용하였다.

② 일반적 질병으로 60일 범위 내에서 사용한 병가이므로 규정 내에서 사용하였다.

③ 정직일수는 병가일수에서 공제하여야 하므로 60일(정직 30일 + 공무상 병가 30일)의 공무상 병가이며, 지각 누계 시간이 8시간 미만이므로 규정 내에서 사용하였다.

⑤ 진단서 없이 6일간의 기한 내 병가 사용이며 지각 · 조퇴 · 외출 누계 시간이 각각 6시간으로 규정 내에서 사용하였다.

32 ④

◐, ◉을 차례로 눌러서 다음과 같이 변화되었음을 알 수 있다.

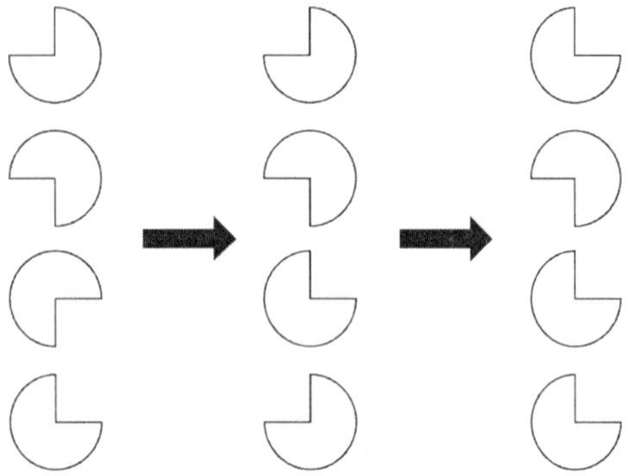

33 ②

4차 산업발전이 제공하는 스피드와 만족과 더불어서 C2C (Customer to Customer)는 인터넷을 통한 직거래 또는 물물교환, 경매 등에서 특히 많이 활용되는 전자상거래 방식이다. C 쇼핑이 제공하는 서비스는 "수수료를 받지 않고 개인 간 물품거래를 제공하는 스마트폰 애플리케이션 '오늘 마켓'을 서비스 한다"라는 구절을 보면 알 수 있다.

34 ①

크로스도크(Cross Dock) 방식을 사용할 경우 대내 운송품은 유통센터에 하역되고 목적지별로 정렬되고 이어 트럭에 다시 실리는 과정을 거치게 된다. 재화는 실제로 전혀 창고에 들어가지 않으며 단지 도크를 거쳐 이동할 뿐이며, 이로 인해 최소 재고를 유지하고, 유통비용을 줄일 수 있다.

35 ④

④ 김 대리는 현대 일본을 상대로 하는 무역회사에 다니고 있으므로 고급 일본어를 수강하겠다는 것은 현재 직무를 고려한 자기개발이다.

36 ⑤

㉤은 '언행일치'와 관련한 내용으로 행동과 말을 일치시키는 것이 대인관계 향상에 매우 중요함을 보여주고 있다.

37 ④

박스 안의 고객은 전문가처럼 보이고 싶어하는 고객의 유형에 해당한다. 이러한 유형의 고객에게는 정면 도전을 피하고 고객이 주장하는 내용의 문제점을 스스로 느낄 수 있도록 대안이나 개선에 대한 방안을 유도해 내도록 해야 한다. 또한, 대화 중에 반론을 하거나 자존심을 건드리는 행위를 하지 않도록 주의하며 자신의 전문성을 강조하지 말고 문제 해결에 초점을 맞추어 고객의 무리한 요망사항에 대체할 수 있는 사실을 언급한다.

38 ②

② '내가'라는 자아의식의 과잉은 팀워크를 저해하는 대표적인 요인이 될 수 있다. 팀워크는 팀 구성원이 공동의 목적을 달성하기 위해 상호 관계성을 가지고 서로 협력하여 일을 해나가는 것인 만큼 자아의식이 강하거나 자기중심적인 이기주의는 반드시 지양해야 할 요소가 된다.

39 ④

가. 악수를 하는 동안에는 상대에게 집중하는 의미로 반드시 눈을 맞추고 미소를 짓는다.

다. 처음 만나는 사람과의 악수라도 손끝만을 잡는 행위는 상대방을 존중한다는 마음을 전달하지 못하는 행위이다.

바. 정부 고관을 지낸 사람을 소개할 경우 퇴직한 사람이라도 직급명은 그대로 사용해 주는 것이 일반적인 예절로 인식된다.

40 ③

제시된 상황은 대표적으로 직업윤리와 개인윤리가 충돌하는 상황이라고 할 수 있다. 직무에 따르는 업무적 책임 사항은 반드시 근무일에만 적용된다고 판단하는 것은 올바르지 않으며, 불가피한 경우 휴일에도 직무상 수행 업무가 발생할 수 있음을 감안하는 것이 바람직한 직업윤리의식일 것이다. 따라서 이러한 경우 직업윤리를 우선시하는 것이 바람직하다. 선택지 ④와 같은 경우는 대안을 찾는 경우로서, 책임을 다하는 태도라고 할 수 없다.

직무수행능력평가(경영학)

1 ⑤

봉사목적에 입각한 경영철학은 포드 시스템에 해당하는 내용이다.

2 ③

① 사원은 원칙적으로 출자가액을 한도로 하는 출자의무를 부담할 뿐 직접 아무런 책임을 부담하지 않는 회사

② 주식의 발행으로 설립된 회사

④ 무한책임사원과 유한책임사원으로 구성되는 복합적 조직의 회사

3 ③

① 일종의 기업협동으로 다른 기업의 주식보유를 통한 지배와 시장의 독점을 시도한다. 가맹기업의 독립성은 없고, 동일 산업부문 또는 기술적으로 관련된 수직적인 산업부문만의 자본 지배를 말한다.

② 일종의 기업집단으로 산업과 금융의 융합, 주식소유에 의한 지배(지주회사) 또는 융자, 중역파견에 의한 인적 결합 지배로 독립성이 유지되며 산업과 금융의 융합을 말하는 것으로 우리나라의 재벌이 이에 속한다.

④ 타 회사의 주식 보유를 통해 그 회사를 경영상으로 지배하려는 형태를 지주회사라 한다.

※ 콘체른과 같은 수직적 기업집단과는 달리 일정수의 유사한 규모의 기업들이 원재료와 신기술의 이용을 목적으로 사실상의 제휴를 하기 위하여 근접한 지역에서 대등한 관계로 결성하는 수평적 기업 집단(특정 공업단지 내의 기업집단)을 말한다.

⑤ 콤비나트는 기술적 관점에서 유기적으로 결합된 다수 기업의 집단으로 공장집단이라고 한다.

4 ④

④ 과학적 관리법은 조직구성원들에 대한 동기부여가 테일러가 생각한 것보다 훨씬 복잡하게 이루어진다는 비판과 함께 '인간 없는 조직'이라고 불리기도 한다.

※ 과학적 관리법은 20세기 초 가장 효율적으로 인간이 일할 수 있도록 프레드릭 테일러가 고안해낸 작업 설계방식이다. 생산방법이 개선된다면 작업 능률과 생산성이 자동적으로 상승한다는 전제하에 인간은 물리적, 경제적 여건에 따라 생산성이 달라진다고 보았다.

5 ④

매슬로우 욕구론에 따라 생리적 욕구, 안전욕구, 사회적 욕구, 자기존중 욕구, 자아실현 욕구 순으로 사람을 동기부여 시킨다.

① 자아실현 욕구는 잠재적 역량을 최고로 발휘하여 자신의 일에서 최고가 되고 싶은 욕구이다.

② 자기존중 욕구는 명성, 명예 등 타인으로부터 인정받고 싶은 욕구이다.

③ 사회적 욕구는 어딘가에 소속되고 싶은 또는 다른 이들에게 집단의 일원으로 인정받고 싶은 욕구이다.

⑤ 생리적 욕구는 생존에 필수적인 것들을 충분히 취하고 싶은 욕구이다.

6 ③

조직의 3요소 … 공통의 목적, 커뮤니케이션 네트워크, 공헌의욕

7 ①

① 인간관계론은 호손실험의 결과를 토대로 메이요(E. Mayo)가 주창하였다.

8 ②

직무평가의 방법

㉠ 서열법(ranking method) : 직무의 난이도, 책임의 대소, 직무의 중요도, 장점 등 직무의 상대적 가치를 모두 고려하여 전체적으로 직무의 서열을 평가하는 방법으로 등급법이라고도 한다.

㉡ 분류법(classification method) : 전반적인 직무가치나 난이도 등의 분류기준에 따라 미리 여러 등급을 정하고 여기에 각 직무를 적절히 평가하여 배정하는 방법으로 서열법과 유사한 장 · 단점이 있으며, 직무등급법이라고도 한다.

㉢ 점수법(point method) : 각 직무에 공통평가요소를 선정하고 여기에 가중치를 부여한 후, 각 직무요소별로 얻은 점수와 가중치를 곱하고 이를 합계하여 그 점수가 가장 높은 직무를 가장 가치 있는 직무로 평가하는 방법이다.

㉣ 요소비교법(factor comparison method) : 조직 내의 가장 중심이 되는 직무를 선정하고 요소별로 직무를 평가한 후 나머지 평가하고자 하는 모든 직무를 기준직무의 요소에 결부시켜 서로 비교하여 조직 내에서 이들이 차지하는 상대적 가치를 분석적으로 평가하는 방법이다.

※ 면접법은 직무담당자 또는 감독자와 면접을 통해 직무정보를 획득하는 방법이다.

9 ②

제품수명주기

구분	특성
도입기	• 매출은 없거나 미미한 단계 • 경쟁자가 없거나 적은 단계
성장기	• 매출이 급속히 성장하는 단계 • 경쟁자가 점차적으로 증가하는 단계
성숙기	• 최대매출을 달성하는 단계 • 경쟁자는 점차 감소하는 단계
쇠퇴기	• 시장에서 제품라인이 삭제되는 단계

10 ②

② 해당 사례는 경쟁범위가 넓고 경쟁우위에 있어 저원가 전략을 펴는 원가우위 전략 성공 사례이다.

11 ③

GE 매트릭스는 산업매력도(시장규모, 성장률, 이익률, 경쟁정도, 경험곡선 등)를 Y축으로 기업경쟁력(생산능력, 생산성, 유통망, 단위당 비용, 상대적 시장점유율, 가격경쟁력, 제품의 질, 고객에 대한 지식 등)을 X축으로 놓은 분석도구이다. 이 두 축을 중심으로 하여 시장도 매력적이며 기업경쟁력도 있는 사업, 시장은 매력적이나 기업경쟁력은 없는 사업, 기업경쟁력은 있으나 시장잠재력이 매우 작은 사업, 경쟁력도 없고 시장잠재력도 없는 사업 즉, 총 네 가지로 비즈니스를 분류하며 이에 따라 서로 다른 전략적 가치를 도출해낸다.

12 ①

그린마케팅 … 기업의 제품이 개발되고 유통, 소비되는 과정에서 자사의 환경에 대한 사회적 책임과 환경보전 노력을 소비자들에게 호소하는 마케팅 전략이다.

② 필립 코틀러가 사용하기 시작한 단어로 현대와 같이 급속하게 변화하는 기업 환경하에서 효과적인 마케팅을 수행하기 위해서는 종전의 마케팅 컨셉트나 마케팅 믹스에 국한되어서는 안 되며 기존의 마케팅 전략요소인 4P(Product, Place, Price, Promotion)에 Power와 PR(public relation)을 포함시켜야 한다고 설명하고 있다.

13 ④

여러 시즌에 걸쳐 특정 스타일의 판매가 이루어지는 것은 지속성 상품이다.

14 ⑤

물류의 7R 원칙은 E. W. Smykey 교수가 제창한 원칙으로써 여기서 '적절하다'는 말은 바로 고객이 요구하는 서비스의 수준을 뜻한다. 이를 잘 실행시키기 위해서는 하역, 포장, 보관, 수송, 정보, 유통가공 등의 물류 하부시스템을 통합시키는 작업이 필요하다.

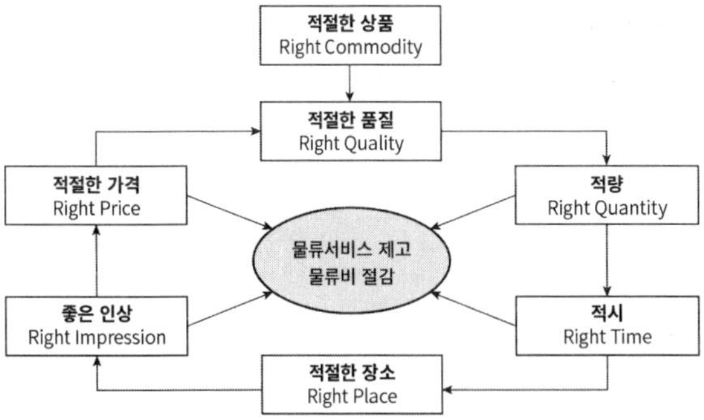

15 ③

동일한 재화에 대해 서로 상이한 가격을 부과하는 것을 가격차별이라 한다. 따라서 재화의 동일성을 전제로 가격차별의 예를 판단해야 하며 이러한 관점에서 판단할 때 비행기의 비즈니스석과 이코노미석은 서로 다른 서비스를 제공하므로 다른 재화로 판단하는 것이 타당하며 따라서 가격차별이 될 수 없다. 반대로 놀이공원의 입장료와 놀이기구 이용료를 따로 받는 것은 동일재화에 해당하므로 2부 가격차별이라 할 수 있다. 이러한 가격차별은 독점의 형태에서 주로 발생하며 규모의 경제는 독점의 강력한 원인이 된다. 가격반응곡선은 과점형태에서 나타나므로 옳지 않다.

16 ④

JIT 시스템의 효과

㉠ 수요의 변화에 대한 신속한 대응
㉡ 작업 공간 사용의 개선
㉢ 불량 감소
㉣ 재공품 재고변동의 최소화
㉤ 생산 리드타임의 단축
㉥ 유연성
㉦ 분권화를 통한 관리의 증대
㉧ 고설계 적합성
㉨ 납기의 100% 달성
㉩ 각 단계 간 수요변동의 증폭전달 방지
㉪ 낮은 수준의 재고를 통한 작업의 효율성

17 ③

③번은 정기발주 시스템의 특징이다.

※ 정량발주 시스템

- 발주 비용이 저렴하다.
- 일정량을 발주하며, 발주 시기는 비정기적이다.
- 재고량 증가의 우려가 있다.
- 계산이 편리한 관계로 사무관리가 용이하다.
- 정기적인 재고량의 점검이 이루어진다.

18 ④

보상적 권력은 원하는 보상을 해 줄 수 있는 자원과 능력을 갖고 있을 때 발생하는 권력을 의미한다.

19 ②

시계열 자료는 주가 지수의 경우처럼 매 단위 시간에 따라 측정되어 생성되는데 횡단면 자료에 비하여 상대적으로 적은 수의 변수로 구성된다.

20 ②

ULS (Unit Load System : 유닛로드시스템)는 화물의 유통 활동에 있어 하역 · 수송 · 보관 등의 전반적인 비용절감을 위해, 출발지에서부터 도착지까지의 중간 하역작업 등이 없이 일정한 방법으로 수송 · 보관하는 시스템을 의미한다.

21 ③

아웃소싱 전략은 한정된 자원을 가장 핵심사업 분야에 집중시키고, 나머지 부문은 외부 전문기업에 위탁하여 효율을 극대화하려는 전략을 말하며, 고객에 대한 낮은 충성도, 이직률의 상승이라는 문제점을 지니고 있다.

22 ②

재고의 기능과 유형

- 장래 수요에 대비한 비축재고
- 불확실성에 대비한 안전재고
- 규모의 경제에 따라 발생하는 재고
- 공정의 독립성을 유지하기 위한 완충재고
- 원거리 수송으로 인한 재고

23 ②

목표에 의한 관리는 개인과 조직의 목표를 명확히 규정함으로써 구성원의 목표를 상급자 및 조직전체의 목표와 일치하도록 하기 때문에 조직목표 달성에 효과적으로 기여한다는 것이다.

24 ①

①번은 직장 내 교육훈련에 관한 설명이다.

25 ②

㉠ 사업단위 연관문제 : 사업부를 각각 독립적으로 보고 있으며, 수익성이 낮은 사업은 제거하지만 실제 좋은 사업에도 영향을 줄 수 있다는 부분은 간과하고 있다.

㉡ 자원의 제약성 : 기업의 내적자원만을 고려하여 외부적인 요인의 영향력은 외면하였다.

㉢ 가정의 비현실성 : 시장성장율, 시장점유율 등 이분법적인 분류로 사업단위의 유형을 지나치게 단순화하였다.

㉣ 주관개입의 가능성이 있으므로 객관적 평가시스템의 보완이 필요하다.

26 ③

캐롤(B.A. Carrol)의 피라미드 모형에서 제시된 기업의 사회적 책임의 단계는 다음과 같다.

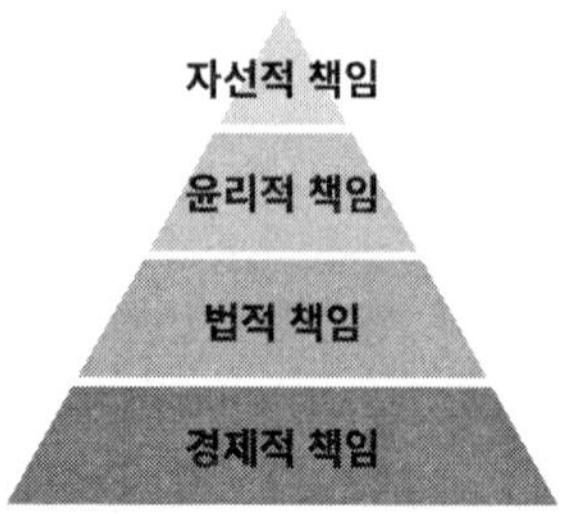

27 ②

거래처리 정보보다 분석정보에 의존한 의사결정 문제가 자주 발생하기 때문에 의사결정에 있어 정보시스템에 의존하게 되는 것이다.

28 ②

㉠ 균형성과표(BSC : balanced scorecard)는 회계학 분야의 캐플란(R. Kaplan)과 노튼(D. Norton)은 기업을 경영하는 것은 마치 항공기를 조종하는 것과 같아서 기업을 경영할 때 경영자가 고려하여야 하는 요인들은 마치 항공기 조종석의 계기판만큼이나 복잡한 정보를 필요로 한다고 주장하였으며 이를 재무적 관점, 고객관점, 내부 프로세스 관점, 학습과 성장관점의 4가지를 제시하였다.

㉣ 균형성과표는 단기적인 재무적 성과와 기업의 장기적인 경쟁력을 창출할 수 있는 고객이나 내부 프로세스 등에 대한 투자와 같은 장기적 목표 간의 균형을 강조한다.

29 ⑤

리드(납)층(lead tier)은 기업에게 초과비용이 들게 하는 고객들로 구성되는 층으로 이들은 자신들에게 주어진 비용과 자신들이 내는 수익성 이상의 배려를 요구한다. 또한, 때때로 기업에 대해 다른 사람들에게 불평을 하거나 기업의 자원을 활용하지 못하게 하는 문제고객이기도 하다.

30 ④

합자회사의 특징

㉠ 합자회사의 설립절차는 합명회사와 같다.

㉡ 유한책임사원은 대표권이 없고 감시권만을 가진다.

㉢ 지분의 양도는 무한책임사원의 동의가 있어야 한다.

㉣ 유한책임사원의 경우, 회사채권자에게 정관에 정한 출자액의 한도 내에서만 책임을 부담한다.

㉤ 무한책임사원과 직접 · 연대 · 유한책임사원(금전 기타 재산만 출자가능)으로 구성된다.

㉥ 유한책임사원 전원이 퇴사한 때에는 무한책임사원의 결의로 조직변경에 의해 합명회사로 회사를 계속할 수 있다.

31 ②

② 투사란 자신의 특성이나 태도를 타인에게 전가하거나 자신 특성 기준으로 다른 사람을 판단하는 것을 말한다. 상기의 예시는 대조효과에 해당한다.

32 ①

MIS(Management Information System) … 경영정보시스템을 의미한다. 기업경영의 의사결정에 사용할 수 있도록 기업 내외의 정보를 전자계산기로 처리하고 필요에 따라 이용할 수 있도록 인간과 전자계산기를 연결시킨 경영방식이다.

33 ②

기업의 사회적 책임(CSR) … 기업의 활동과정에서 뇌물수수 금지와 회계투명성 등 윤리경영, 환경 및 인권 보호, 사회공헌 등의 가치를 제고시켜, 이해관계자뿐만 아니라 지역사회, 더 나아가 인류사회 전체에 이익이 되도록 하는 조직체의 책무를 포괄하는 개념이다.

34 ③

작업기록법은 직무수행자인 종업원이 매일매일 작성하는 일종의 업무일지로, 수행하는 해당 직무에 대한 정보를 취득하는 방법이다.

35 ②

①③④⑤번은 임금수준의 결정요인 중 내적요인에 속하며, ②번은 외적 요인에 속한다.

36 ④

보상적 권력은 자원과 보상을 할당하는 공식적 권한에서 부분적으로 생긴다. 이 권한은 조직에 따라서 매우 다르며, 같은 조직 내에서도 지위에 따라 다르다. 하급지위보다도 상급지위자들이 희소자원에 대해 더 많은 통제력을 부여받는 게 일반적이다.

37 ④

④번은 OFF JT에 대한 설명이다.

38 ①

4P's 전략

㉠ 제품관리(Product management)
- 제품은 마케팅 믹스의 첫 번째로 가장 중요한 요소이다.
- 제품전략은 제품믹스, 브랜드, 포장 등에 대한 종합적 의사결정을 말한다.
- 제품이란 고객의 욕구를 충족시키기 위해 시장에 제공되는 것으로 유형 · 무형의 것을 말한다.

㉡ 가격관리(Price management)
- 가격은 마케팅의 네가지 활동인 4P 중 다른 마케팅 요소인 제품, 유통, 촉진에 비해 그 효과가 단기간 내에 확연하게 나타나는 특징을 가지고 있다.
- 비가격요소의 역할이 점차 강조되고 있지만 가격은 여전히 마케팅믹스의 주요 요소이다.
- 지역적으로 가격을 차별화할 수도 있고 다양한 할인 및 공제정책을 활용할 수도 있으며, 서로 다른 세분시장에 대해 서로 다른 가격을 설정할 수도 있다. 또한 제품계열이나 사양선택 등에 따라 가격을 책정할 수 있다.

㉢ 경로관리(Channel management, Place)
- 생산된 제품이 생산자로부터 소비자에게 전달되는 과정으로 모든 생산자가 직접 소비자와 만날 수 없으므로 이와 같은 관리가 필요하다.
- 효율적으로 제품이나 서비스가 고객에게 전달될 수 있도록 하는 것이 중요하다.

㉣ 촉진관리(Promotion management)
- 촉진관리란 마케터가 제품의 혜택을 소비자에게 인지시키기 위해서 펼치는 모든 활동을 말한다.
- 촉진관리에는 광고, 판촉, 홍보, 인적 판매 등이 있다.

39 ②

① 특정한 제품이나 서비스에 대한 수요 또는 관심을 없애려는 마케팅 방법을 말한다.

③ 제품에 대하여 관심이 없거나 모르는 경우 그 제품에 대한 욕구를 자극하려고 하는 마케팅 방법을 말한다.

④ 제품이나 서비스 또는 조직을 싫어하는 사람들을 호의적인 태도로 바꾸려 노력하는 마케팅 방법을 말한다.

⑤ 개발적 상품의 수요가 시간이나 계절 등의 영향으로 불규칙하지만 이를 특별할인 등을 통해서 수요의 차이를 극복하는 마케팅 활동이다

40 ②

시장세분화 기준

㉠ 지리적 세분화 : 국가, 지역, 도시, 인구밀도, 기후 등

㉡ 인구통계학적 세분화 : 연령, 성별, 가족 수, 직업, 종교, 교육수준 등

㉢ 심리묘사적 세분화 : 라이프 스타일, 개성, 특성 등

㉣ 구매행동적 세분화 : 구매동기, 상표충성도, 편익 등

제5회 정답 및 해설

직업기초능력평가

1 ④

④ '발굴'은 세상에 널리 알려지지 않거나 뛰어난 것을 찾아 밝혀낸다는 의미로, 發(필 발)掘(팔 굴)로 쓴다.

2 ④

④ '제공(提供)'은 '갖다 주어 이바지함'의 의미로 '자료 제공', '정보 제공' 등의 형태로 쓰인다. 홈페이지에 게시된 콘텐츠나 홈페이지에서 지원하고 있는 서비스를 모두 포괄할 수 있는 맥락에서 보기 중 빈칸에 들어가기 가장 적절한 단어는 '제공'이다.

① 공급 : 요구나 필요에 따라 물품 따위를 제공함

② 공고 : 국가 기관이나 공공 단체에서 일정한 사항을 일반 대중에게 광고, 게시, 또는 다른 공개적 방법으로 널리 알림

③ 공표 : 여러 사람에게 널리 드러내어 알림

⑤ 생산 : 인간이 생활하는 데 필요한 각종 물건을 만들어 냄

3 ⑤

⑤ 형태가 일정한 물체의 회전 운동 에너지는 회전 속도의 제곱에 정비례하므로 물체의 회전 속도가 2배가 되면 회전 운동 에너지는 4배가 된다.

4 ④

① 돌림힘의 크기는 회전축에서 힘을 가하는 점까지의 거리와 가해 준 힘의 크기의 곱으로 표현된다. 따라서 갑의 돌림힘의 크기는 1m × 300N = 300N · m이고, 을의 돌림힘의 크기는 2m × 200N = 400N · m이다. 따라서 갑의 돌림힘의 크기가 을의 돌림힘의 크기보다 작다.

② 두 돌림힘의 방향이 서로 반대이므로 알짜 돌림힘의 방향은 더 큰 돌림힘의 방향과 같다. 따라서 알짜 돌림힘의 방향의 을의 돌림힘의 방향과 같다.

③ 두 돌림힘의 방향이 반대이지만, 돌림힘의 크기가 다르므로 알짜 돌림힘은 0이 아니고, 돌림힘의 평형도 유지되지 않는다.

⑤ 두 돌림힘의 방향이 서로 반대이면 알짜 돌림힘의 크기는 두 돌림힘의 크기의 차가 된다. 따라서 알짜 돌림힘의 크기는 400 − 300 = 100N · m이다.

5 ②

제시된 제7조~제12조까지의 내용은 각 조항별로 각각 인원보안 업무 취급 부서, 비밀취급인가 대상자, 비밀취급인가 절차, 비밀취급인가대장, 비밀취급인가의 제한 조건, 비밀취급인가의 해제 등에 대하여 언급하고 있다.

② 비밀의 등급이나 비밀에 해당하는 문서, 정보 등 취급인가 사항에 해당되는 비밀의 구체적인 내용에 대해서는 언급되어 있지 않다.

6 ③

1천만 원 이상의 과태료가 내려지게 되면 공표 조치의 대상이 되나, 모든 공표 조치 대상자들이 과태료를 1천만 원 이상 납부해야 하는 것은 아니다. 과태료 금액에 의한 공표 대상자 이외에도 공표 대상에 포함될 경우가 있으므로 반드시 1천만 원 이상의 과태료가 공표 대상자에게 부과된다고 볼 수는 없다.

① 행정처분의 종류를 처분 강도에 따라 구분하였으며, 이에 따라 가장 무거운 조치가 공표인 것으로 판단할 수 있다.

7 ②

- 첫 날 매출 : 3,000×10 = 30,000
- 둘째 날 매출 : 2,500×10 = 25,000
- 셋째 날 매출 : 2,000×10 = 20,000
- 넷째 날 매출 : 1,500×10 = 15,000
- 다섯째 날 매출 : 1,000×10 = 10,000

따라서 해당 제품은 5일 동안 판매되었다.

8 ⑤

⑤ E에 들어갈 값은 37.9 + 4.3 = 42.2이다.

9 ③

재정력지수가 1.000 이상이면 지방교부세를 지원받지 않는다. 따라서 3년간 지방교부세를 지원받은 적이 없는 지방자치단체는 서울, 경기 두 곳이다.

10 ②

인사이동에 따라 A지점에서 근무지를 다른 곳으로 이동한 직원 수는 모두 32 + 44 + 28 = 104명이다. 또한 A지점으로 근무지를 이동해 온 직원 수는 모두 16 + 22 + 31 = 69명이 된다. 따라서 69 − 104 = −35명이 이동한 것이므로 인사이동 후 A지점의 근무 직원 수는 425 − 35 = 390명이 된다.

같은 방식으로 D지점의 직원 이동에 따른 증감 수는 83 − 70 = 13명이 된다. 따라서 인사이동 후 D지점의 근무 직원 수는 375 + 13 = 388명이 된다.

11 ④

④ 범수 = 30 + 4 × 7 = 58

① 용식 = 5 + 5 × 10 = 55

② 재원 = 25 + 2 × 10 = 45

③ 효봉 = 20 + 4 × 7 = 48

⑤ 지수 = 35 + 6 × 2 = 47

12 ①

A : 20,000,000 + 10(2,000 × 1,700) = 54,000,000원

D : 35,000,000 + 10(1,000 × 1,700) = 52,000,000원

따라서 A자동차의 필요경비가 D자동차의 필요경비보다 많다.

13 ③

지방도로의 주행거리에서 가장 높은 수단과 가장 낮은 수단과의 주행거리 차이는 승용차의 주행거리에서 화물차의 주행거리를 뺀 값으로 (61,466 − 2,387 = 59,079km)이다.

14 ④

④ 대학로점 손님은 마카롱을 먹지 않은 경우에도 알레르기가 발생했고, 강남점 손님은 마카롱을 먹고도 알레르기가 발생하지 않았다. 따라서 대학로점, 홍대점, 강남점의 사례만을 고려하면 마카롱이 알레르기 원인이라고 볼 수 없다.

15 ①

㉠ 갑과 을 모두 경제 문제를 틀린 경우

갑과 을의 답이 갈리는 경우만 생각하면 되므로 2, 4, 6, 7번만 생각하면 된다.

갑은 나머지 문제를 틀리게 되면 80점을 받을 수 없다. 을은 2, 4, 6, 7을 모두 맞췄다면 모두 10점짜리라고 하더라도 최대 점수는 60점이 되므로 갑과 을 모두 경제 문제를 틀린 경우는 있을 수 없다.

㉡ 갑만 경제 문제를 틀렸다면 나머지는 다 맞춰야 한다.

- 2, 4, 6, 7번 중 하나가 경제일 경우 갑은 정답이 되고 을은 3개가 틀리게 된다. 3개를 틀려서 70점을 받으려면 각 배점은 10점짜리이어야 하므로 예술 문제를 맞춘 게 된다.
- 2, 4, 6, 7번 중 하나가 경제가 아닌 경우 을은 4문제를 틀린 게 되므로 70점을 받을 수 없다. 그러므로 갑이 경제 문제를 틀렸다면 갑과 을은 모두 예술 문제를 맞춘 것이 된다.

㉢ 갑이 역사 문제 두 문제를 틀렸다면

- 2, 4, 6, 7번 문항에서 모두 틀린 경우 을은 2, 4, 6, 7번에서 2문제만 틀리고 나머지는 정답이 되므로 을은 두 문제를 틀리고 30점을 잃었으므로 경제 또는 예술에서 1문제, 역사에서 1문제를 틀린 게 된다.
- 2, 4, 6, 7번 문항에서 1문제만 틀린 경우 을은 역사 1문제를 틀리고, 2, 4, 6, 7번에서 3문제를 틀리게 된다. 그러면 70점이 안되므로 불가능하다.
- 2, 4, 6, 7번 문항에서 틀린 게 없는 경우 을은 역사 2문제를 틀리고, 2, 4, 6, 7번에서도 틀리게 되므로 40점이 된다.

16 ④

甲 국장은 전체적인 근로자의 주당 근로시간 자료 중 정규직과 비정규직의 근로시간이 사업장 규모에 따라 어떻게 다른지를 비교하고자 하는 것을 알 수 있다. 따라서 국가별, 연도별 구분 자료보다는 ④와 같은 자료가 요청에 부합하는 적절한 자료가 된다.

17 ④

㉠ a를 '을'팀이 맡는 경우 : 4개의 프로젝트를 맡은 팀이 2팀이라는 조건에 어긋난다. 따라서 a를 '을'팀이 맡을 수 없다.

갑	c, d, e	0 → 3개
을	a, b	1 → 3개
병		2 → 3개
정		2 → 3개
무		3 → 4개

㉡ f를 '갑'팀이 맡는 경우 : a, b를 '병'팀 혹은 '정'팀이 맡게 되는데 4개의 프로젝트를 맡은 팀이 2팀이라는 조건에 어긋난다. 따라서 f를 '갑'팀이 맡을 수 없다.

갑	f	0 → 1개
을	c, d, e	1 → 4개
병	a, b	2 → 4개
정		2 → 3개
무		3 → 4개

㉢ a, b를 '갑'팀이 맡는 경우 기존에 수행하던 프로젝트를 포함해서 2개의 프로젝트를 맡게 된다.

갑	a, b	0 → 2개
을	c, d, e	1 → 4개
병		2 → 3개
정		2 → 3개
무		3 → 4개

18 ④

①④ 거짓이나 그 밖의 부정한 방법으로 승인을 받은 경우에는 그 승인을 취소하여야 한다.

② 철도운영자는 안전관리체계의 변경승인을 받지 아니한 경우 6개월 이내의 기간을 정하여 업무의 제한이나 정지를 명할 수 있다.

③ 안전관리체계를 지속적으로 유지하지 아니하여 중대한 지장을 초래한 경우 국토교통부장관은 그 승인을 취소하거나 6개월 이내의 기간을 정하여 업무의 제한이나 정지를 명할 수 있다.

⑤ 안전관리체계의 유지 조항에 따른 시정조치명령을 이행하지 않은 경우 정당한 사유가 없을 시에만 처분 대상이 된다.

19 ⑤

제38조의9(인증정비조직의 준수사항) 제5호에서 '철도차량정비가 완료되지 않은 철도차량은 운행할 수 없도록 관리할 것'이라고 명시되어 있다.

20 ④

④ 예능 프로그램 2회 방송의 총 소요 시간은 1시간 20분으로 1시간짜리 뉴스와의 방송 순서는 총 방송 편성시간에 아무런 영향을 주지 않는다.

① 채널1은 3개의 프로그램이 방송되었는데 뉴스 프로그램을 반드시 포함해야 하므로, 기획물이 방송되었다면 뉴스, 기획물, 시사정치의 3개 프로그램이 방송되었다.

② 기획물, 예능, 영화 이야기에 뉴스를 더한 방송시간은 총 3시간 40분이 된다. 채널2는 시사정치와 지역 홍보물 방송이 없고 나머지 모든 프로그램은 1시간 단위로만 방송하므로 정확히 12시에 프로그램이 끝나고 새로 시작하는 편성 방법은 없다.

③ 9시에 끝난 시사정치 프로그램에 바로 이어진 뉴스가 끝나면 10시가 된다. 기획물의 방송시간은 1시간 30분이므로, 채널3에서 영화 이야기가 방송되었다면 정확히 12시에 기획물이나 영화 이야기 중 하나가 끝나게 된다.

⑤ 채널5에서는 1시간 30분짜리 기획물이 연속 2편 편성되었으므로 총 3시간이고, 1시간짜리 뉴스와, 20분짜리 지역 홍보물이 방송되고 정확히 12시에 어떤 프로그램이 끝나기 위해서는 40분짜리 예능이 방송되어야 한다.

21 ④

④ 채널2에서 영화 이야기 프로그램 편성을 취소하면 3시간 10분의 방송 소요시간만 남게 되므로 정각 12시에 프로그램을 마칠 수 없다.

① 기획물 1시간 30분 + 뉴스 1시간 + 시사정치 2시간 30분 = 5시간으로 정각 12시에 마칠 수 있다.

② 뉴스 1시간 + 기획물 1시간 30분 + 예능 40분 + 영화 이야기 30분 + 지역 홍보물 20분 = 4시간이므로 1시간짜리 다른 프로그램을 추가하면 정각 12시에 마칠 수 있다.

③ 시사정치 2시간 + 뉴스 1시간 + 기획물 1시간 30분 + 영화 이야기 30분 = 5시간으로 정각 12시에 마칠 수 있다.

⑤ 기획물 1시간 30분 × 2회 + 뉴스 1시간 + 영화 이야기 30분 × 2회 = 5시간으로 정각 12시에 마칠 수 있다.

22 ③

③ 정밀안점검사는 설치 후 15년이 도래하거나 결함 원인이 불명확한 경우, 중대한 사고가 발생하거나 또는 그 밖에 행정안전부장관이 정한 경우에 실시한다. 에스컬레이터에 쓰레기가 끼이는 단순한 사고가 발생하여 수리한 경우에는 수시검사를 시행하는 것이 적절하다.

23 ⑤

⑤ 쇼핑카트나 유모차, 자전거 등을 가지고 층간 이동을 쉽게 할 수 있도록 승강기를 설치하는 경우에는 계단형의 디딤판을 동력으로 오르내리게 한 에스컬레이터보다 평면의 디딤판을 동력으로 이동시키게 한 무빙워크가 더 적합하다.

24 ④

④ 조직 B와 같은 조직도를 가진 조직은 사업이나 제품별로 단위 조직화되는 경우가 많아 사업조직별 내부 경쟁을 통해 긍정적인 발전을 도모할 수 있다.

25 ④

OJT는 각 부서의 장이 주관하여 업무에 관련된 계획 및 집행의 책임을 지는 부서 내 교육훈련이므로 다수의 인원을 한 번에 교육시키기에는 부족하다.

26 ④

제시된 상황에서 오류 문자는 'TLENGO'이고, 오류 발생 위치는 'MEONRTD'이다. 두 문자에 사용된 알파벳을 비교했을 때 일치하는 알파벳은 T, E, N, O 4개이다. 판단 기준에 따라 '3 < 일치하는 알파벳의 개수'에 해당하므로 Final code는 Nugre이다.

27 ④

제시된 상황에서 오류 문자는 'ROGNATQ'이고, 오류 발생 위치는 'GOLLIAT'이다. 두 문자에 사용된 알파벳을 비교했을 때 일치하는 알파벳은 O, G, A, T 4개이다. 판단 기준에 따라 '3 < 일치하는 알파벳의 개수'에 해당하므로 Final code는 Nugre이다.

28 ②

입고연월일 250422 + 입고시간 P0414 + 경상북도 목장205J + 염소 치즈 5B

따라서 코드는 '250422P041405J5B'가 된다.

29 ④

경북 지역의 지역코드는 05이다. 보기에 제시된 제품코드의 지역코드가 모두 05이므로 모두 경북 지역에서 생산된 제품이라 폐기 대상이다. 다만 털 제품을 제외한다고 하였으므로 제품 종류가 산양 털(6C)인 ④는 폐기 대상이 아니다.

30 ③

③ 인공지능 전기 · 전자공학 연구 개발업 : dvAI70121

31 ④

④ ㅇㅇ그룹에게 있어 A자원의 실익은 100만 원이고 B자원의 실익은 150만 원이므로 더 큰 실제의 이익을 주는 자원은 B자원이다.

32 ②

전체 예산은

9,994＋49,179＋91＋669＋7＋60＝60,000(백만 원)이다.

이 중 철도차량교체 예산의 비중은

9,994÷60,000＝16.65666…이므로 16.7%이다.

33 ②

(가) 지방의 아파트가 2.5억 원일 경우 수도권의 아파트는 3억 원이므로 전세가는 각각 1.875억 원과 2.22억 원이 되어 차이가 2천만 원을 넘게 된다.

(나) 연립주택은 수도권이 매매가 대비 전세가가 65%로 더 낮고, 단독주택은 지방이 46%로 더 낮다.

(다) '종합'의 수치는 각각 세 가지 유형 주택의 전세가 지수의 단순 평균값이 아니다. 지역별 주택유형의 실제 수량에 근거한 수치이므로 해당 지역의 주택유형 분포 비율에 따라 평균값과 다르게 나타난다.

(라) 지방의 연립주택이 2억 원일 경우 수도권의 연립주택은 2.4억 원이므로 전세가는 각각 1.38억 원과 1.56억 원이 되어 차이가 2천만 원을 넘지 않게 된다.

34 ⑤

실외기 설치 시 주의사항에서는 실외기에서 토출되는 바람, 공기 순환, 보수 점검을 위한 공간, 지반의 강도, 배관의 길이 등을 감안한 위치 선정을 언급하고 있다. 따라서 보기 ⑤의 '배관 내 충진된 냉매를 고려한 배관 길이'가 실외기 설치 장소의 주요 감안 요건이 된다.

35 ②

보행자에게 토출구에서 나오는 바람이 닿지 않도록 하는 것은 설치 시 주의해야 할 사항이나, 토출구를 안쪽으로 돌려 설치하는 것은 뜨거운 공기가 내부로 유입될 수 있어 올바른 설치 방법으로 볼 수 없다.

36 ③

① 실무형 ② 주도형 ③ 순응형

④ 수동형 ⑤ 소외형

※ 팔로워십 유형

㉠ 소외형

- 개성이 강한 사람으로 조직에 대해 독립적이고 비판적인 의견을 내어 놓지만 역할 수행에 있어서는 소극적인 유형
- 리더의 노력을 비판하면서도 스스로는 노력을 하지 않거나 불만스런 침묵으로 일관하는 유형으로 전체 팔로워의 약 15～20%를 차지
- 소외는 충족되지 않는 기대나 신뢰의 결여에서 비롯
- 본래 모범적인 팔로워였으나 부당한 대우나 리더와의 갈등 등으로 인해 변했을 가능성이 높음
- 모범적인 팔로워가 되기 위해서는 독립적, 비판적 사고는 유지하면서 부정적인 면을 극복하고 긍정적 인식을 회복하여 적극적으로 참여하는 사람이 되어야 함

㉡ 수동형

- 의존적이고 비판적이지 않으면서 열심히 참여도 하지 않는 유형
- 책임감이 결여되어 있고 솔선수범 하지 않으며 지시하지 않으면 주어진 임무를 수행하지 않는 유형으로 전체 팔로워의 약 5～10%의 소수를 차지
- 맡겨진 일 이상은 절대 하지 않음
- 리더가 모든 일을 통제하고 팔로워에게 규정을 지키도록 위협적인 수단을 사용할 때 많이 생기는 유형
- 모범적인 팔로워가 되기 위해서는 부하의 진정한 의미를 다시 배워야 하며, 자신을 희생하고 모든 일에 적극적으로 참여하는 방법을 익혀야 함

㉢ 순응형

- 독립적 비판적인 사고는 부족하지만 열심히 자신의 역할을 수행하는 유형
- 역할에는 불편해 하지 않지만 리더의 명령과 판단에 지나치게 의존하는 '예스맨' 유형으로 전체 팔로워의 약 20～30%를 차지
- 순종을 조장하는 사회적 풍토나 전체적인 리더 하에서 많이 나타나는 유형
- 모범적인 팔로워가 되기 위해서는 독립적이고 비판적인 사고를 높이는 자기 자신의 견해에 대해 자신감을 기르고, 조직이 자신의 견해를 필요로 함을 깨우쳐야 함

㉣ 실무형

• 별로 비판적이지 않으며 리더의 가치와 판단에 의문을 품기도 하지만 적극적으로 대립하지도 않는 유형

• 시키는 일은 잘 수행하지만 모험을 보이지도 않는 유형으로 전체 팔로워의 약 25~30%를 차지

• 실무형 팔로워는 성격 탓도 있지만 사회나 조직이 불안한 상황에서 많이 나타남

• 모범적인 팔로워가 되기 위해서는 먼저 목표를 정하고 사람들의 신뢰를 회복해야 하며 자기보다는 다른 사람의 목표달성을 돕는 것에서부터 시작해야 함

㉤ 주도형

• 스스로 생각하고 알아서 행동할 줄 알며 독립심이 강하고 헌신적이며 독창적이고 건설적인 비판도 하는 유형으로 리더의 힘을 강화시킴

• 자신의 재능을 조직을 위해서 유감없이 발휘하는 유형으로 전체 팔로워의 약 5~10%를 차지

• 솔선수범하고 주인의식이 있으며, 집단과 리더를 도와주고, 자신이 맡은 일보다 훨씬 많은 일을 하려고 함

• 다른 사람들도 배우고 따를 수 있는 역할과 가치관이 있음

• 적극적인 성향은 경험이나 능력에 기인하며, 동일 조직이나 다른 조직의 사람들과 상호 작용할 기회가 증대되어 사고와 행동성향이 훨씬 더 발전할 수 있음

37 ③

甲이 안전관리 수준평가에서 우수운영자 지정을 받기 위해서는 평가 기준에 맞게 행동해야 한다. ③은 안전관리 수준평가와 동떨어진 행동이므로 옳지 않다.

※ 철도운영자등에 대한 안전관리 수준평가의 대상 및 기준 등〈철도안전법 시행규칙 제8조〉

① 법 제9조의3제1항에 따른 철도운영자등의 안전관리 수준에 대한 평가의 대상 및 기준은 다음 각 호와 같다. 다만, 철도시설관리자에 대해서 안전관리 수준평가를 하는 경우 제2호를 제외하고 실시할 수 있다.

1. 사고 분야
   가. 철도교통사고 건수
   나. 철도안전사고 건수
   다. 운행장애 건수
   라. 사상자 수
2. 철도안전투자 분야 : 철도안전투자의 예산 규모 및 집행 실적
3. 안전관리 분야
   가. 안전성숙도 수준
   나. 정기검사 이행실적
4. 그 밖에 안전관리 수준평가에 필요한 사항으로서 국토교통부장관이 정해 고시하는 사항

② 국토교통부장관은 매년 3월말까지 안전관리 수준평가를 실시한다.

③ 안전관리 수준평가는 서면평가의 방법으로 실시한다. 다만, 국토교통부장관이 필요하다고 인정하는 경우에는 현장평가를 실시할 수 있다.

38 ⑤

단기 일자리를 제공하는 임시 고용형태는 육아와 일, 학업과 일을 병행하거나 정규직을 찾지 못한 사람 등이 주축이 되는 경우가 많으며, 제대로 운용할 경우 적절한 직업으로 거듭날 수도 있는 방식이다. 따라서 이런 임시 고용형태 자체를 무조건 비판하고 부정하는 것은 적절하지 않다.

39 ⑤

⑤ 타인에 의한 외부적인 동기부여가 효율적이라고 생각한다.

40 ③

철도안전법 제20조 제1항에 따르면 운전면허의 철도차량 운전상의 위험과 장해를 일으킬 수 있는 약물 또는 알코올 중독자로서 대통령령으로 정하는 사람은 운전면허를 받을 수 없다. 형이 철도차량을 운전하는 것은 법에 위반되는 행위이고 운전상의 위험과 장해를 일으킬 수 있기 때문에 형에게 스스로 알릴 것을 권한 후 형이 알리지 않을 시에는 직접 회사에 알려야 한다.

직무수행능력평가(경영학)

1 ⑤

타 기업의 제도 또는 시스템을 벤치마킹하더라도 이는 어디까지나 제도 및 시스템적인 측면을 받아들이는 것이지 어느 한 조직의 구성원들이 공유하는 생각, 가치관, 신념 등에 관한 조직문화적 가치까지도 쉽게 이전되는 것이 아니다.

2 ②

임금피크제 … 종업원이 일정 연령이 되면 임금을 삭감하는 대신 정년은 보장하는 제도로 워크 셰어링의 한 형태이다. 미국 · 유럽 · 일본 등 일부 국가에서 공무원과 일반 기업체 직원들을 대상으로 선택적으로 적용하고 있으며, 우리나라에서는 2001년부터 금융기관을 중심으로 이와 유사한 제도를 도입해 운용하고 있다. 그러나 공식적으로는 신용보증기금이 2003년 7월 1일 임금피크제를 적용한 것이 처음이다. 노동자들의 임금을 삭감하지 않고 고용도 유지하는 대신 근무시간을 줄여 일자리를 창출하는 제도로 2~3년의 기간을 설정하여 노동자들의 시간당 임금에도 변함이 없으며 고용도 그대로 유지되는 단기형, 기존의 고용환경과 제도를 개선할 목적으로 비교적 장기간에 걸쳐 행해지는 중장기형으로 나뉜다.

3 ③

콘체른 … 일종의 기업집단으로 산업과 금융의 융합, 주식소유에 의한 지배 또는 융자 및 중역파견에 의한 인적 결합 지배로 독립성이 유지되는 산업과 금융의 융합을 말하는 것으로 우리나라의 재벌이 이에 속한다.

4 ③

리더십의 일반적 유형

㉠ 거래적 리더십 : 타산적, 교환적 관계를 중시하는 전통적인 리더십으로 구성원의 결핍욕구(deficiency needs)를 자극하고 이를 충족시켜 주는 것을 반대급부로 조직에 필요한 임무를 수행하도록 동기화시키는 지도자의 특성을 의미한다.

㉡ 변혁적 리더십 : 카리스마, 지적 동기 유발, 개인적 배려, 비전의 4가지 차원에서 중요한 변화를 주도하고 관리하는 리더십 행위로서, 구성원의 성장욕구를 자극하고 동기화 시킴으로써 구성원의 태도와 신념을 변화시켜 더 많은 노력과 헌신을 이끌어 내는 지도자의 특성을 의미한다.

㉢ 카리스마적 리더십 : 리더의 이념에 대한 부하의 강한 신뢰를 바탕으로 동화, 복종, 일체감으로 높은 목표를 추구하고자 하는 리더십이다.

㉣ 서번트 리더십 : 섬기는 자세를 가진 봉사자로서의 역할을 먼저 생각하는 리더십이다.

㉤ 비전적 리더십 : 카리스마의 개념 중에서 특히 비전에 강조점을 두고 있는 리더십이다.

5 ②

디지털 마케팅이 기존 마케팅과 차별화하는 요인

㉠ 데이터 중심

㉡ 관객의 도달 및 세분화

㉢ 단방향에서 쌍방향으로의 대화 진행

㉣ 저렴한 가격

㉤ 기존보다 높은 ROI

6 ②

②는 인바운드 텔레마케팅에 관한 설명이다. 아웃바운드 텔레마케팅은 텔레마케터(telemarketer)가 직접 고객들에게 제품정보를 제공하고 주문을 유도하거나 또는 자동화된 텔레마케팅 시스템을 이용하여 주문을 유도할 수 있다.

7 ④

직무분석의 절차

배경정보의 수집 → 대표직위의 선정 → 직무정보의 획득 → 직무기술서의 작성 → 직무명세서의 작성

8 ④

물류기업의 경우에는 차량의 효율화, 비용의 절감을 위해 녹색물류 도입을 추진해야 한다.

9 ①

벤치마킹(bench marking) … 초우량기업이 되기 위해 최고의 기업과 자사의 차이를 구체화하고 이를 메우는 것을 혁신의 목표로 활용하는 경영전략이다.

10 ⑤

지식근로자(knowledge workers)는 자신의 일을 끊임없이 개선 · 개발 · 혁신하여 부가가치를 올리는 지식을 소유한 사람을 의미한다. 정보를 나름대로 해석하고 이를 활용해 부가가치를 창출해 낼 수 있는 노동자를 가리킨다. ⑤ 지식근로자는 지식소스를 파악하고 분석하여 본질적인 문제점을 해결할 수 있는 능력을 갖추어야 한다.

11 ④

④ BCG 매트릭스에서 DOG 단계는 시장점유율도 낮고 해당 시장의 성장률도 낮은 쇠퇴기에 접어든 단계로 사업의 축소 또는 철수 전략이 시행된다.

12 ④

④ 캐즘(Chasm)이란 혁신적 제품이 개발·출시되어 초기의 적극적 소비자가 구매한 이후 일반 대중적 시장 영역으로 도약에 나서는 경우 수렁과 정체를 말한다.

※ 제품수명주기(PLC ; Product Life Cycle) … 일반적으로 도입기, 성장기, 성숙기, 쇠퇴기의 네 단계로 구분된다. 주기의 구분이 명확하지 않고 분석의 초점이 제품에 맞춰짐으로 전반적 시장의 상황을 간과한다는 비판도 받고 있지만 현재까지는 제품전략의 수립에 유용한 분석의 틀로 사용되고 있으며 이를 통해 적절한 마케팅 전략을 수립하고 실행할 수 있다.

㉠ 도입기 : 제품에 대하여 소비자의 인식이 부족하고 유통채널에 상품을 진열하는 데도 상당한 시간이 소요된다. 제품을 알리기 위한 촉진비용이 가장 많이 드는 시기이기 때문에 이익은 아주 적거나 오히려 적자인 경우가 대부분이다.

㉡ 성장기 : 도입기를 지나 성장기가 되면 매출이 크게 증가하고 새로운 특성을 지닌 제품의 경쟁자가 등장한다. 일반대중들도 제품을 구매하기 시작하며 경쟁의 심화로 촉진비용도 함께 증가하지만 시장이 확대되어 수익도 빠르게 증가하게 된다.

㉢ 성숙기 : 제품의 판매성장률이 둔화 즉, 판매가 정점에 달하는 전후의 시기를 말한다. 통상 도입기나 성장기보다 오래 지속되는 특징을 지니며 경쟁자들은 가격경쟁을 시도하거나 공격적인 촉진전략을 구사하기도 한다. 이익은 감소하고 경쟁에서 밀리는 기업은 도태되므로 성장기에는 소수의 시장지배자들과 다수의 소규모기업으로 시장이 양분된다.

㉣ 쇠퇴기 : 시장에서 제품이 서서히 사라지는 단계로 기술의 변화 또는 소비자 기호의 변화, 경쟁심화 등으로 인해 진행되므로 제품에 따라 이 시기가 급격하게 진행될 수도 있고 서서히 진행될 수도 있다.

13 ①

㉠ 푸시(push)시스템 : 전통적 서구의 생산시스템을 의미하는 것으로 작업이 생산의 첫 단계에서 방출되고 차례로 재고품을 다음 단계로 밀어내어 마지막 단계에서 완제품이 나오게 된다.

㉡ 풀(pull)시스템 : 일본의 JIT시스템을 의미하는 것으로 재공품 재고 및 이의 변동을 최소화할 목적으로 설계되며, 재고관리를 단순화함으로써 수요변동에 의한 영향을 감소시키고 분권화에 의하여 작업관리의 수준을 높인다.

14 ④

보고(BOGO)마케팅에 있어서 'BOGO'는 '물건을 하나 사면 하나를 덤으로 준다'는 의미로, 'Buy One Get One'의 줄임말이다. 불황 탓에 무료사은품을 덧붙인 상품이 소비자들에게 인기를 끌고 있는 데서 파생한 용어로 원래 미국의 대형할인매장이나 패스트 푸드점에서 사용하던 마케팅전략이었으나, 판매부진에 시달리는 국내의 업계로 확산되고 있다. 소비자의 구매욕구를 촉진시키면서 동시에 저렴한 비용으로 제품홍보도 하는 1석 2조의 마케팅전략으로 평가 된다.

15 ④

4PL은 3PL보다 범위가 넓은 공급사슬 역할을 담당한다.

16 ④

새로운 형태의 소매상이 처음에는 낮은 수준의 서비스와 저마진으로 저가격을 실현함으로써 시장에 등장하지만, 높은 수준의 서비스를 제공하는 기존 형태의 소매상과 경쟁하고 소비자들에게 추가적인 만족을 제공하기 위해 어쩔 수 없이 설비를 개선하고 서비스를 확대해야 하므로 그에 따라 가격경쟁력을 잃게 된다.

17 ②

대량 마케팅(mass marketing)은 단일제품을 전체시장을 대상으로 대량생산판매하는 마케팅 유형을 말한다. 고객의 욕구 중에서 이질성보다 동질성에 초점을 두고 최소의 비용과 가격으로 최대의 잠재시장을 창출하고자 하는 마케팅이다. 표준화에 의한 원가 절감이나 규모의 경제(economies to scale) 이익을 얻을 수 있다.

18 ②

지식경영은 기업을 둘러싼 환경이 급변함에 따라 이에 적극 대응하기 위한 지속적인 혁신과 함께 이를 가능하게 하는 지식의 중요성이 커짐에 따라 피터 드러커 & 노나카 이쿠지로 등에 의해 제창된 개념이다.

19 ①

POS 터미널의 도입으로 인해 판매원 교육 및 훈련시간이 짧아지고 입력오류를 방지할 수 있다.

20 ①

㉣ 최소의 자원으로 최대의 물자공급 효과를 얻어야 한다.
㉤ 필요하지 않은 중간과정의 유통과정은 없애야 한다.

21 ⑤

① 바퀴형(wheel)은 집단 내 특정 리더가 있을 경우에 발생하는 것으로 특정 리더에 의해 모든 정보의 전달이 이루어지므로 정보가 특정 리더에게 집중되는 현상을 보이게 된다. 이 방법의 경우 힘이 한 곳(리더)에 집중되므로 구성원들 간의 정보공유가 되지 않는다는 문제점이 있다.

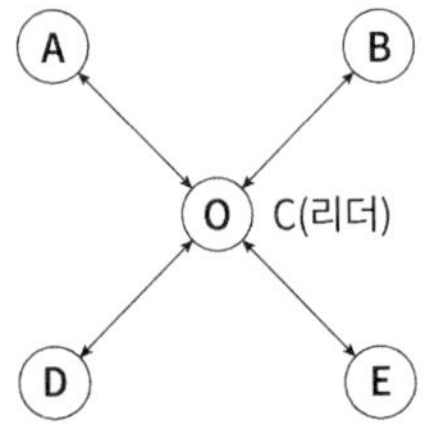

② 완전연결형(all channel)은 전체 집단구성원이 서로 적극적 의사소통을 한다. 이 형태가 오늘날 조직에서 이상적으로 추구하는 형태의 네트워크이다. 이 방법의 경우 일정한 규칙 없이 자유롭게 의견교환이 이루어지다 보면 창의적이면서 참신한 아이디어 산출이 가능해진다.

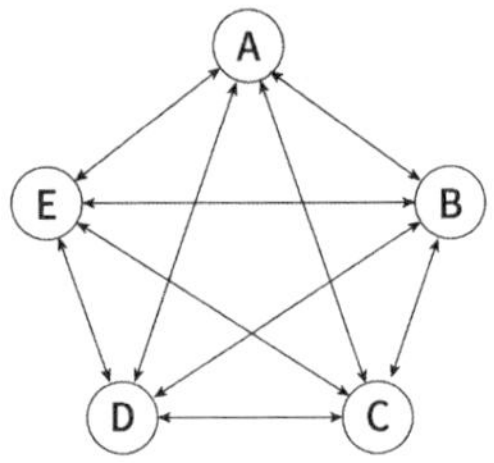

③ 원형(circle)은 위원회 조직 또는 태스크포스 조직에서와 같이 권력의 집중도 없으며 지위고하도 없이 특정 문제해결을 위해 구성된 조직에서 발생하는 형태의 네트워크이다.

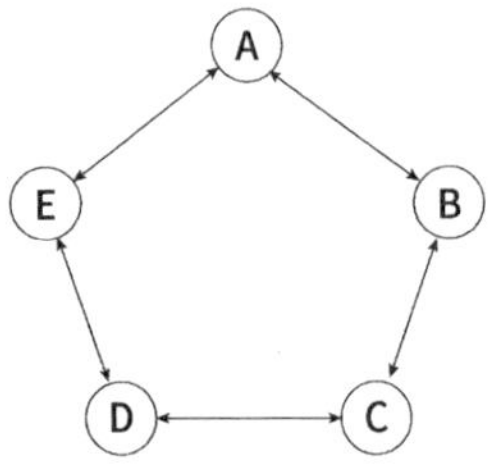

④ Y형은 집단 내 특정 리더가 있는 것은 아니지만 비교적 집단을 대표할 수 있는 인물이 있는 경우에 나타난다. 특히 라인 및 스탭의 혼합집단에서 찾아볼 수 있으며 단순한 문제를 해결하는데 있어서의 정확도는 비교적 높다.

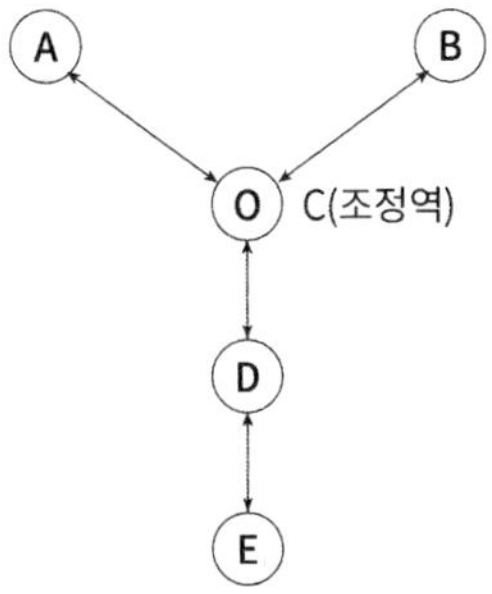

⑤ 사슬형(chain)은 공식적 계통 및 수직적 경로를 통해 의사(정보)전달이 이루어지는 형태의 네트워크로 명령 및 권한의 체계가 명확한 공식적인 조직에서 활용하는 커뮤니케이션 네트워크이다. 주로 관료적 조직 또는 공식화가 진행된 조직에서 쉽게 발견할 수 있으며 사슬이 길어질수록 정보왜곡에 대한 가능성은 커진다.

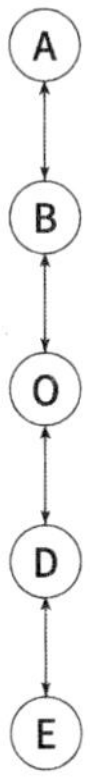

22 ④

문제에 제시된 그림은 매트릭스 조직구조(matrix structure)의 형태를 나타낸 것이다. 이러한 조직구조의 경우 한 명의 종업원이 두 명의 상사를 두고 있는 형태로 이들 상사로부터 서로 상이한 지시를 받을 경우에 혼란이 발생할 수 있다는 문제점(명령일원화의 원칙에 위배)이 있다. 이로 인해 상시적 조직에서는 거의 활용하지 않고 있으며, 프로젝트성의 업무가 있는 조직에서 주로 활용된다.

23 ⑤

연공주의는 자신이 그 회사에 소속된 년수에 비례하여 숙련도가 향상된다는 사고와 예로부터 내려온 전통적인 사고, 정신적인 가치기준에 기반한 것으로 승진관리에 있어 안정(경력, 근속년수 등)적이다. 반면 능력주의는 자신이 지닌 직무가치와 수행능력에 따라 급여가 지급되며 임금이 급상승하게 되는 방식으로 연공주의에 비해 승진관리에 있어 불안정적이다.

24 ④

① 주관의 객관화(projection)는 평가자가 본인의 특성과 피평가자의 특성을 비교하려는 경향을 의미한다.

② 선택적 지각(selective perception)은 선택적 지각은 애매모호한 상황에 대해서 부분적인 정보만을 받아들여 판단을 내리게 되는 데서 발생하게 되는 범하게 되는 지각상의 오류를 의미하는데 이러한 선택적 지각은 타인을 빠르게 파악할 수 있는 반면에 정확하지 않은 그림을 그리게 되는 위험도 크다.

③ 대비효과(contrast effect)는 타인에 대한 판단을 함에 있어 대비되는 정보로 인해 판단이 왜곡되는 것을 의미한다. 다시 말해 절대적 기준으로 평가하지 못하고 타인과 비교하여 평가하는 오류이다.

④ 스테레오타이핑(stereo typing)은 개인 간 차이를 충분히 고려하지 않은 채 타인의 행동, 성격을 그 개인이 속한 집단의 속성으로 규정하는 것을 의미한다. 이는 개인이 특정 집단의 구성원이라는 이유만으로 그 특정 집단이 가지는 모든 특성을 다 가지고 있을 것이라고 가정하고 평가하는 오류로 일종의 대안평가에 있어서 고정관념이자 편견이다. 문제의 사례를 보면 '강남에 살면 돈이 많다' 를 보면 서울 한강 이남의 지가는 대한민국의 최고 수준이다. 하지만 모든 땅이 노른자 땅도 아닐 뿐더러 달동네도 강남에 위치하고 있기 때문이다. 또한, '아시아 인은 운전을 못한다' 를 보면 일부 아시아인의 운전이 급하고 사고가 나면 화를 주체하지 못하는 행위들이 여러 영상매체에 언급되어 아시아인을 바라보는 세계의 많은 사람들의 머리 속에는 고정관념으로 남아 있다.

⑤ 후광효과(halo effect)는 특정인이 가진 지엽적 특성만을 가지고 그 사람의 모든 측면을 '긍정적' 으로 평가하게 되는 오류를 의미한다.

25 ⑤

판매개념에서의 목표는 매출증대를 통한 이윤의 창출에 있다.

26 ②

공정혁신은 생산제품의 효율성을 높이기 위하여 작업 방법, 장비, 작업흐름에 새로운 변화를 도입하여 실용화한 것을 의미한다.

27 ③

서비스는 비저장성의 특징을 가진다.

28 ①

적시생산시스템의 특징으로 셋업 시간의 단축을 들 수 있다.

29 ③

트랜스프로모(Transpromo) … '트랜잭션(Transaction)'과 '프로모션(Promotion)'의 합성어로 청구서에 고객 개개인의 맞춤형 정보와 광고를 제공하는 새로운 형태의 DM 마케팅이다. 출력 장비가 옵셋 중심의 아날로그에서 디지털 인쇄 장비로 바뀌며 보급의 탄력을 얻었으며 명세서 또는 송장과 같은 업무용 문서를 이용하여 기업이나 협력 업체의 서비스와 제품을 홍보하는 '통합 마케팅(integrated transactional marketing)' 수단으로 주목받고 있다.

30 ①

자기고과는 인사고과 방법 중 하나로 피고과자 스스로 자신을 평가하는 것으로 능력개발을 목적으로 시행하며, 개인이 가진 스스로의 결함의 파악과 개선에 효과가 있어서 상위자에 의한 고과의 보충적 기법으로 사용되는 것이다.

31 ②

생산시스템의 관리과정

수요예측 → 총괄생산계획 → 대일정계획 → 절차계획 → 일정계획 → 작업배정 → 진도관리

32 ④

④ 허즈버그(F. Herzberg)의 2요인 이론은 사람들에게 만족을 주는 직무요인(동기요인)과 불만족을 주는 직무요인(위생요인)이 별개라는 것이다. 그리하여 만족과 불만족을 동일선상의 양극점으로 파악하던 종래의 입장과는 달리 만족과 불만족이 전혀 별개의 차원이고 각 차원에 작용하는 요인 역시 별개라는 것이다. 따라서 불만족이 해소된다고 해서 구매동기가 생기는 것은 아니다. 구매동기에 영향을 미치는 요인은 별개이다.

33 ②

② 서비스품질(SERVQUAL)을 측정 시 고객의 기대와 성과에 대한 차이가 작으면 서비스 품질에 대한 평가가 높아진다.

34 ①

의사결정 지원시스템(DSS : decision support system)은 기업경영에서 당면하는 여러 가지 의사결정 문제를 해결하기 위해 복수의 대안을 개발하고, 비교 · 평가하며, 최적안을 선택하는 의사결정 과정을 지원하는 정보시스템이다. ① DSS는 경영계층 뿐만 아니라 전문가 및 그룹의사결정을 지원하고, 비구조적이거나 반구조적인 의사결정을 지원하는 시스템이다.

35 ①

상표 전환(brand switching)은 판매촉진이 없었더라면 다른 상표를 구매하였을 소비자가 판매촉진이 실행 중인 상표를 구매하게 되는 현상을 말한다. 상표 전환은 상표들 간 비대칭적으로 발생한다. 즉 프리미엄 브랜드가 판매촉진을 하여 중저가 브랜드의 매출을 잠식하는 것이 중저가 브랜드가 프리미엄 브랜드의 매출을 판매촉진으로 잠식하는 것보다 훨씬 크다. ① 특정 상표에 대한 고객 충성도가 증가하면 상표 전환은 발생하지 않는다.

36 ③

개방적(집중적 또는 집약적) 유통전략은 가능한 한 많은 점포가 자사 제품을 취급하도록 하는 마케팅 전략이다. 이 전략은 제품이 소비자에게 충분히 노출되어 있고, 제품판매의 체인화에 어려움이 있는 일용품이나 편의품 등에 적용할 수 있다. 그러나 유통비용이 증가하고, 통제가 어렵다는 문제점이 있다.

37 ①

물류의 역할에 관한 내용 중 ①은 개별 기업의 관점에서 서술되었으며, ②③④⑤는 국민경제적 관점에서 서술된 내용이다.

(참고) 물류의 역할

물류의 역할	국민 경제적 관점	• 사회간접자본 및 물류 시설에 대한 투자의 증대로 인하여 경제성장 촉진 • 물류합리화는 자재 및 자원 등의 낭비를 방지해 자원의 효율적인 이용을 촉진 • 물류비용을 절감해 기업의 체질을 개선하고 소비자 및 도매 물가의 상승을 억제 • 효율적인 물류체계가 구축되면 지역 경제가 발전하여 지역 간 균형 있는 발전 촉진 및 인구의 편중을 방지
	개별 기업의 관점	• 물류비용의 절감으로 기업의 실질적인 이윤 증대 가능 • 신속한 주문처리, 정확하고 규칙적인 배송 등의 물류관리를 통한 재고량의 감축 • 생산 및 소비 사이에 존재하는 시간적 · 공간적 간격을 극복하는 물류의 기능으로 인한 판매의 촉진 • 고객의 요구에 부응하는 물류서비스의 제공으로 판매에 있어 경쟁우위를 확보(최소의 비용으로 고객서비스를 극대화)

38 ②

Green Belt는 6시그마 프로젝트의 직접적인 수행자로서 과학적인 기법을 활용하여 문제를 해결하는 전문가를 의미한다.

39 ④

판매물류는 물류의 최종단계로서 제품을 고객에게 전달하는 일체의 활동, 즉 물류센터의 운용(보관하역 포함), 제품의 수배송 정보 네트워크의 운용 등이 그 관리대상이 된다.

40 ③

인적자원에 대한 보상관리, 즉 임금관리의 3대 지주는 임금수준, 임금체계 그리고 임금 형태이다. 임금체계(wage system)는 각 개인에게 임금총액을 배분하여 개인 간의 임금격차를 가장 공정하게 설정함으로써 만족과 동기유발을 가져오는 것이다. 임금체계는 기본급, 수당, 상여금 등으로 구분되는데, 그 기준은 공정성이다. 기본급의 유형으로는 연공급, 직무급, 직능급 등이 있다.

서울교통공사
필기시험 모의고사

제1회~제3회

- 정답 및 해설 -

제1회 정답 및 해설

직업기초능력평가

1 ④

빈칸에 들어갈 단어는 '시간이나 거리 따위를 본래보다 길게 늘림'의 뜻을 가진 연장(延長)이 가장 적절하다.

① 지연 : 무슨 일을 더디게 끌어 시간을 늦춤

② 지속 : 어떤 상태가 오래 계속됨

③ 지체 : 때를 늦추거나 질질 끎

⑤ 연속 : 끊이지 아니하고 죽 이어지거나 지속함

2 ②

① 필요할 때는 쓰고 필요 없을 때는 야박하게 버리는 경우를 이르는 말

③ 원수를 갚거나 마음먹은 일을 이루기 위하여 온갖 어려움과 괴로움을 참고 견딤

④ 공적인 일을 먼저 하고 사사로운 일은 뒤로 미룸

⑤ 고국의 멸망을 한탄함을 이르는 말

3 ②

이 글의 화자는 '마케팅 교육을 담당하는 입장'에서 UCC를 기업 마케팅에 어떻게 활용할 것인지에 대한 강의를 기획하고 있다. 따라서 이 글을 읽는 예상 독자는 ② UCC 활용 교육을 원하는 기업 마케터들이 될 것이다.

4 ④

괄호 바로 앞뒤에 오는 문장을 통해 유추할 수 있다. 화자가 기획하는 강의는 기업 마케팅 담당자들의 웹2.0과 UCC에 대한 이해를 높이고, 이를 활용할 수 있는 전략에 대한 내용이 주가 될 것이다. 따라서 강의 제목으로는 ④ 웹2.0 시대 UCC를 통한 마케팅 활용 전략이 가장 적절하다.

5 ⑤

작자는 오래된 물건의 가치를 단순히 기능적 편리함 등의 실용적인 면에 두지 않고 그것을 사용해 온 시간, 그 동안의 추억 등에 두고 있으며 그렇기 때문에 오래된 물건이 아름답다고 하였다.

6 ③

③ 「철도안전법 시행규칙」 제41조의2 ④에 따르면 철도운영자 등은 철도안전교육을 안전전문기관 등 안전에 관한 업무를 수행하는 전문기관에 위탁하여 실시할 수 있다고 규정하고 있다.

7 ④

위세품은 정치, 사회적 관계를 표현하기 위해 사용된 물품이다. 당사자 사이에만 거래되어 일반인이 입수하기 어려운 물건으로 피장자가 착장(着裝)하여 위세를 드러내던 것을 착장형 위세품이라고 한다. 생산도구나 무기 및 마구 등은 일상품이기도 하지만 물자의 장악이나 군사력을 상징하는 부장품이기도 하다. 이것들은 피장자의 신분이나 지위를 상징하는 물건으로 일상품적 위세품이라고 한다.

8 ①

① 첫 번째 문단에서 '도시 빈민가와 농촌에 잔존하고 있는 빈곤은 인간다운 삶의 가능성을 원천적으로 박탈하고 있으며'라고 언급하고 있다. 즉, 사회적 취약계층의 객관적인 생활수준이 향상되었다고 보는 것은 적절하지 않다.

② 첫 번째 문단

③ 두, 세 번째 문단

④ 네 번째 문단

⑤ 두 번째 문단

9 ③

서원각의 매출액의 합계를 x, 소정의 매출액의 합계를 y로 놓으면

$x+y=91$

$0.1x:0.2y=2:3 \rightarrow 0.3x=0.4y$

$x+y=91 \rightarrow y=91-x$

$0.3x=0.4\times(91-x)$

$0.3x=36.4-0.4x$

$0.7x=36.4$

$\therefore\ x=52$

$0.3\times52=0.4y \rightarrow y=39$

x는 10% 증가하였으므로 $52\times1.1=57.2$

y는 20% 증가하였으므로 $39\times1.2=46.8$

두 기업의 매출액의 합은 $57.2+46.8=104$

10 ⑤

통화량을 x, 문자메시지를 y라고 하면

A요금제 → $(5x+10y)\times\left(1-\frac{1}{5}\right)=4x+8y=14,000$원

B요금제 → $5,000+3x+15\times(y-100)=16,250$원

두 식을 정리해서 풀면

$y=250,\ x=3,000$

11 ⑤

보완적 평가방식은 각 상표에 있어 어떤 속성의 약점을 다른 속성의 강점에 의해 보완하여 전반적인 평가를 내리는 방식을 의미한다. 보완적 평가방식에서 차지하는 중요도는 60, 40, 20이므로 이러한 가중치를 각 속성별 평가점수에 곱해서 모두 더하면 결과 값이 나오게 된다. 각 대안(열차종류)에 대입해 계산하면 아래와 같은 결과 값을 얻을 수 있다.

- KTX 산천의 가치 값= (0.6 × 3) + (0.4 × 9) + (0.2 × 8) = 7
- ITX 새마을의 가치 값= (0.6 × 5) + (0.4 × 7) + (0.2 × 4) = 6.6
- 무궁화호의 가치 값= (0.6 × 4) + (0.4 × 2) + (0.2 × 3) = 3.8
- ITX 청춘의 가치 값= (0.6 × 6) + (0.4 × 4) + (0.2 × 4) = 6
- 누리로의 가치 값= (0.6 × 6) + (0.4 × 5) + (0.2 × 4) = 6.4

조건에서 각 대안에 대한 최종결과 값 수치에 대한 반올림은 없는 것으로 하였으므로 종합 평가점수가 가장 높은 KTX 산천이 김정은과 시진핑의 입장에 있어서 최종 구매대안이 되는 것이다.

12 ③

- 주택보수비용 지원 내용은 항목별 비용이 3단계로 구분되어 있으며 핵심 구분점은 내장, 배관, 외관이다. 이에 따른 비용 한계는 350만 원을 기본으로 단계별 300만 원씩 증액하는 것으로 나타나 있다.
- 소득인정액에 따른 차등지원 내역을 보면 지원액은 80~100%이다.

〈상황〉을 보면 ○○씨 중위소득 40%에 해당하므로 지원액은 80%이며, 노후도 평가에서 대보수에 해당하므로, 950만 원 × 80% = 760만 원을 지원받을 수 있다.

13 ④

④ 2022년도의 연어방류량을 x라고 하면

$0.8=\frac{7}{x}\times100\ \therefore\ x=875$

① 2017년도의 연어방류량을 x라고 하면

$0.3=\frac{6}{x}\times100\ \therefore\ x=2,000$

2018년도의 연어방류량을 x라고 하면

$0.2=\frac{4}{x}\times100\ \therefore\ x=2,000$

② 연어포획량이 가장 많은 해는 21만 마리를 포획한 2015년이고, 가장 적은 해는 2만 마리를 포획한 2018년과 2023년이다.

③ 연도별 연어회귀율은 증감을 거듭하고 있다.

⑤ 2018년도의 연어포획량은 2만 마리로 가장 적고, 연어회귀율은 0.1%로 가장 낮다.

14 ③

사고 전 조달원 \ 사고 후 조달원	수돗물	정수	약수	생수	합계
수돗물	40	30	20	30	120
정수	10	50	10	30	100
약수	20	10	10	40	80
생수	10	10	10	40	70
합계	80	100	50	140	370

수돗물은 120가구에서 80가구로, 약수는 80가구에서 50가구로 각각 이용 가구 수가 감소하였다. 정수는 100가구로 변화가 없으며, 생수는 70가구에서 140가구로 증가하였다.

따라서 사고 전에 비해 사고 후에 이용 가구 수가 감소한 식수 조달원의 수는 2개이다.

15 ②

② 음료수자판기는 가장 많은 418명의 계약자를 기록하고 있다.

16 ①

단일 계약자를 제외한 2027년에 계약이 만료되는 계약자는 총 353명이다.

17 ②

㈎ 수산물 수출실적이 '전체'가 아닌 1차 산품에서 차지하는 비중이므로 2024년과 2025년에 각각 61.1%와 62.8%인 것을 알 수 있다. → 틀림

㈏ 농산물과 수산물은 2021년 이후 매년 '감소 − 감소 − 증가 − 감소'의 동일한 증감추이를 보이고 있다. → 옳음

㈐ 2023년~2025년까지만 동일하다. → 틀림

㈑ 연도별로 전체 합산 수치는 103,285천 달러, 106,415천 달러, 121,068천 달러, 128,994천 달러, 155,292천 달러로 매년 증가한 것을 알 수 있다. → 옳음

18 ③

A에서 B로 변동된 수치의 증감률은 (B − A) ÷ A × 100의 산식으로 계산한다.

- 농산물 : (21,441 − 27,895) ÷ 27,895 × 100 = −23.1%
- 수산물 : (38,555 − 50,868) ÷ 50,868 × 100 = −24.2%
- 축산물 : (1,405 − 1,587) ÷ 1,587 × 100 = −11.5%

따라서 감소율은 수산물 > 농산물 > 축산물의 순으로 큰 것을 알 수 있다.

19 ④

두 번째 조건을 부등호로 나타내면, C < A < E

세 번째 조건을 부등호로 나타내면, B < D, B < A

네 번째 조건을 부등호로 나타내면, B < C < D

다섯 번째 조건에 의해 다음과 같이 정리할 수 있다.

∴ B < C < D, A < E

① 주어진 조건만으로는 세 번째로 월급이 많은 사람이 A인지, D인지 알 수 없다.

② B < C < D, A < E이므로 월급이 가장 많은 E는 월급을 50만 원을 받고, A와 D는 각각 40만 원 또는 30만 원을 받으며, C는 20만 원을, B는 10만 원을 받는다. E와 C의 월급은 30만 원 차이가 난다.

③ B의 월급은 10만 원, E의 월급은 50만 원이므로 합하면 60만 원이다.
C의 월급은 20만 원을 받지만, A는 40만 원을 받는지 30만 원을 받는지 알 수 없으므로 B와 E의 월급의 합은 A와 C의 월급의 합보다 많을 수도 있고, 같을 수도 있다.

⑤ 월급이 가장 적은 사람은 B이다.

20 ②

주어진 ㉡부터 ㉦을 정리하면 다음과 같다.

㉡ 갑 = 을

㉢ 을 → 병 or ~갑

㉣ ~갑 → ~정

㉤ ~정 → 갑 and ~병

㉥ ~갑 → ~무

㉦ 무 → ~병

이때, ㉤이 참인 상황에서 ㉤의 대우인 '~갑 and 병 → 정'이 참이 되어야 하는데 이럴 경우 병에 대한 후건을 분리하면 '~갑 → 정'으로 ㉣과 모순이 생긴다. 따라서 '~갑'은 성립할 수 없으므로 갑은 가담하였다.

갑이 가담하였다면 ㉡에 의해 을도 가담하였고, ㉢에 의해 병도 가담한 것이 된다. 그리고 ㉦의 대우에 의해 무는 가담하지 않았음을 알 수 있다. 따라서 가담하지 않은 사람은 무 한 사람뿐이다.

※ 귀류법 … 어떤 명제가 참임을 증명하려 할 때 그 명제의 결론을 부정함으로써 가정 또는 공리 등이 모순됨을 보여 간접적으로 그 결론이 성립한다는 것을 증명하는 방법이다.

21 ③

① 19일 수요일 오후 1시 울릉도 도착, 20일 목요일 독도 방문, 22일 토요일은 복귀하는 날인데 종아는 매주 금요일에 술을 마시므로 멀미로 인해 선박을 이용하지 못한다. 또한 금요일 오후 6시 호박엿 만들기 체험도 해야 한다.

② 20일 목요일 오후 1시 울릉도 도착, 독도는 화요일과 목요일만 출발하므로 불가능

③ 23일 일요일 오후 1시 울릉도 도착, 24일 월요일 호박엿 만들기 체험, 25일 화요일 독도 방문, 26일 수요일 포항 도착

④ 25일 화요일 오후 1시 울릉도 도착, 27일 목요일 독도 방문, 28일 금요일 호박엿 만들기 체험은 오후 6시인데, 복귀하는 선박은 오후 3시 출발이라 불가능

⑤ 26일 수요일 오후 1시 울릉도 도착, 27일 목요일 독도 방문, 28일 금요일 호박엿 만들기 체험, 매주 금요일은 술을 마시므로 다음날 선박을 이용하지 못하며, 29일은 파고가 3m를 넘어 선박이 운항하지 않아 불가능

22 ③

연가는 재직기간에 따라 3~21일로 휴가 일수가 달라지며, 수업휴가 역시 연가일수를 초과하는 출석수업 일수가 되므로 재직기간에 따라 휴가 일수가 달라진다. 장기재직 특별휴가 역시 재직기간에 따라 달리 적용된다.

① 언급된 2가지 휴가는 출산한 여성이 사용하는 휴가이다.

② 자녀 돌봄 휴가는 자녀가 고등학생인 경우까지 해당되므로 15세 이상 자녀가 있는 경우에도 자녀 돌봄 휴가를 사용할 수 있게 된다.

④ '직접 필요한 시간'이라고 규정되어 있으므로 고정된 시간이 없는 것이 된다.

⑤ 10~19년, 20~29년, 30년 이상 재직자가 10~20일의 휴가일수를 사용하게 되므로 최대 20일이 된다.

23 ③

T대리가 사용한 근무 외 시간의 기록은 16시간 + 9시간 + 5시간 = 30시간이 된다. 따라서 8시간이 연가 하루에 해당하므로 이를 8시간으로 나누면 '3일과 6시간'이 된다. 8시간 미만은 산입하지 않는다고 하였으므로 T대리는 연가를 3일 사용한 것이 된다.

④ 외출이 2시간 추가되면 총 32시간이 되어 4일의 연가를 사용한 것이 된다.

24 ④

제시된 내용은 김치에서 이상한 냄새가 나고 있는 상황이다.

④는 '김치 표면에 하얀 것(하얀 효모)이 생겼을 때'의 확인 사항이다.

25 ③

③은 매뉴얼로 확인할 수 없는 내용이다.

26 ④

광산물의 경우 총 교역액에서 수출액이 차지하는 비중은 39,456÷39,975×100=약 98.7%이나, 잡제품의 경우 187,132÷188,254×100=약 99.4%의 비중을 보이고 있으므로 총 교역액에서 수출액이 차지하는 비중이 가장 큰 품목은 잡제품이다.

① A국의 총 수출액은 1,136,374천 달러이며, 총 수입액은 1,206,744천 달러이다.

② B국은 1차 산업인 농림수산물 품목에서 A국으로의 수출이 매우 적은 반면, A국으로부터 수입하는 양이 매우 크므로 타당한 판단으로 볼 수 있다.

③ 기계류는 10개 품목 중 가장 적은 1,382천 달러의 수출입액 차이를 보이고 있다.

⑤ A국은 10개 품목 중 섬유류, 전자전기, 생활용품, 플라스틱/고무를 제외한 6개 품목에서 수입보다 수출을 더 많이 하고 있다.

27 ③

무역수지가 가장 큰 품목은 잡제품으로 무역수지 금액은 187,132−1,122=186,010천 달러에 달하고 있다.

28 ⑤

서울교통공사 설립 및 운영에 관한 조례 제19조(사업의 범위)

1. 시 도시철도의 건설 · 운영
2. 도시철도 건설 · 운영에 따른 도시계획사업
3. 「도시철도법」에 따른 도시철도부대사업
4. 1부터 3까지와 관련한 「택지개발촉진법」에 따른 택지개발사업
5. 1부터 3까지와 관련한 「도시개발법」에 따른 도시개발사업
6. 도시철도 관련 국내외 기관의 시스템 구축, 건설 · 운영 및 감리사업
7. 도시철도와 다른 교통수단의 연계수송을 위한 각종 시설의 건설 · 운영 및 기존 버스운송사업자의 노선과 중복되지 않는 버스운송사업(단, 마을버스운송사업 기준에 의함)
8. 「교통약자의 이동편의 증진법」에 따른 이동편의시설의 설치 및 유지관리사업
9. 「교통약자의 이동편의 증진법」에 따른 실태조사
10. 시각장애인 등 교통약자를 위한 시설의 개선과 확충
11. 그 밖에 시장이 인정하는 사업

29 ②

제시된 내용은 서울교통공사의 공사이미지 중 캐릭터에 대한 내용이다.

30 ⑤

① 운전제어와 관련된 장치의 기능, 제동장치 기능, 그 밖에 운전 시 사용하는 각종 계기판의 기능의 이상여부를 확인 후 출발하여야 한다.

② 철도차량의 운행 중에 휴대전화 등 전자기기를 사용하지 아니할 것. 다만, 철도사고 등 또는 철도차량의 기능장애가 발생하는 등 비상상황이 발생한 경우로서 철도운영자가 운행의 안전을 저해하지 아니하는 범위에서 사전에 사용을 허용한 경우에는 그러하지 아니하다.

③ 철도사고의 수습을 위하여 필요한 경우 수호는 전차선의 전기공급 차단 조치를 해야 한다.

④ 희재는 운행구간의 이상이 발생하면 수호에게 보고해야 한다.

31 ③

서울교통공사는 (6)개의 실과 5개의 본부, (44)개의 처로 이루어져있다.

32 ①

㉡ 경영감사처, 기술감사처는 감사 소속이고, 정보보안처는 정보보안단 소속이다.

㉢ 노사협력처, 급여복지처는 경영지원실 소속이고, 성과혁신처는 기획조정실 소속이다.

㉣ 안전계획처와 안전지도처는 안전관리본부 소속이다.

㉤ 영업계획처는 고객서비스본부 소속이고, 해외사업처는 전략사업실 소속이다.

33 ②

㉠ ROUND 함수는 숫자를 지정한 자릿수로 반올림한다. '=ROUND(2.145, 2)'는 소수점 2자리로 반올림하므로 결과값은 2.15이다.

㉡ =MAX(100, 200, 300) → 300

㉢ =IF(5 > 4, "보통", "미달") → 보통

㉣ AVERAGE 함수는 평균값을 구하고자 할 때 사용한다.

34 ③

㈎ 파일은 쉼표(,)가 아닌 마침표(.)를 이용하여 파일명과 확장자를 구분한다.

㈑ 파일/폴더의 이름에는 ₩, /, :, *, ?, ", 〈, 〉 등의 문자는 사용할 수 없으며, 255자 이내로 공백을 포함하여 작성할 수 있다.

35 ⑤

지정 범위에서 인수의 순위를 구하는 경우 'RANK' 함수를 사용한다. 이 경우, 수식은 '=RANK(인수, 범위, 결정 방법)'이 된다. 결정 방법은 0 또는 생략하면 내림차순, 0 이외의 값은 오름차순으로 표시하게 된다.

36 ③

주어진 표는 재무제표의 하나인 '손익계산서'이다. '특정한 시점'에서 그 기업의 자본 상황을 알 수 있는 자료는 대차대조표이며, 손익계산서는 '일정 기간 동안'의 기업의 경영 성과를 한눈에 나타내는 재무 자료이다.

① 해당 기간의 최종 순이익은 '당기순이익'이다. 순이익이란 매출액에서 매출원가, 판매비, 관리비 등을 빼고 여기에 영업외 수익과 비용, 특별 이익과 손실을 가감한 후 법인세를 뺀 것이다. 그래서 '순이익'은 기업이 벌어들이는 모든 이익에서 기업이 쓰는 모든 비용과 모든 손실을 뺀 차액을 의미한다.

②⑤ 여비교통비는 직접비이며, 지급보험료는 간접비이다.

④ 상품 판매업체와 제조업체의 매출 원가는 다음과 같이 산출한다.

- 매출원가(판매업) = 기초상품 재고액 + 당기상품 매입액 − 기말상품 재고액
- 매출원가(제조업) = 기초제품 재고액 + 당기제품 제조원가 − 기말제품 재고액

37 ①

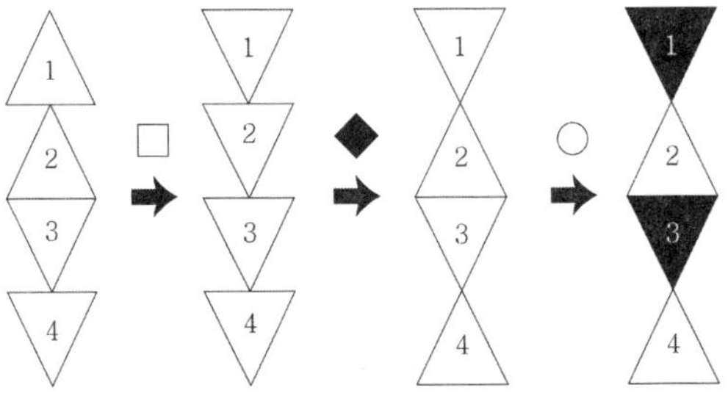

38 ④

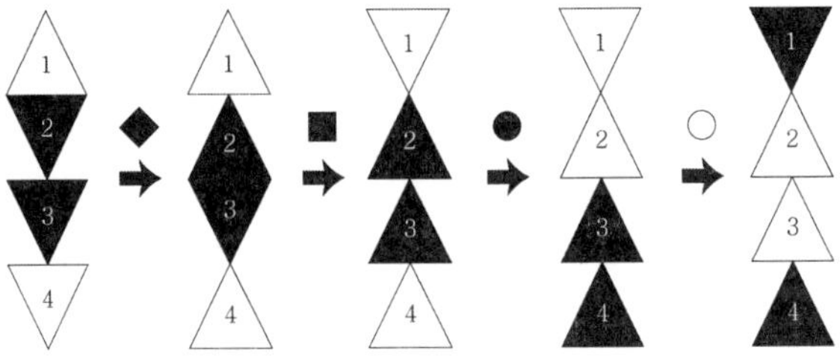

39 ③

바람직한 리더에게는 위험을 회피하기보다 계산된 위험을 취하는 진취적인 자세가 필요하다. 위험을 회피하는 것은 리더가 아닌 관리자의 모습으로, 조직을 이끌어 갈 수 있는 바람직한 방법이 되지 못한다. 리더에게 필요한 자질은 다음과 같다.

① 새로운 상황을 창조하며 오늘보다는 내일에 초점을 맞춘다.

⑤ 어떻게 할까보다는 무엇을 할까를 생각한다.

② 사람을 관리하기보다 사람의 마음에 불을 지핀다.

④ 유지보다는 혁신을 지향한다.

40 ①

성희롱 여부를 판단할 때는 피해자의 주관적인 사정을 고려하되 피해자와 비슷한 조건과 상황에 있는 사람이 피해자의 입장이라면 문제가 되는 성적 언동에 대해 어떻게 반응했을까를 함께 고려하여야 하며, 결과적으로 위협적이고 적대적인 환경을 형성해 업무 능률을 저하시키게 되는지를 검토한다. '성적 언동 및 요구'는 신체의 접촉이나 성적인 의사표현뿐만 아니라 성적 함의가 담긴 모든 언행과 요구를 말하며, 상대방이 이를 어떻게 받아들였는지가 매우 중요하다. 따라서 행위자의 의도와는 무관하며, 설사 행위자가 성적 의도를 가지고 한 행동이 아니었다고 하더라도 성희롱으로 인정될 수 있다.

직무수행능력평가(경영학)

1 ②

C2C(Customer to Customer)는 인터넷을 통한 직거래 또는 물물교환, 경매 등에서 특히 많이 활용되는 전자상거래 방식이다. "수수료를 받지 않고 개인 간 물품거래를 제공하는 스마트폰 애플리케이션 '오늘 마켓'을 서비스 한다"는 구절을 보면 알 수 있다.

2 ③

공급사슬관리(Supply Chain Management)는 이제까지 부문마다의 최적화, 기업마다의 최적화에 머물렀던 정보 · 물류 · 자금에 관련된 업무의 흐름을 공급사슬 전체의 관점에서 재검토하여 정보의 공유화와 비즈니스 프로세스의 근본적인 변혁을 꾀하여 공급사슬 전체의 자금흐름(cash flow)의 효율을 향상시키려는 관리개념이다.

3 ①

(가)는 테일러의 과학적 관리론, (나)는 페이욜의 관리일반원칙에 대한 내용이다.

(가) 테일러는 과학적 관리론을 통해 시간연구, 성과급제, 계획과 작업의 분리, 과학적 작업, 경영통제, 직능적 관리를 주장하였다.

(나) 페이욜은 경영활동을 6가지로, 관리활동을 5가지로, 그에 따른 관리 활동의 일반적 규칙을 14가지로 제시했다.

4 ①

파스칼(Pascale)&피터스(Peters)의 7S

㉠ 공유가치(Shared Value) : 구성원들이 공유하고 있는 핵심가치, 조직문화의 형성에 가장 중요한 영향

㉡ 구조(Structure) : 전략 수행에 필요한 틀, 구성원의 역할과 그들의 관계를 지배하는 공식적인 요소

㉢ 제도(System) : 의사결정의 틀, 경영관리제도 · 절차

㉣ 전략(Strategy) : 중 · 장기적인 계획과 자원배분과정, 조직의 장기적 목표와 방향을 결정

㉤ 구성원(Staff) : 구성원의 기술, 역량, 기술, 전문성, 욕구 등, 조직문화 형성의 주체

㉥ 기술(Skill) : 생산 및 정보처리과정, 기업경영에서 사용되는 각종 기법

㉦ 리더십스타일(Style) : 관리자가 구성원의 행동에 영향력을 행사하는 방법

5 ②

②번은 앤소프의 전략개념의 구성요소에 속하는 내용이다.

6 ①

페이욜의 관리 5요소

㉠ 계획

㉡ 조직

㉢ 명령

㉣ 조정

㉤ 통제

7 ③

미성숙 단계에서는 한정된 행동 양상을, 성숙 단계에서는 다양한 행동 양상을 보인다.

8 ③

직무특성이론에서 제시한 직무특성에는 기술다양성, 과업정체성, 과업중요성, 자율성, 피드백이 있다.

9 ②

직무의 기술수준이 높고 과업의 종류가 다양하며 개인에게 자율성이 많이 부여될수록 높은 성과를 얻을 수 있다.

10 ②

성취욕구가 높은 사람은 자신의 기술과 문제해결 능력과 관련해 도전의식을 주는 과업에 끌린다. 다시 말해 자신의 개별적인 노력에 따라 성과가 좌우되는 과업을 선호하는 것이다. 이들은 과업수행 혹은 과업 자체에서 만족을 구하려고 한다. 성취욕구가 큰 사람은 경영자보다 자기 사업을 하는 기업가 역할에 더 적당하다.

11 ③

매슬로우의 욕구 단계설 과정 … 생리적 욕구 → 안전의 욕구 → 사회적 욕구 → 존경의 욕구 → 자아실현의 욕구

12 ④

임파워먼트(Empowerment)는 개인이 업무수행을 유능하게 수행할 수 있다는 자신감, 에너지 활력 등의 느낌을 갖도록 하는 활동과 그 결과로 자발적인 자신감을 형성하게 하는 내재화된 몰입을 강조하는 동기부여 이론이다.

13 ①

Q시스템은 정량발주시스템(Fixed-Order Quantity System)으로 재고가 일정수준(발주점)에 이르면 일정발주량(경제적 발주량)을 발주하는 시스템이다.

① 정기발주시스템(Fixed-Time Period System)인 P시스템에 대한 설명이다.

14 ④

제시된 내용은 명목집단기법에 대한 설명이다. 명목집단기법은 여러 대안들을 마련하고 그중 하나를 선택하는 데 초점을 두는 구조화된 집단의사결정 기법으로, 집단의사결정 기법임에도 불구하고 의사결정이 진행되는 동안 참가자들 간의 토론이나 비평이 허용되지 않기 때문에 '명목'이라는 수식어가 붙었다.

① 팀빌딩기법 : 능력이 우수한 인재들이 모인 집단이 그만한 능력을 발휘하지 못할 때, 그 원인을 찾아 문제를 해결하는 경영기법

② 브레인스토밍 : 어떤 문제의 해결책을 찾기 위해 여러 사람이 생각나는 대로 마구 아이디어를 쏟아내는 방법

③ 델파이기법 : 전문가들을 대상으로 반복적인 피드백을 통한 하향식 의견 도출로 문제를 해결하려는 미래 예측 기법

⑤ 변증법적 문의법 : 상반된 의견이나 견해를 가진 사람들로 구성된 집단 사이에 벌어지는 논쟁으로 헤겔의 삼단논법에서 비롯된 변증법적 사고

15 ③

MRP(Material Requirement Planning)의 특성

㉠ 소비자에 대한 서비스의 개선

㉡ 의사결정의 자동화에 기여

㉢ 생산계획의 효과적인 도구

㉣ 설비가동능률의 증진

㉤ 적시에 최소비용으로 공급

16 ①

수요에 영향을 끼치게 되는 주요인 중 통제 가능한 요소로는 가격할인, 신용정책, 품질, 광고 등이 있으며, 통제 불가능한 요소로는 제품수명주기, 경기변동 등이 있다.

17 ⑤

단위 구입가는 물량에 관계없이 일정하다.

18 ③

공정관리에 대한 기능 중 통제기능에는 작업독촉 및 작업할당 등이 있다.

19 ③

MRP의 효율적 적용을 위한 가정

㉠ 전체 자료에 대한 조달기간의 파악이 가능해야 한다.

㉡ 재고기록시의 자료 및 자재명세서의 자료가 일치해야 한다.

㉢ 제조공정이 독립적이어야 한다.

㉣ 전체 품목들은 저장이 가능해야 하며, 매출행위가 있어야 한다.

㉤ 전체 조립 구성품들은 조립착수시점에서 활용이 가능해야 한다.

20 ③

㉢은 판매개념에 해당하는 것으로 생산의 증대로 인해 제품공급이 과잉된 상태이다. 그러므로 이를 해결하기 위해 고압적 마케팅 방식에 의존하게 된다.

21 ⑤

본 사례는 종속가격(Captive Pricing) 결정전략에 대한 내용이다. 종속가격 결정전략은 주 제품에 대해서는 가격을 낮게 책정해서 이윤을 줄이더라도 시장 점유율을 늘리고 난 후 종속 제품인 부속품에 대해서 이윤을 추구한다.

22 ②

② 이중요율 방식은 2부제 가격이라고도 하는데, 2부제로 부가하는 가격정책을 말하며 구매량과는 상관없이 기본가격과 단위가격이 적용되는 가격 시스템을 의미한다.

① 목표이익가격결정은 해당 기업이 원하는 목표이익을 실현하는 매출수준에서 제품의 가격을 책정하는 방식으로 손익분기점분석을 이용하여 가격을 결정한다.

③ 침투가격정책은 처음에는 낮은 가격으로 제품의 가격을 내놓은 뒤 시장에 빠르게 침투하려는 가격책정 방식으로 소비자가 제품 가격에 대한 민감도가 높은 것처럼 수요의 가격탄력성이 높은 상황에서 적합하다.

④ 기준가격 결정방법에는 수요를 기준으로 하는 방식과 경쟁제품을 기준으로 하는 방식, 원가나 가치를 기준으로 하는 방식 등이 있다. 이 가운데 고객이 지각하는 제품의 가치에 맞춰 이에 상응한 제품가격을 기준가격으로 결정하는 방법은 수요중심 가격결정 방식이다.

⑤ 초기 고가전략은 자사 신제품이 타사에 비해 높은 우위를 가질 때 효과적으로 적용시킬 수 있는 전략이다.

23 ②

사회지향적 마케팅 개념은 기업의 이윤을 창출할 수 있는 범위 안에서 타사에 비해 효율적으로 소비자들의 욕구를 충족시키도록 노력하는데 있어서는 마케팅 개념과 일치하는데, 여기서 한 발 더 나아가 사회 지향적 마케팅은 고객만족, 기업의 이익에 더불어서 사회 전체의 복지를 요구하는 개념이다.

24 ③

③ 전문품(speciality goods)은 독특한 특징이나 브랜드 정체성이 있는 제품 및 서비스인데 소비자의 강한 브랜드 선호도 및 충성도를 지니고 있으며 특별한 구매노력을 기울인다. 또한, 브랜드의 대안 간 비교가 이루어지지 않으며 가격민감도가 낮다. 그렇기 때문에 소비자는 제품에 대한 사전지식에 의존하여 상품을 구매하는 것이 일반적이라 할 수 있다.

25 ⑤

매슬로우의 욕구 5단계설 중 자아실현의 욕구는 인간의 기본 욕구 가운데 최고급 욕구로, 자신의 잠재적 능력을 최대한 개발해 이를 구현하고자 하는 욕구를 의미한다.

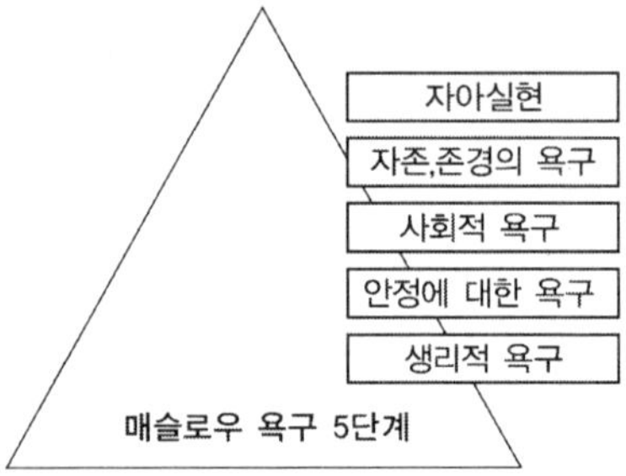

26 ⑤

시장세분화의 조건으로는 유지가능성, 접근가능성, 측정가능성, 실행가능성, 내부적 동질성 및 외부적 이질성 등이 있다.

27 ④

①②③⑤번은 인적자원관리의 외부환경에 대한 것이며, ④번은 인적자원관리의 환경 중 내부 환경에 대한 내용이다.

28 ③

③ 서열법에서는 절대적인 성과차이를 구별할 수 없다.

29 ⑤

목표에 의한 관리 (MBO)의 조건

㉠ 측정 가능함과 동시에 계량적인 목표이어야 한다.

㉡ 구체적인 목표 제시가 되어야 한다.

㉢ 설정된 목표에 대해 기대되는 결과를 확인할 수 있는 목표이어야 한다.

㉣ 현실적이면서, 달성 가능한 목표이어야 한다.

㉤ 정해진 시간 안에 달성 가능한 목표이어야 한다.

30 ①

① 평정척도법을 적용할 경우 평가자의 관대화나 중심화 경향이 쉽게 나타날 수 있으므로 이를 방지하기 위한 대안으로 강제할당법이 적용된다. 평정척도법은 피평가자의 자질을 직무수행상 달성한 정도에 따라 사전에 마련된 척도를 근거로 하여 평가할 수 있도록 하는 방법이다.

31 ⑤

인사관리의 주요 기능으로는 직무의 분석 및 설계, 모집 및 선발, 훈련 및 개발, 보상 및 후생복지, 노조와의 관계 등이 있다.

32 ②

임금피크제도(Salary Peak System)는 기업 조직의 구성원들이 일정 정도의 연령에 이르게 되면 해당 구성원들의 생산성에 의해 임금을 지급하는 제도를 말한다.

33 ①

이익분배제는 노사 간의 계약에 의한 기본임금 이 외에 기업 조직의 각 영업기마다 결산이윤의 일부를 종업원들에게 부가적으로 지급하는 제도로써, 종업원은 이익배당 참여권 및 분배율을 근속년수와 연관시킴으로써, 종업원들의 장기근속을 유도할 수 있다.

※ 이익분배제의 효과 및 제약사항

제약사항	효과
• 구성원은 자신의 이윤에 대한 배당을 높이기 위해 작업에 집중하여 능률증진을 기할 수 있다. • 구성원은 이익배당 참여권 및 분배율을 근속년수와 연관시킴으로써, 종업원들의 장기근속을 유도할 수 있다. • 기업과 종업원간의 협동정신을 고취, 강화시켜서 노사 간의 관계개선에 도움을 준다.	• 이익분배는 결산기에 가서 확정되는 관계로 구성원들의 작업능률에 대한 자극이 감소될 수 있다. • 회계정보를 적당히 처리함으로써, 기업 조직의 결과를 자의적으로 조정할 수 있으므로 신뢰성이 낮아진다.

34 ③

국제피셔효과는 금리효과와 환율효과가 서로 상쇄되지 않으면 시장 불균형이 일어나 자본이 이동할 것이라고 말해주고 있는데, 자본자유화와 관련해 단기유동성 국제적 투기자금, 즉 핫머니의 유출입에 의한 자본시장 교란의 근본적인 원인을 말해주고 있다.

35 ②

$0.6 \times 0.15 + 0.6 \times 0.11 = 0.09 + 0.066 = 0.156$

36 ①

선물거래는 매매쌍방 간 미래 일정시점에 약정된 제품을 기존에 정한 가격에 일정수량을 매매하기로 계약을 하는 것을 의미한다.

37 ③

SML의 기울기인 시장위험프리미엄은 양(+)의 값이다.

38 ②

증권의 종류 중 상환시기, 방법 등에 따른 분류로는 감채기금부사채, 만기전액상환사채, 수의상환사채, 정시분할사채, 연속상환사채 등이 있다. 무보증사채는 제3자의 보증유무에 따른 분류에 해당한다.

39 ⑤

효율적 시장에서는 주가수준이 재무정책결정에 있어 아무 영향도 미치지 못한다.

40 ⑤

선물계약은 거래조건 및 계약조건 등이 표준화되어 있으며, 정해진 장소에서 거래된다는 특징이 있는 반면에, 선도계약은 거래 장소에는 구애를 받지 않고 더불어 대상 제품이 표준화되어 있지도 않는다는 특성이 있다.

제2회 정답 및 해설

직업기초능력평가

1 ①

① 심포지움 → 심포지엄

2 ②

주어진 글의 첫 문단에서 화자는 일반적으로 원칙을 바꾸는 일을 나쁘다고 할 수는 없지만, 변절자를 합리화하는 데에 동의하지 않는다고 말한다. 두 번째 문단에서 '자기의 신념에 어긋날 때면 목숨을 걸어 항거하여 타협하지 않고 부정과 불의한 권력 앞에는 최저의 생활, 최악의 곤욕을 무릅쓸 각오'로 해야 하는 것라고 했으므로 빈칸에는 '원칙과 신념을 굽히지 아니하고 끝까지 지켜 나가는 꿋꿋한 의지. 또는 그런 기개'를 뜻하는 지조가 적절하다.

3 ④

한국의 관광 관련 고용자 수는 50만 명으로 전체 2% 수준이다. 이를 세계 평균 수준인 8% 이상으로 끌어 올리려면 150만 여명 이상을 추가로 고용해야 한다. 백만 달러당 50명의 일자리가 추가로 창출되므로 150만 명 이상을 추가로 고용하려면 대략 300억 달러 이상이 필요하다.

① 약 1조 8,830억 달러 정도이다.
② 2017년 기준으로 지난해인 2016년도의 내용이므로 2015년의 종사자 규모는 알 수 없다. 2016년 기준으로는 전 세계 통신 산업의 종사자는 자동차 산업의 종사자의 약 3배 정도이다.
③ 간접 고용까지 따지면 2억 5,500만 명이 관광과 관련된 일을 하고 있어, 전 세계적으로 근로자 12명 가운데 1명이 관광과 연계된 직업을 갖고 있는 셈이다. 추측해보면 2017년 전 세계 근로자 수는 20억 명을 넘는다.
⑤ 2010년부터 2030년 사이 이 지역으로 여행하는 관광객이 연평균 9.7% 성장하여 2030년 5억 6,500명이 동북아시아를 찾을 것으로 전망했으므로 2020년에 동북아시아를 찾는 관광객의 수는 연간 약 2억 8,000명을 넘을 수 없다.

4 ②

① 어떤 일을 하는 사람
② 힘이나 세력이 약한 사람
③ 많은 수의 사람
④ 자기 외의 사람
⑤ 이야기를 하는 사람

5 ⑤

⑤ 국내 통화량이 증가하여 유지될 경우 장기에는 자국의 물가도 높아져 장기의 환율은 상승한다.

6 ③

① 현재 신분당선이나 우이신설선, 인천지하철 2호선 등 무인운전 차량들도 KRTCS-1을 탑재하고 있다.
② KRTCS-1과 KRTCS-2는 모두 SIL Level 4 인증을 취득했다.
④ KRTCS-1이 지상 센서만으로 차량의 이동을 감지하고 컨트롤했다면, KRTCS-2는 LTE-R 무선통신을 도입해 열차가 어느 구간(폐색)에 위치하는지를 실시간으로 감지하고 좀 더 효율적으로 스케줄링할 수 있다는 장점이 있다.
⑤ 한국의 고속철도에 KRTCS-2 시스템이 적용되어 도시철도뿐만 아니라 일반/고속철도에서도 무인운전이 현실화될 것으로 기대된다.

7 ①

타고난 재능은 인정하지 않고 재능을 발휘한 노동의 부분에 대해서만 그 소득을 인정하게 된다면 특별나게 열심히 재능을 발휘할 유인을 찾기 어려워 결국 그 재능은 상당 부분 사장되고 말 것이다. 따라서 이러한 사회에서 ㉠과 같이 선천적 재능 경쟁이 치열해진다고 보는 의견은 글의 내용에 따른 논리적인 의견 제기로 볼 수 없다.

8 ②

필자가 언급하는 '능력'은 선천적인 것과 후천적인 것이 있다고 말하고 있으며, 후천적인 능력에 따른 결과에는 승복해야 하지만 선천적인 능력에 따른 결과에 대해서는 일정 부분 사회에 환원하는 것이 마땅하다는 것이 필자의 주장이다.

② 능력에 의한 경쟁 결과가 반드시 불평의 여지가 없이 공정하다고만은 볼 수 없다는 것이 필자의 견해라고 할 수 있다.

9 ④

평균$=\frac{\text{자료 값의 합}}{\text{자료의 수}}$이므로

$A=\frac{x}{20}=70 \rightarrow x=1,400$

$B=\frac{y}{30}=80 \rightarrow y=2,400$

$C=\frac{z}{50}=60 \rightarrow z=3,000$

세 반의 평균은 $\frac{1,400+2,400+3,000}{20+30+50}=68$점

10 ①

S→1→F 경로로 갈 경우에는 7명, S→3→2→F 경로로 갈 경우에는 11명이며, S→3→2→4→F 경로로 갈 경우에는 6명이므로, 최대 승객 수는 모두 더한 값인 24명이 된다.

11 ⑤

2025년 7월 甲의 월급은 기본급 300만 원에 다음의 수당을 합한 급액이 된다.

- 정근수당 : 10년 이상 근무한 직원의 정근수당은 기본급의 50%이므로 3,000,000 × 50% = 1,500,000원이다.
- 명절휴가비 : 해당 없다.
- 가계지원비 : 3,000,000 × 40% = 1,200,000원
- 정액급식비 : 130,000원
- 교통보조비 : 200,000원

따라서 3,000,000 + 1,500,000 + 1,200,000 + 130,000 + 200,000 = 6,030,000원이다.

12 ③

태양광, 바이오, 풍력, 석탄의 경우는 '늘려야 한다.'와 '줄여야 한다.'는 의견이 각각 절반 이상의 비중을 차지하는 에너지원이다.

① 줄여야 한다는 의견이 압도적으로 많은 것은 석탄의 경우뿐이다.

② 석탄의 경우는 제외된다.

④ 바이오는 풍력보다 늘려야 한다는 의견이 더 많지만 줄여야 한다는 의견은 더 적다.

⑤ LNG는 유지 > 늘림 > 줄임 > 모름 순서인 것에 비해 원자력은 유지 > 줄임 > 늘림 > 모름 순서로 나타났다.

13 ②

㉠ 습도가 70%일 때 연간소비전력량은 790으로 A가 가장 적다.

㉡ 60%와 70%를 많은 순서대로 나열하면 60%일 때 D-E-B-C-A, 70%일 때 E-D-B-C-A이다.

㉢ 40%일 때 E=660, 50%일 때 B=640이다.

㉣ 40%일 때의 값에 1.5배를 구하여 80%와 비교해 보면 E는 1.5배 이하가 된다.

$A=550\times1.5=825$	840
$B=560\times1.5=840$	890
$C=580\times1.5=870$	880
$D=600\times1.5=900$	950
$E=660\times1.5=990$	970

14 ③

2호선 유아수유실은 11개이고, 전체 유아수유실은 88개이다. 따라서 2호선의 유아수유실이 차지하는 비율은

$\frac{11}{88}\times100=12.5\%$

15 ①

① 7호선의 유아수유실은 23개로 가장 많고, 1호선의 유아수유실은 2개로 가장 적다.

16 ①

㉡ ㈎의 경우 매년 물가가 5% 상승하면 두 번째 해부터 구매력은 점차 감소한다.

㉣ 금융 기관에서는 단리 뿐 아니라 복리 이자율이 적용되는 상품 또한 판매하고 있다.

17 ⑤

사원과 근무부서를 표로 나타내면

배정부서	기획팀	영업팀	총무팀	홍보팀
처음 배정 부서	갑	을	병	정
2번째 배정 부서				
3번째 배정 부서				병

㉠ 규칙 1을 2번째 배정에 적용하고 규칙 2를 3번째 배정에 적용하면

기획팀 ↔ 총무팀 / 영업팀 ↔ 홍보팀이므로

갑 ↔ 병 / 을 ↔ 정

규칙 2까지 적용하면 다음과 같다.

배정부서	기획팀	영업팀	총무팀	홍보팀
처음 배정 부서	갑	을	병	정
2번째 배정 부서	병	정	갑	을
3번째 배정 부서			을	갑

㉡ 규칙 3을 먼저 적용하고 규칙 2를 적용하면

배정부서	기획팀	영업팀	총무팀	홍보팀
처음 배정 부서	갑	을	병	정
2번째 배정 부서	을	갑	병	정
3번째 배정 부서	을	갑	정	병

18 ①

㉠과 ㉢에 의해 A – D – C 순서이다.

㉥에 의해 나머지는 모두 C 뒤에 들어왔다는 것을 알 수 있다.

㉡과 ㉤에 의해 B – E – F 순서이다.

따라서 A – D – C – B – E – F 순서가 된다.

19 ③

- A가 선정되면 B도 선정된다. → $A \rightarrow B$ ··· ⓐ
- B와 C가 모두 선정되는 것은 아니다.
  → $\sim(B \wedge C) = \sim B \vee \sim C$ ··· ⓑ
- B와 D 중 적어도 한 도시는 선정된다.
  → $B \vee D$ ··· ⓒ
- C가 선정되지 않으면 B도 선정되지 않는다.
  → $\sim C \rightarrow \sim B$ ··· ⓓ

ⓑ와 ⓓ를 통해 ~B는 확정

ⓐ와 ~B를 통해 ~A도 확정

ⓒ와 ~B를 통해 D도 확정

㉠ A와 B 가운데 적어도 한 도시는 선정되지 않는다. → 참

㉡ B도 선정되지 않고, C도 선정되지 않는다.
→ B는 선정되지 않지만 C는 알 수 없음

㉢ D는 선정된다. → 참

20 ②

제11조 제2항에 따르면 사용자가 제1항 단서의 사유가 없거나 소멸되었음에도 불구하고 2년을 초과하여 기간제 근로자로 사용하는 경우에는 그 기간제 근로자는 기간의 정함이 없는 근로계약을 체결한 근로자로 본다. 따라서 ②의 경우 기간제 근로자로 볼 수 없다.

① 2년을 초과하지 않는 범위이므로 기간제 근로자로 볼 수 있다.

③ 제11조 제1항 제3호에 따른 기간제 근로자로 볼 수 있다.

④ 제11조 제1항 제1호에 따른 기간제 근로자로 볼 수 있다.

⑤ 제11조 제1항 제2호에 따른 기간제 근로자로 볼 수 있다.

21 ④

④ 수소를 제조하는 시술에는 화석연료를 열분해·가스화 하는 방법과 원자력에너지를 이용하여 물을 열화학분해하는 방법, 재생에너지를 이용하여 물을 전기분해하는 방법, 그리고 유기성 폐기물에서 얻는 방법 등 네 가지 방법이 있다.

22 ①

각각의 수단들에 대한 보완적 평가방식을 적용했을 시의 평가 점수는 아래와 같다.

비행기 : $(40\times9)+(30\times2)+(20\times4)=500$

고속철도 : $(40\times8)+(30\times5)+(20\times5)=570$

고속버스 : $(40\times2)+(30\times8)+(20\times6)=440$

오토바이 : $(40\times1)+(30\times9)+(20\times2)=350$

도보 : $(40\times1)+(30\times1)+(20\times1)=90$

평가 기준	중요도	이동수단들의 가치 값				
		비행기	고속 철도	고속 버스	오토 바이	도보
속도감	40	9	8	2	1	1
경제성	30	2	5	8	9	1
승차감	20	4	5	6	2	1
평가점수		500	570	440	350	90

∴ 각 수단들 중 가장 높은 값인 고속철도가 5명의 목적지까지의 이동수단이 된다.

23 ⑤

위반행위가 둘 이상인 경우로서 그에 해당하는 각각의 처분기준이 다른 경우에는 그중 무거운 처분기준에 따르므로 부상자가 발생한 경우(효력 정지 6개월)가 1천만 원 이상 물적 피해가 발생한 경우(효력 정지 3개월)보다 무거운 처분이므로 효력 정지 6개월의 처분을 받게 된다.

24 ②

㉠ 甲이 총 3번의 대결을 하면서 각 대결에서 승리할 확률이 가장 높은 전략부터 순서대로 선택한다면, C전략 → B전략 → A전략으로 각각 1회씩 사용해야 한다. → 옳음

㉡ 甲이 총 5번의 대결을 하면서 각 대결에서 승리할 확률이 가장 높은 전략부터 순서대로 선택한다면, C전략 → B전략 → A전략 → A전략 → C전략으로 5번째 대결에서는 C전략을 사용해야 한다. → 틀림

㉢ 甲이 1개의 전략만을 사용하여 총 3번의 대결을 하면서 3번 모두 승리할 확률을 가장 높이려면, 3번의 승률을 모두 곱했을 때 가장 높은 A전략을 선택해야 한다. → 옳음

㉣ 甲이 1개의 전략만을 사용하여 총 2번의 대결을 하면서 2번 모두 패배할 확률을 가장 낮추려면, 2번 모두 패할 확률을 곱했을 때 가장 낮은 C전략을 선택해야 한다. → 틀림

25 ②

하급자를 상급자에게 먼저 소개해 주는 것이 일반적이며, 비임원을 임원에게 먼저 소개하여야 한다. 또한 정부 고관의 직급명은 퇴직한 경우라고 사용하는 것이 관례이다.

26 ③

조직도를 보면 6실 44처로 구성되어 있다.

27 ②

'결재권자는 업무의 내용에 따라 이를 위임하여 전결하게 할 수 있다'고 규정되어 있으나, 동시에 '이에 대한 세부사항은 따로 규정으로 정한다.'고 명시되어 있다. 따라서 여건에 따라 상황에 맞는 전결권자를 지정한다는 것은 규정에 부합하는 행위로 볼 수 없다.

③ 전결과 대결은 모두 실제 최종 결재를 하는 자의 원 결재란에 전결 또는 대결 표시를 하고 맨 오른쪽 결재란에 서명을 한다는 점에서 문서 양식상의 결재방식이 동일하다.

28 ③

결재 문서가 아니라도 처리과의 장이 중요하다고 인정하는 문서는 문서등록대장에 등록되어야 한다고 규정하고 있으므로 신 과장의 지침은 적절하다고 할 수 있다.

① 같은 날짜에 결재된 문서인 경우 조직 내부 원칙에 의해 문서별 우선순위 번호를 부여해야 한다.

② 중요성 여부와 관계없이 내부 결재 문서에는 모두 '내부결재' 표시를 하도록 규정하고 있다.

④ 보고서에는 별도의 보존기간 기재란이 없으므로 문서의 표지 왼쪽 위의 여백에 기재란을 마련하라고 규정되어 있으나, 기안 문서에는 문서 양식 자체에 보존기간을 기재하는 것이 일반적이므로 조 사원의 판단은 옳지 않다.

⑤ 최종 결재권을 위임받은 자가 본부장이므로 본부장이 결재를 한 것이 '전결'이 되며, 본부장 부재 시에 팀장이 대신 결재를 한 것은 '대결'이 된다.

29 ②

DCOUNT는 조건을 만족하는 개수를 구하는 함수로, [A2:F7] 영역에서 '2021'(2021년도 종사자 수)가 25보다 작고 '2025'(2025년도 종사자 수)가 19보다 큰 레코드의 수는 1이 된다. 조건 영역은 [A9:B10]이 되며, 조건이 같은 행에 입력되어 있으므로 AND 조건이 된다.

30 ④

시간대별 날씨에서 현재시간 15시에 31도를 나타내고 있다. 하지만, 자정이 되는 12시에는 26도로써 온도가 5도 정도 낮아져서 현재보다는 선선한 날씨가 된다는 것을 알 수 있다.

31 ③

A = 1, S = 1

A = 2, S = 1 + 2

A = 3, S = 1 + 2 + 3

…

A = 10, S = 1 + 2 + 3 + … + 10

∴ 출력되는 S의 값은 55이다.

32 ④

긴급한 일과 중요한 일이 상충될 경우, 팀장의 지시에 의해 중요한 일을 먼저 처리해야 한다. 따라서 시간관리 매트릭스 상의 Ⅰ → Ⅱ → Ⅲ → Ⅳ의 순으로 업무를 처리하여야 한다.

따라서 ④의 (B) - (F) - (G) - (L)이 가장 합리적인 시간 계획이라고 할 수 있다.

33 ④

길동이는 적어도 새로운 T 퓨전 음식점을 개업할 때 얻게 되는 이윤만큼 연봉을 받아야만 '맛나 음식점'에서 계속 일할 것이다. 새로운 음식점을 개업할 때 기대되는 이윤은 기대 매출액(3.5억 원) − 연간영업비용(8,000만 원 + 7,000만 원 + 6,000만 원) − 임대료(3,000만 원) − 보증금의 이자부담액(3억 원의 7.5%) = 8,750만 원이 된다. 따라서 최소한 8,750만 원의 연봉을 받아야 할 것으로 판단하는 것이 합리적이다.

34 ④

한 달 평균 이동전화 사용 시간을 x라 하면 다음과 같은 공식이 성립한다.

$15,000+180x>18,000+120x$

$60x>3,000$

$x>50$

따라서 x는 50분 초과일 때부터 B요금제가 유리하다고 할 수 있다.

35 ③

㉡ 최초 제품 생산 후 4분이 경과하면 두 번째 제품이 생산된다. A공정에서 E공정까지 첫 번째 완제품을 생산하는 데 소요되는 시간은 12분이다. C공정의 소요 시간이 2분 지연되어도 동시에 진행되는 B 공정과 D공정의 시간이 7분이므로, 총소요시간에는 변화가 없다.

36 ⑤

화재 주의사항에서 보면 "배터리가 새거나 냄새가 날 때는 즉시 사용을 중지하고 화기에서 멀리 두세요."라고 되어 있다. 냄새가 난다고 해서 핸드폰의 전원을 끄는 것이 아닌 사용의 중지를 권고하고 있으므로 ⑤번이 잘못 설명되었음을 알 수 있다.

37 ①

① 자기 계발 능력

② 조직 이해 능력

③ 대인 관계 능력

④ 정보 능력

⑤ 자원 관리 능력

38 ②

팀워크의 개념 설명을 근거로 좋은 팀워크에 해당하는 사례를 찾는 문제로 좋은 팀워크를 판단하려면 개념과 응집력의 차이를 정확히 숙지하여야 한다.

㉠ 협동 또는 교류보다는 경쟁을 모토로 삼는다는 것은 팀보다는 개인을 우선하는 것이므로 팀워크를 저해하는 측면이 있다.

㉡ 좋은 팀워크를 가진 팀이라도 의견충돌이나 갈등은 존재할 수 있지만 이런 상황이 지속되지 않고 해결된다. B팀의 경우 출시일자를 놓고 의견충돌이 있었지만 다음 회의 때 해결되는 모습을 보여주므로 좋은 팀워크 사례로 볼 수 있다.

㉢ C팀은 팀원 간에 친밀도는 높지만 업무처리가 비효율적이라 팀워크를 저해하는 요소를 지니고 있다.

39 ①

㉠ 전문가의식 : 자신의 일이 누구나 할 수 있는 것이 아니라 해당 분야의 지식과 교육을 밑바탕으로 성실히 수행해야만 가능한 것이라 믿고 수행하는 태도

㉡ 천직의식 : 자신의 일이 자신의 능력과 적성에 꼭 맞는다 여기고 그 일에 열성을 가지고 성실히 임하는 태도

㉢ 소명의식 : 자신이 맡은 일은 하늘에 의해 맡겨진 일이라고 생각하는 태도

㉣ 직분의식 : 자신이 하고 있는 일이 사회나 기업을 위해 중요한 역할을 하고 있다고 믿고 자신의 활동을 수행하는 태도

40 ⑤

① 근면에 대한 내용이다.

② 책임감에 대한 내용이다.

③ 경청에 대한 내용이다.

④ 솔선수범에 대한 내용이다.

직무수행능력평가(경영학)

1 ④

위의 내용은 막스 베버의 관료제 특성 중 일부이다.

※ 막스 베버의 관료제 특성

㉠ 안정적이면서 명확한 권한계층

㉡ 태도 및 대인관계의 비개인성

㉢ 과업전문화에 기반한 체계적인 노동의 분화

㉣ 규제 및 표준화된 운용절차의 일관된 시스템

㉤ 관리 스태프진은 생산수단의 소유자가 아님

㉥ 문서로 된 규칙, 의사결정, 광범위한 파일

㉦ 기술적인 능력에 의한 승진을 기반으로 평생의 경력관리

2 ②

제시된 네트워크 유형은 원형으로, 문제의 성격과 상관없이 정확성이 낮다.

3 ④

신디케이트(Syndicate)에 대한 설명이다.

※ 기업결합의 유형

카르텔	법률적, 경제적으로 독립성을 유지하며 협약에 의해 결합하며, 상호경쟁을 제한하면서 시장통제를 목적으로 한다.
신디케이트	동일 시장 내 여러 기업이 출자해서 공동 판매회사를 설립, 이를 일원적으로 판매하는 조직을 의미한다.
트러스트	시장독점을 위해 각 기업체가 개개의 독립성을 상실하고 합동한다.
콤비나트	다각적인 결합 공장이란 뜻으로, 기술적 측면에서 유기적으로 결합된 다수기업의 집단을 의미한다.
컨글로머릿	이종기업 간의 다각적 결합을 의미하는데, 대게 기존 기업의 주식을 매입하여 형성된다.
콘체른	수 개의 기업이 법률적으로 형식상 독립성을 유지하면서 주식의 소유, 자본의 대부와 같은 금융관계를 통해 결합하는 형태이다.

4 ②

합자회사의 경영은 무한책임사원들, 투자자로서 감시활동은 유한책임사원이 한다.

5 ⑤

마이클 포터(M. E. Porter)의 경쟁전략 5요소

㉠ 구매자

㉡ 대체품

㉢ 공급자

㉣ 산업 내 경쟁자

㉤ 잠재적 진입자

6 ⑤

상업적 활동에는 판매 · 구매 · 교환, 보전적 활동에는 재산 및 구성원의 보호 등이 있다.

7 ①

① 로크는 목표가 구체적이고 도전적이며 수행과정에서 피드백을 받을 수 있으면 동기부여가 잘 되고 성과도 뛰어나다고 주장하였다.

8 ②

목표관리법(MBO ; Management By Objectives)은 맥그리거의 Y이론을 발전시켜 사용하였다.

9 ③

조직행동론에서의 의존적 변수

㉠ 결근여부

㉡ 생산성

㉢ 이직

㉣ 직업만족도

10 ③

기대이론은 내용구성이 복잡한 관계로 검증자체가 어렵다는 문제점이 있다.

11 ④

Alderfer는 1970년대 초 Maslow의 욕구단계설을 수정해서 인간의 욕구를 존재욕구, 관계욕구, 성장욕구의 3단계로 구분한 ERG이론을 제시하였다.

12 ④

관찰법은 직무분석자가 직무수행을 하는 종업원의 행동을 관찰한 것을 토대로 직무를 판단하는 것을 말하고, 면접법은 해당 직무를 수행하는 종업원과 직무분석자가 서로 대면해서 직무정보를 취득하는 방법을 말하며, 질문지법은 질문지를 통해 종업원에 대한 직무정보를 취득하는 방법을 말한다.

13 ①

모듈러 설계 … 여러 가지 호환이 가능한 표준화된 모델을 개발 · 제작하여 최소 종류의 부분품으로 최대 종류의 제품을 생산하고자 하는 방법으로 소품종 대량생산시스템에서 품목의 수를 증대시키기 적합한 방식이다. 대량생산과 제품의 고객화를 실현하는 대량 고객화를 가능하게 한다.

14 ①

①번은 생산예측의 방법 중 인과적 방법에 속하며, ②③④⑤번은 시계열분석 방법에 속하는 내용이다.

15 ②

제조공정은 서로 독립적이어야 한다.

16 ②

델파이법은 생산예측의 방법 중에서 정성적 방법에 해당한다.

17 ④

㉠ 원자재 : 제품 생산에 직접적으로 사용하기 위해 외부에서 구입하는 모든 자재

㉡ 재공품 : 최종 제품에 사용되기 이전의 제조 공정 내의 모든 품목 제품을 최상위 계층으로 하고 최하위 계층에 원자재가 위치하는 소요 자재 명세서의 중간 계층의 모든 품목

㉢ 완성품 : 최종 품목 또는 최종 제품이라고도 하며 소비자에게 판매되는 제품을 말한다.

18 ①

품절 및 과잉재고는 허용되지 않는다.

※ 경제적주문량(EOQ)의 기본가정

㉠ 제품의 수요가 일정하고 균일하다.

㉡ 조달기간이 일정하며, 조달이 일시에 이루어진다.

㉢ 품절이나 과잉재고가 허용되지 않는다.

㉣ 주문비와 재고유지비가 일정하며, 재고유지비는 평균재고에 기초를 둔다.

19 ⑤

총괄생산계획의 결정변수

㉠ 생산율의 조정

㉡ 하도급

㉢ 노동인력의 조정

㉣ 재고수준

20 ①

편의품(Convenience Goods)은 소비자들이 언제, 어디서든지 구입이 가능한 제품으로 제품구입을 위한 쇼핑의 노력은 거의 들이지 않으며, 전문품(Specialty Goods)은 소비재 중에서 가장 높은 가격의 제품에 해당되며, 이는 소비자들의 기호, 및 취미에 의해 구입하게 되는 제품이므로 전문품 구입의 경우 소비자가 해당 제품을 찾기 위해 들이는 쇼핑의 노력은 최대한이다.

21 ③

확률표본추출법에는 단순무작위 표본추출법, 층화 표본추출법, 군집 표본추출법, 체계적 표본추출법 등이 있다.

22 ⑤

지리적 세분화는 고객이 살고 있는 거주 지역을 기준으로 하여 시장을 세분화하는 방법을 의미한다.

23 ③

소비자를 실질적으로 확보할 수 있어야 한다는 것은 접근가능성(㉠)을 나타내며, 비슷하거나 같은 점포가 몰려 있어야 하는 것은 누적적 흡인력(㉡)을 의미한다.

24 ④

소비자 구매행동의 유형을 구매자의 관여도와 브랜드 차이 정도에 근거하여 복잡한 구매행동, 부조화 감소 구매행동, 습관적 구매행동, 다양성 추구 구매행동으로 구분할 수 있다. 부조화 감소 구매행동은 비싸고, 가끔 발생되고, 위험이 수반되는 구매로 인해 소비자가 그 구매에 높이 관여되어 있지만 브랜드 간에 별 차이가 없을 때 발생한다.

④ 주기적 · 반복적으로 구매해야 하는 제품을 구매할 때 발생하는 것은 습관적 구매행동이다.

25 ③

탐색조사는 업의 마케팅 문제와 현 상황을 보다 잘 이해하기 위해서, 조사목적을 명확히 정의하기 위해서, 더불어 필요한 정보를 분명히 파악하기 위해서 시행하는 예비조사를 의미하는데, 특정 문제가 잘 알려져 있지 않은 경우에 적합한 조사방법을 말한다.

26 ⑤

광고의 메시지 소구방식으로써 비교 광고, 유머소구, 공포소구 등이 있는데, 유머소구의 경우에는 소비자들의 주의를 유발하는데 있어 효과적이고, 이러한 유머를 접한 소비자의 긍정적인 무드가 광고자체에 대한 태도는 물론 제품에 대한 태도에도 긍정적 영향을 미친다.

27 ①

① 판매가격 순응임률제 제품의 가격과 구성원에 대한 임금률을 연관시켜서 제품에 대한 판매가격이 변동하면 그에 따라 임률도 변동하도록 하는 제도를 의미한다.

28 ②

직무순환은 조직 구성원들의 직무영역을 변경하여 여러 방면에서의 경험이나 지식을 쌓게 하기 위한 인재양성 방법이다.

29 ①

현대적인 인사 고과시스템 설계에 있어서의 기본원칙

㉠ 계량화의 원칙

㉡ 고객중시의 원칙

㉢ 협동 및 경쟁의 원칙

㉣ 다면평가의 원칙

㉤ 종합관리의 원칙

㉥ 과업특성 고려의 원칙

㉦ 수용성의 원칙

㉧ 목적별, 계층별 평가의 원칙

30 ⑤

인적자원 계획으로 인해 불필요한 노동력의 감소 및 증대에 따른 통제가 용이하다.

31 ③

순응임률제(Sliding Scale Wage Plan)는 기업 조직의 여러 가지 제 조건이 변동하게 되면, 이에 순응하여 임금률도 자동적으로 변동 내지 조정되는 제도를 의미한다.

32 ④

집단자극제는 집단의 노력이므로, 개개인의 노력이나 성과가 직접적으로 반영되지 않는다.

※ 집단자극제

장점	단점
• 업무의 요령 등을 다른 사람들에게 감추지 않는다. • 신입 종업원의 경우, 훈련에 상당히 적극적이다. • 작업배치를 함에 있어 종업원들의 불만을 감소시킨다. • 집단의 조화가 중요하므로, 서로간의 팀워크와 협동심이 높아진다.	• 집단의 노력이므로, 개개인의 노력이나 성과가 직접적으로 반영되지 않는다. • 성과에 대한 기준설정이 명확하게 시간연구에 의한 것이 아닌, 기존의 실적에 의한 것일 경우에, 해당 성과 상승의 원인이 업무방식의 개선에 의한 것인지, 아니면 실제 종업원의 노력에 의한 것인지 판단하기가 어렵다.

33 ④

직무명세서(Job Specification)는 직무의 분석 결과를 기초로 특정 목적의 관리흐름을 구체화하는 데 있어 용이하도록 정리한 문서를 말하며, 특히 인적요건에 초점을 두고 있다는 특징이 있다.

34 ④

①②③⑤번은 자본구조계획에 속하며, ④번은 이익계획에 속한다.

35 ③

MM의 수정이론에서는 자기자본에 대한 배당은 비용처리가 되지 않기 때문에 부채를 많이 사용할수록 기업의 가치가 증가한다는 것을 의미한다.

36 ⑤

재무비율분석에서는 상대적으로 용이하게 기업의 경영성과와 재무 상태 등을 알아볼 수 있는 특징이 있다.

37 ⑤

CAPM에서의 자본시장은 균형 상태인 것으로 가정한다.

38 ①

PER는 해당 기업조직에 대한 시장의 신뢰도 지표로 활용이 가능하다.

39 ①

콜 옵션의 만기가치는 기초자산인 주식의 가격이 높을수록, 행사가격이 낮을수록, 위험이자율이 커질수록, 만기가 길수록, 분산이 클수록 콜 옵션의 가격은 높아지게 된다.

40 ③

투자자가 위험선호적인 경우에 무차별곡선의 형태는 위로 볼록한 형태를 지니게 된다.

제3회 정답 및 해설

직업기초능력평가

1 ④

① 각별이 → 각별히
② 곤난 → 곤란
③ 발뒷꿈치 → 발뒤꿈치
⑤ 반드시 → 반듯이

2 ④

④ 혼인이나 제사 따위의 관혼상제 같은 어떤 의식을 치르다.
① 사람이 어떤 장소에서 생활을 하면서 시간이 지나가는 상태가 되게 하다.
② 서로 사귀어 오다.
③ 과거에 어떤 직책을 맡아 일하다.
⑤ 계절, 절기, 방학, 휴가 따위의 일정한 시간을 보내다.

3 ②

'일절'과 '일체'는 구별해서 써야 할 말이다. '일절'은 부인하거나 금지할 때 쓰는 말이고, '일체'는 전부를 나타내는 말이다.

4 ①

배경지식이 전혀 없던 상태에서는 X선 사진을 관찰하여도 아무 것도 찾을 수 없었으나 이론과 실습 등을 통하여 배경지식을 갖추고 난 후에는 X선 사진을 관찰하여 생리적 변화, 만성질환의 병리적 변화, 급성질환의 증세 등의 현상을 알게 되었다는 것을 보면 관찰은 배경지식에 의존하다고 할 수 있다.

5 ③

수정	⇨	배아 (2주)	⇨	태아 (6개월)	⇨	진통	⇨	배 밖
D, F		E		C		B		A

6 ④

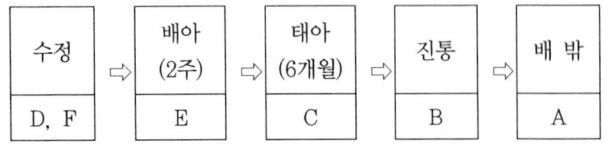

④ 다섯 번째 카드에서 교통약자석에 대한 인식 부족으로 교통약자석이 제 기능을 못하고 있다는 지적은 있지만, 그에 따른 문제점들을 원인에 따라 분류하고 있지는 않다.
① 첫 번째 카드
② 세 번째 카드
③ 네 번째 카드
⑤ 여섯 번째 카드

7 ②

② 카드 뉴스는 신문 기사와 달리 글과 함께 그림을 비중 있게 제시하여 의미 전달을 효과적으로 하고 있다.
① 통계 정보는 (나)에서만 활용되었다.
③ 표제와 부제의 방식으로 제시한 것은 (나)이다.
④ 비유적이고 함축적인 표현들은 (가), (나) 모두에서 사용되지 않았다.
⑤ 신문 기사는 표정이나 몸짓 같은 비언어적 요소를 활용할 수 없다.

8 ②

전체 응시자의 평균을 x라 하면 합격자의 평균은 $x+25$
불합격자의 평균은 전체 인원 30명의 총점 $30x$에서 합격자 20명의 총점 $\{20\times(x+25)\}$를 빼준 값을 10으로 나눈 값이다.

즉, $\dfrac{30x-20\times(x+25)}{10}=x-50$

커트라인은 전체 응시자의 평균보다 5점이 낮고, 불합격자 평균 점수의 2배보다 2점이 낮으므로

$x-5=2(x-50)-2$

$x=97$

응시자의 평균이 97이므로 커트라인은 $97-5=92$점

9 ②

조건 ㈎에서 R석의 티켓의 수를 a, S석의 티켓의 수를 b, A석의 티켓의 수를 c라 놓으면

$a+b+c=1,500$ …… ㉠

조건 ㈏에서 R석, S석, A석 티켓의 가격은 각각 10만 원, 5만 원, 2만 원이므로

$10a+5b+2c=6,000$ …… ㉡

A석의 티켓의 수는 R석과 S석 티켓의 수의 합과 같으므로

$a+b=c$ …… ㉢

세 방정식 ㉠, ㉡, ㉢을 연립하여 풀면

㉠, ㉢에서 $2c=1,500$이므로 $c=750$

㉠, ㉡에서 연립방정식

$$\begin{cases} a+b=750 \\ 2a+b=900 \end{cases}$$

을 풀면 $a=150$, $b=600$이다.

따라서 구하는 S석의 티켓의 수는 600장이다.

10 ④

'거리 = 속력 × 시간'을 이용하여 체류시간을 감안한 총 소요시간을 다음과 같이 정리해 볼 수 있다. 시간은 왕복이므로 2번 계산한다.

활동	이동 수단	거리	속력 (시속)	목적지 체류 시간	총 소요시간
당구장	전철	12km	120km	3시간	3시간 + 0.1시간 × 2 = 3시간 12분
한강공원 라이딩	자전거	30km	15km	-	2시간 × 2 = 4시간
파워워킹	도보	5.4km	3km	-	1.8시간 × 2 = 3시간 36분
북카페 방문	자가용	15km	50km	2시간	2시간 + 0.3시간 × 2 = 2시간 36분
강아지와 산책	도보	3km	3km	1시간	1시간 + 1시간 × 2 = 3시간

따라서 북카페를 방문하고 돌아오는 것이 2시간 36분으로 가장 짧은 소요시간이 걸린다.

11 ④

① 81,000 + (54,000 × 3) = 243,000원

② 81,000 + 54,000 + 25,000 = 160,000원

③ 60,000 + (15,000 × 3) + (10,000 × 2) = 125,000원

④ 75,000 + (35,000 × 3) + 70,000 = 250,000원

⑤ 211,000원

12 ⑤

조건을 잘 보면 병의 가방에 담긴 물품 가격의 합이 44,000원

병의 가방에는 B, D, E가 들어 있고 E의 가격은 16,000원

그럼 B와 D의 가격의 합이(㉠+㉢) 44,000－16,000＝28,000원이 되어야 한다.

①은 답이 될 수 없다.

가방에 담긴 물품 가격의 합이 높은 사람부터 순서대로 나열하면 갑 > 을 > 병 순이므로

을은 A와 C를 가지고 있는데 A는 24,000원, 병 44,000원보다 많아야 하므로 C의 가격(㉡)은 적어도 44,000－24,000＝20,000원 이상이 되어야 한다.

②③④는 답이 될 수 없다.

13 ③

③ 2025년 G계열사의 영업이익률은 8.7%로 2014년 E계열사의 영업이익률 2.9%의 2배가 넘는다.

① B계열사의 2025년 영업이익률은 나머지 계열사의 영업이익률의 합보다 적다.

② 2014년도에 가장 높은 영업이익률을 낸 계열사는 F, 2025년에 가장 높은 영업이익률을 낸 계열사는 B이다.

④ 2014년 대비 2025년의 영업이익률이 증가한 계열사는 B, C, E, G 4곳이다.

⑤ 2014년과 2025년 모두 영업이익률이 10%을 넘은 계열사는 A, B 2곳이다.

14 ①

주어진 그래프를 통해 다음과 같은 연도별 지역별 무역수지 규모를 정리할 수 있다.

(단위 : 10억 불)

구분	2023	2024	2025
미국	27.7	25.3	20.1
중국	47.3	37.8	44.6
일본	−20.1	−23.0	−28.1
EU	−7.9	−3.9	−3.8
동남아	54.2	57.3	75.5
중동	−38.0	−27.8	−49.9

따라서 무역수지 악화가 지속적으로 심해진 무역 상대국(지역)은 일본뿐인 것을 알 수 있다.

② 매년 무역수지 흑자를 나타낸 무역 상대국(지역)은 미국, 중국, 동남아 3개국(지역)이다.

③ 무역수지 흑자가 매년 감소한 무역 상대국(지역)은 미국뿐이다.

④ 무역수지가 흑자에서 적자 또는 적자에서 흑자로 돌아선 무역 상대국(지역)은 없음을 알 수 있다.

⑤ 매년 무역수지 적자규모가 가장 큰 무역 상대국(지역)은 중동이다.

15 ④

2025년 동남아 수출액은 1,490억 불이므로 전년대비 20% 증가하였다면 2026년 동남아 수출액은 1,788억 불이고, 2025년 EU 수입액은 560억 불이므로 전년대비 20% 감소하였다면 448억 불이다. 따라서 2026년 동남아 수출액과 EU 수입액의 차이는 1,788 − 448 = 1,340억 불이다.

16 ④

조건 1에서 출발역은 청량리이고, 문제에서 도착역은 인천역으로 명시되어 있고 환승 없이 1호선만을 활용한다고 되어 있으므로 청량리~서울역(1,250원), 서울역~구로역(200원 추가), 구로역~인천역(300원 추가)를 모두 더한 값이 수인이와 혜인이의 목적지까지의 편도 운임이 된다. 그러므로 두 사람 당 각각 운임을 계산하면, 1,250 + 200 + 300 = 1,750원(1인당)이 된다. 역의 수는 청량리역~인천역까지 모두 더하면 38개 역이 된다.

17 ③

아르바이트 일수가 갑은 3일, 병은 2일임을 알 수 있다.

무는 갑이나 병이 아르바이트를 하는 날 항상 함께 한다고 했으므로 5일 내내 아르바이트를 하게 된다.

을과 정은 일, 월, 화, 목 4일간 아르바이트를 하게 된다.

① 수요일에는 2명, 나머지 요일에는 4명으로 인원수는 확정된다.

② 갑은 3일, 을은 4일, 병은 2일, 무는 5일 이므로 갑과 을, 병과 정의 아르바이트 일수를 합한 값은 7로 같다.

③ 병에 따라 갑이 아르바이트를 하는 요일이 달라지므로 아르바이트 하는 요일이 확정되는 사람은 세 명이다.

④ 일별 인원수는 4명 또는 2명으로 모두 짝수이다.

⑤ 일요일에는 갑, 을, 정, 무 네 명으로 어느 경우에도 같다.

18 ⑤

블랙은 이 열이 실제로 온도계에 변화를 주지 않기 때문에 이를 '잠열(潛熱)'이라 불렀다.

→ ㉠ A의 온도계로는 잠열을 직접 측정할 수 없었다. - 참
눈이 녹는점에 있음에도 불구하고 많은 양의 뜨거운 물은 눈을 조금밖에 녹이지 못했다. 이는 잠열 때문이다.

→ ㉡ 얼음이 녹는점에 이르러도 완전히 녹지 않는 것은 잠열 때문이다. - 참
A에서는 얼음이 녹으면서 생긴 물과 녹고 있는 얼음의 온도가 녹는점에서 일정하게 유지되었는데 이 상태는 얼음이 완전히 녹을 때까지 지속되었다.

→ ㉢ A의 얼음이 완전히 물로 바뀔 때까지, A의 얼음물 온도는 일정하게 유지된다. - 참

19 ⑤

① 김유진 : 3억 5천만 원 × 0.9% = 315만 원

② 이영희 : 12억 원 × 0.9% = 1,080만 원

③ 심현우 : 1,170만 원 + (32억 8천만 원 − 15억 원) × 0.6%
= 2,238만 원

④ 이동훈 : 18억 1천만 원 × 0.9% = 1,629만 원

⑤ 김원근 : 2,670만 원 + (3억 원 × 0.5%) = 2,820만 원

20 ④

총 노선의 길이를 연비로 나누어 리터 당 연료비를 곱하면 원하는 답을 다음과 같이 구할 수 있다.

교통편 1 : 500 ÷ 4.2 × 1,000 = 약 119,048원

교통편 2 : 500 ÷ 4.8 × 1,200 = 125,000원

교통편 3 : 500 ÷ 6.2 × 1,500 = 약 120,968원

교통편 4 : 500 ÷ 5.6 × 1,600 = 약 142,857원

따라서 교통비가 가장 적게 드는 교통편은 '교통편 1'이며, 가장 많이 드는 교통편은 '교통편 4'가 된다.

21 ④

각 교통편별로 속도와 정차 역, 정차 시간을 감안하여 최종 목적지인 I 지점까지의 총 소요 시간을 구하여 정리해 보면 다음 표와 같다.

구분	평균속도 (km/h)	운행 시간 (h)	정차 시간(분)	총 소요 시간
교통편 1	60	500 ÷ 60 = 약 8.3	7 × 15 = 105	8.3 + 1.8 = 10.1시간
교통편 2	80	500 ÷ 80 = 약 6.3	4 × 15 = 60	6.3+ 1 = 7.3시간
교통편 3	120	500 ÷ 120 = 약 4.2	3 × 15 = 45	4.2+ 0.8 = 5시간
교통편 4	160	500 ÷ 160 = 약 3.1	2 × 15 = 30	3.1+ 0.5 = 3.6시간

따라서 교통편 1과 교통편 4의 시간 차이는 6.5시간이므로 6시간 30분의 차이가 나는 것을 알 수 있다.

22 ②

② 외부환경요인 분석은 언론매체, 개인 정보망 등을 통하여 입수한 상식적인 세상의 변화 내용을 시작으로 당사자에게 미치는 영향을 순서대로, 점차 구체화하는 것이다.

⑤ 내부환경과 외부환경을 구분하는 기준은 '나', '나의 사업', '나의 회사' 등 환경 분석 주체에 직접적인 관련성이 있는지 여부가 된다. 대내외적인 환경을 분석하기 위하여 이를 적절하게 구분하는 것이 매우 중요한 요소가 된다.

23 ②

② 저렴한 제품을 공급하는 것은 자사의 강점(S)이며, 이를 통해 외부의 위협요인인 대형 마트와의 경쟁(T)에 대응하는 것은 ST 전략이 된다.

① 직원 확보 문제 해결과 매출 감소에 대응하는 인건비 절감 등의 효과를 거둘 수 있어 약점과 위협요인을 최소화하는 WT 전략이 된다.

③ 자사의 강점과 외부환경의 기회 요인을 이용한 SO 전략이 된다.

④ 자사의 기회요인인 매장 앞 공간을 이용해 지역 주민 이동 시 쉼터를 이용할 수 있도록 활용하는 것은 매출 증대에 기여할 수 있으므로 WO 전략이 된다.

⑤ 고객 유치 노하우는 자사의 강점을 이용한 것이며, 이를 통해 편의점 이용률을 제고하는 것은 위협요인을 제거하는 것이 되므로 ST 전략이 된다.

24 ②

제시된 글에서는 조직문화의 기능 중 특히 조직 성과와의 연관성을 언급하고 있기도 하다. 강력하고 독특한 조직문화는 기업이 성과를 창출하는 데에 중요한 요소이며, 종업원들의 행동을 방향 짓는 강력한 지렛대의 역할을 한다고도 볼 수 있다. 그러나 이러한 조직문화가 조직원들의 단합을 이끌어 이직률을 일정 정도 낮출 수는 있으나, 외부 조직원을 흡인할 수 있는 동기로 작용한다고 보기는 어렵다. 오히려 강력한 조직문화가 형성되어 있을 경우, 외부와의 융합이 어려울 수 있으며, 타 조직과의 단절을 통하여 '그들만의 세계'로 인식될 수 있다. 따라서 조직문화를 통한 외부 조직원의 흡인은 조직문화를 통해 기대할 수 있는 기능으로 볼 수는 없다.

25 ④

경영전략을 수립하고 각종 경영정보를 수집/분석하는 업무를 하는 기획팀에서 요구되는 자질은 재무/회계/경제/경영 지식, 창의력, 분석력, 전략적 사고 등이다.

26 ⑤

감사실장, 이사회의장, 비서실장, 미래 전략실장, A부사장은 모두 사장과 직접적인 업무 라인으로 연결되어 있으므로 직속 결재권자가 사장이 된다.

27 ④

백만 불 이상 예산이 집행되는 사안이므로 최종 결재권자인 사장을 대동하여 출장을 계획하는 것은 적절한 행위로 볼 수 있다.

① 사장 부재 시 차상급 직위자는 부사장이다.

② 출장 시 본부장은 사장, 직원은 본부장에게 각각 결재를 득하면 된다.

③ 결재권자의 부재 시, 차상급 직위자의 전결로 처리하되 반드시 결재권자의 업무 복귀 후 후결로 보완한다는 규정이 있다.

⑤ 직원의 해외 출장 결재권자는 본부장이다. 따라서 F팀 직원은 해외 출장을 위해 C본부장에게 최종 결재를 득하면 된다.

28 ①

(가)에서 '=MID(B4, 8, 1)'은 주민등록번호에서 8번째에 있는 1개의 문자를 추출하는 수식이다.

(나)에서 OR함수는 두 가지 중 한 가지 조건이라도 '참'이면 결과 값이 '참'이며, AND함수는 모든 조건이 '참'이어야 출력 값이 '참'이므로 (나)의 결과 값은 '합격'으로 출력된다.

29 ④

MIN 함수에서 최소값을 반환한 후, IF 함수에서 "이상 없음" 문자열이 출력된다. B3의 내용이 1로 바뀌면 출력은 "부족"이 된다.

㉠ 반복문은 사용되고 있지 않다.

㉢ 현재 입력으로 출력되는 결과물은 "이상 없음"이다.

30 ⑤

A사는 높은 가격으로 인한 거래선 유치의 어려움으로 인해 결국 시장점유율이 하락할 것이며, B사는 지속적인 적자 누적으로 제품 생산을 계속할수록 적자폭도 커지게 되는 상황을 맞이하게 될 것이다. 따라서 개발 책정 비용과 실제 발생하는 비용을 동일하게 유지하는 것이 기업에게 가장 바람직한 모습이라고 할 수 있다.

31 ①

기업이 예산 투입을 하는 과정에 있어 비용을 적게 들이는 것이 반드시 좋은 것은 아니다. 기업에서 제품을 개발한다고 할 때, 개발 책정 비용을 실제보다 높게 책정하면 경쟁력을 잃어버리게 되고, 반대로 낮게 책정하면 개발 자체가 이익을 주는 것이 아니라 오히려 적자가 나는 경우가 발생할 수 있다. 그로 인해 책정 비용과 실제 비용의 차이를 줄이고, 비슷한 상태가 가장 이상적인 상태라고 할 수 있다. 또한, 아무리 예산을 정확하게 수립하였다 하더라도 활동이나 사업을 진행하는 과정에서 계획에 따라 적절히 관리하지 않으면 아무런 효과가 없다. 즉 아무리 좋은 계획도 실천하지 않으면 되지 않듯이 예산 또한 적절한 관리가 필요하다. 이는 좁게는 개인의 생활비나 용돈관리에서부터 크게는 사업, 기업 등의 예산관리가 모두 마찬가지이며, 실행과정에서 적절히 예산을 통제해주는 것이 필수적이라고 할 수 있다.

32 ①

구매 제한가격에 따라 다 업체에서는 C 물품을 구매할 수 없다. 나머지 가, 나, 라 업체의 소모품 구매 가격을 정리하면 다음과 같다.

구분	구매 가격
가 업체	(12,400 × 2) + (1,600 × 3) + (2,400 × 2) + (1,400 × 2) + (11,000 × 2) = 59,200원
나 업체	(12,200 × 2) + (1,600 × 3) + (2,450 × 2) + (1,400 × 2) + (11,200 × 2) = 59,300원
라 업체	(12,500 × 2) + (1,500 × 3) + (2,400 × 2) + (1,300 × 2) + (11,300 × 2) = 59,500원

따라서 가장 저렴한 가격에 소모품을 구입할 수 있는 곳은 가 업체로 구매 가격은 59,200원이다.

33 ④

④ 잉크패드는 사용자가 직접 교체할 수 없고 고객지원센터의 전문가만 교체할 수 있다.

34 ②

단계 1은 문제 분석 단계이다.

단계 2는 순서도 작성 단계이다.

단계 3은 코딩 · 입력 및 번역 단계이다.

단계 4는 모의 실행 단계이므로 '논리적 오류'를 발견할 수 있다.

35 ①

제품 매뉴얼 : 사용자를 위해 제품의 특징이나 기능 설명, 사용방법과 고장 조치방법, 유지 보수 및 A/S, 폐기까지 제품에 관련된 모든 서비스에 대해 소비자가 알아야 할 모든 정보를 제공하는 것을 의미한다.

36 ⑤

A 의원은 서번트 리더십의 중요성을 강조하고 있다. 이러한 서번트 리더십은 인간 존중을 바탕으로 다른 구성원들이 업무 수행에 있어 자신의 잠재력을 최대한 발휘할 수 있도록 도와주는 리더십을 의미한다. ①번은 감성 리더십, ②번은 카리스마 리더십, ③번은 거래적 리더십, ④번은 셀프 리더십을 각각 설명한 것이다.

37 ②

C는 주제와 상관없는 사항을 거론하며 상대를 깎아 내리는 발언을 하고 있으므로 C가 토의를 위한 기본적인 태도를 제대로 갖추지 못한 사람이라고 볼 수 있다.

38 ②

② 협력을 장려하는 환경을 조성하기 위해서는 팀원들이 침묵을 지키는 것을 존중하여야 한다.

39 ⑤

명함은 손아랫사람이 먼저 건네야 한다. 더불어서 지위 또는 직책 등이 낮은 사람이 먼저 명함을 건넨다.

※ 명함 교환 시의 기본 매너

㉠ 명함은 항상 넉넉히 준비한다.

㉡ 명함은 자리에 앉기 전에 교환한다.

㉢ 상대에게 명함을 건네면서 소속과 이름을 밝힌다.

㉣ 상대로부터 받은 명함은 그 자리에서 확인하며, 한자 등의 다소 읽기 어려운 글자는 정중히 물어서 회사명과 이름을 틀리지 않아야 한다.

㉤ 상대로부터 명함을 받은 후에 곧바로 지갑에 넣지 말고, 미팅이나 또는 회의 시에 테이블 오른 쪽에 꺼내놓고 이름 및 직함을 부르면서 대화한다.

㉥ 상대 앞에서 명함에 낙서하는 것은 곧 상대의 얼굴에 낙서하는 것과 같음을 의미하며, 더불어서 명함을 손가락 사이에 끼고 돌리는 등의 손장난을 하는 것은 상대방을 무시하는 것과 같다.

㉦ 명함은 스스로의 것과 상대방 것을 구분해서 넣어둔다. 만약의 경우 급한 순간에 타인의 명함을 상대에게 줄 수도 있기 때문이다.

㉧ 상대로부터 받은 명함을 절대 그냥 두고 오는 일이 없도록 해야 한다.

40 ②

엘리베이터에서는 버튼 대각선 방향의 뒤 쪽이 상석이 된다.

※ 엘리베이터 상석의 위치

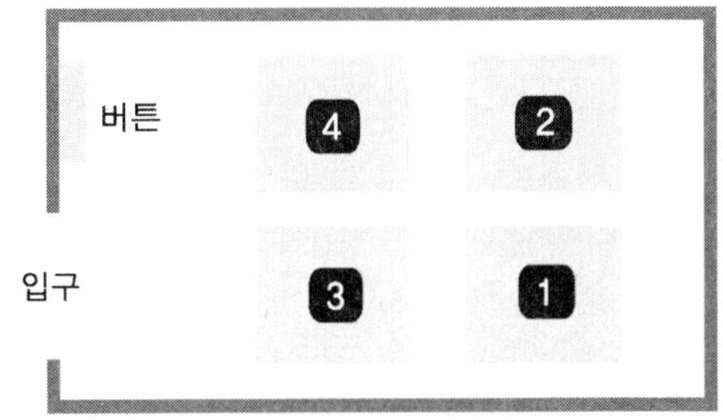

* 번호는 상석 순위

직무수행능력평가(경영학)

1 ①

시장개발의 경우 새로운 시장에 기존제품으로 진입할 때 사용하는 전략이다. 따라서 신제품 개발에 혁신과 차별화를 두어야 한다.

2 ④

㉠ BCG 매트릭스는 각 사업부의 시장성장률과 상대적 시장점유율을 기준으로 경쟁사 대비 성과를 계산해 4분위면에 표시하는 방법이다. 시장성장률은 사업부가 위치한 산업의 성장이 고성장인지 저성장인지를 가려낸다. BCG 매트릭스의 변형인 GE 매트릭스는 시장성장률과 시장점유율 대신 시장매력도와 기업의 강점을 기준으로 사업부의 경쟁적 위치를 파악한다.

㉡ 매트릭스 상에서 원의 크기는 매출액 규모를 의미한다.

3 ③

타인으로부터의 인정은 4단계, 존경 욕구에 해당한다. 소속감 욕구는 집단의 소속, 타인과의 관계 형성 등을 말한다.

4 ②

의사결정자는 대안 및 해당 결과에 대해서 완전한 정보를 가질 수 없는 제한된 합리성을 전제로 하고 있다.

5 ②

막스 베버의 관료제는 안정적이면서도 명확한 권한계층이 이루어진다.

6 ④

포지셔닝 맵에서 지표는 제품에 대해 소비자들이 구매의사결정을 할 시에 중요하게 고려하는 것을 선정해야 한다.

7 ③

③ 지원적 리더십에 대한 설명으로 지원적 리더십은 부하가 스트레스를 많이 받거나 단조롭고 지루한 업무를 수행하는 상황에서 작업환경의 부정적인 측면을 최소화시킴으로써 부하가 업무를 더욱 원활하게 수행할 수 있도록 해주는 유형이다.

8 ③

인간관계론의 한계

㉠ 지나친 비공식 조직의 중시

㉡ 경제적, 합리적인 요인의 경시

㉢ 조직관의 폐쇄성

㉣ 사회적, 심리적인 욕구 충족에 따른 성과의 불투명

㉤ 관리자의 배제, 생산자 중심의 연구

㉥ 직무자체에 있어서의 동기부여 기능 및 역할의 무시

9 ②

연구가 진행될수록 특성 간 연관성이 없다.

10 ⑤

직무기술서는 직무분석의 결과를 토대로 직무수행과 관련된 과업 및 직무행동을 일정한 양식에 따라 기술한 문서를 말한다.

11 ④

서열법(Ranking Method)은 절대적 성과차이를 구별할 수 없다.

12 ①

프렌치(J. R. P. French)와 레이븐(B.H. Raven)이 말하는 권력의 원천

㉠ 보상적 권력

㉡ 강압적 권력

㉢ 합법적 권력

㉣ 준거적 권력

㉤ 전문적 권력

13 ③

발주점법의 변형인 투-빈 시스템은 주로 저가품에 적용되는 방식이다.

14 ②

기록된 자료들에 대한 정확성 및 유용성 모두가 높아야 한다.

15 ④

집단적 의사결정에서는 최적안보다는 타협안을 선택할 수 있다는 문제점이 있다.

16 ③

종속수요품목에서 재고관리기법으로는 MRP, JIT 등이 활용된다.

17 ③

제조전략에서는 원가, 품질, 신속성, 신축성 등의 4가지 변수를 중요하게 여긴다.

18 ③

생산율 변동비용
㉠ 고용비용
㉡ 해고비용
㉢ 하청비용
㉣ 잔업비용

19 ④

재고의 기능 중 경제적 발주량의 실행으로 인해 대량취급의 이점을 얻을 수 있는 것은 취급수량에 있어서의 경제성이라 한다.

※ 재고의 기능
- ㉠ 소비자에 대한 서비스
- ㉡ 생산의 안정화
- ㉢ 부문 간 완충
- ㉣ 취급수량에 있어서의 경제성
- ㉤ 투자 및 투기의 목적으로서의 보유
- ㉥ 재고보유를 통한 판매의 촉진

20 ③

마케팅 조사과정…조사문제의 정의→조사목적의 결정→마케팅조사의 설계→자료의 수집과 분석→보고서 작성

21 ④

①②③⑤번은 회사의 입장에서 상표의 좋은 점을 설명한 것이며, ④번은 구매자 (소비자) 입장에서 상표의 좋은 점을 설명한 것이다.

22 ⑤

㉠ 이질성은 서비스의 생산 및 인도과정에서의 가변성 요소로 인해 서비스의 내용과 질이 달라질 수 있다는 것을 의미하며, ㉡ 무형성은 소비자가 제품을 구매하기 전, 오감을 통해 느낄 수 없는 것을 말한다. 다시 말해, 무형의 혜택을 소유할 수는 없는 것이다.

23 ①

산업재 구매의사결정에 영향을 미치는 요인에는 권위, 지위, 감정이입, 설득 등이 있다.

※ 산업재 구매의사결정에 영향을 미치는 요인
- ㉠ 환경적 요인 : 경제적 발전, 공급 조건, 기술 변화, 정치적 규제상의 발전 등
- ㉡ 조직적 요인 : 목적, 정책, 절차, 조직구조, 시스템 등
- ㉢ 개인적 요인 : 권위, 지위, 감정이입, 설득 등
- ㉣ 대인적 요인 : 연령, 소득, 교육, 직위, 개성 등

24 ④

통상적으로 소비재에 대한 수요자는 소비자들이므로 이들은 가격변동에 민감하게 작용하기 때문에 수요탄력성이 탄력적이다. 하지만 산업재의 수요자는 생산자이므로 이들은 가격변동에 덜 민감하게 작용하여 수요탄력성은 소비재에 비해 비탄력적이다.

25 ④

소비자 판촉을 위한 수단으로는 할인쿠폰, 리베이트, 보너스팩, 보상판매, 할인행사, 샘플 및 무료 시용권, 사은품, 경품, 게임, 콘테스트 등이 있다.

26 ④

④ 분류법은 분류자체에 대한 정확성을 확실하게 보장할 수 없다.

27 ③

이미지에 의한 포지셔닝은 제품이 지니고 있는 추상적인 편익을 소구하는 전략을 말한다.

28 ④

④번은 OFF JT(Off The Job Training)에 관한 설명이다.

29 ⑤

① 현혹효과, ② 관대화 오류, ③ 중심화 경향, ④ 시간적 오류를 각각 설명한 것이며, ⑤는 가혹화 현상을 의미한다.

30 ③

인간관계론은 기업 조직의 외부적 환경 요소를 배제하였다.

※ 인간관계론 호손실험(호손실험의 구체적 내용)

㉠ 조명실험 : 조명의 변화가 공장 내 종업원들의 생산성에 미치는 영향을 알아보기 위해서 실시하였지만, 이 경우에는 특별하게 작업능률에 있어 큰 영향을 미치지 못했다.

㉡ 계전기 조립실험 : 종업원들에 대한 휴식시간이나 임금인상 등이 그들의 작업조건에 있어 생산성에 미치는 효과를 알아보는 실험이었다.

㉢ 면접실험 : 상급자의 감독방법이나 작업 환경 등에 따른 종업원들의 불만을 조사하였다.

㉣ 배선관찰실험 : 종업원들에 대한 면접 및 관찰을 통한 작업장에서의 여러 가지 사회적 요소를 분석한 것이다.

실험 명칭	실험 주체	실험 시간	실험 내용
조명실험	호손공장	1924-27	조명도가 생산성에 미치는 정(+)의 영향
계전기 조립실험	메이요 팀	1927-29	조면도 이외의 작업요인(작업시간, 임금, 휴식시간, 작업환경 등)과 작업조건(사기, 감독방법, 인간관계 등)이 생산성에 미치는 영향
면접 실험	"	1928-30	작업자의 심리적 요인이 작업자의 태도와 생산성에 미치는 영향
배전기 권성실험	"	1931-32	작업장의 사회적 요인으로 작용하는 비공식적조직과 비공식 규범 분석

31 ⑤

오픈 숍(Open Shop)은 사용자가 노동조합에 가입한 조합원 말고도 비조합원도 자유롭게 채용할 수 있도록 하는 제도를 의미한다.

32 ⑤

복리후생은 기업에 있어서의 노사 간의 관계에 있어서의 안정, 공동체의 실현 및 종업원들의 생활안정과 문화향상 등의 필요에 의해 발전하고 있는 형태이며, 또한 집단적인 보상의 성격을 지니고 있다.

33 ②

A감사는 경영에 있어 전반적인 관점을 가지고, 전체적인 인적자원에 관련된 정책에 대한 사실들을 조사하고, 조직 내 인적자원관리의 방침 및 시행과의 연관성, 시행정책의 기능 및 운용실태 등에 대해서 정기적으로 평가를 진행한다. B감사는 인사정책에 대해 소요되는 경비를 알아내고, 그로 인한 예산의 적정성 등을 분석 및 평가하고 적절한 예산할당의 적합성 등에 주안점을 두게 된다. C감사는 인적자원과 관련한 제반 정책들의 실제효과를 대상으로 해서 조사하여 해당 연도에 있어서의 조직균형 상태와 더불어 인적자원정책에 대해서 재해석하고, 이를 종합하여 새로운 정책을 수립하는데 있어 유용한 자료를 제공한다.

34 ⑤

재무관리의 기능 중에서 주기능으로는 투자결정 및 자본조달결정이 있으며, 부기능으로는 배당결정, 자본예산결정, 운전자본관리 등이 있다.

35 ②

현금흐름의 추정 시 세금의 효과를 고려해야 한다.

36 ④

채권가격은 이자율 수준에서의 움직임과 반대방향으로 변동하게 된다.

37 ⑤

옵션가격의 결정요인으로는 기업 배당정책, 행사가격, 만기까지의 기간, 무위험이자율, 기초자산의 가격변동성, 기초자산의 가격 등이 있다.

38 ②

② 자본자산 가격결정모형은 포트폴리오 선택이론이 개발된 이후 샤프, 린트너, 모신 등에 의해 개발되었다. 이 모형은 주식이나 채권 등 자본자산들의 기대수익률과 위험과의 관계를 이론적으로 정립한 균형 모델로서 커다란 의미를 지니고 있다. 하지만 이질적인 예측을 하는 경우 자본자산 가격결정모형은 성립이 불가능하다. 또한 증권을 비롯한 자본자산의 위험과 수익 사이에 존재하는 균형관계를 설명하는 모형이다.

39 ①

완전자본시장에서는 거래비용이 없다.

40 ③

무위험자산의 시장이 균형 상태에 이르게 되었을 때, 무위험자산 시장 전체의 순차입액 및 순대여액은 0이 된다.

서울교통공사

제1회 모의고사

성명		생년월일	
문제 수(배점)	80문항	풀이시간	/ 90분
영역	직업기초능력평가, 직무수행능력평가(경영학)		
비고	객관식 5지선다형		

※ 유의사항

- 문제지 및 답안지의 해당란에 문제유형, 성명, 응시번호를 정확히 기재하세요.
- 모든 기재 및 표기사항은 "컴퓨터용 흑색 수성 사인펜"만 사용합니다.
- 예비 마킹은 중복 답안으로 판독될 수 있습니다.

제1회 서울교통공사 필기시험 모의고사

직업기초능력평가(40문항)

1. 다음은 서울교통공사 공고문의 일부이다. 빈칸에 공통적으로 들어갈 단어로 가장 적절한 것은?

> 지하철 (　　)운행 안내
>
> 설 연휴를 맞아 귀경객의 교통편의를 위하여 서울지하철 1~8호선을 (　　)운행하오니 많은 이용 바랍니다.
>
> • 설 연휴 : 2019.2.2.(토)~2.6.(수)/ 5일간
>
> • 지하철 (　　)운행 : 2019.2.5.(화)~2.6(수)/ 2일간
>
> ※ 종착역 도착기준 다음날 02시까지 (　　)운행

① 지연　② 지속
③ 지체　④ 연장
⑤ 연속

2. 다음 글과 어울리는 사자성어로 적절한 것은?

> 진나라의 사마위강은 자신이 모시는 도공에게 이런 말을 하였다. "전하, 나라가 편안할 때일수록 위기가 닥쳐올 것을 대비해야 합니다. 위기가 닥칠 것을 대비해 항상 만반의 준비를 하고 있어야 합니다. 미리 준비를 하고 있으면 걱정할 것이 아무 것도 없습니다." 이 말을 깊이 새겨들은 도강은 위기에 대처할 수 있도록 준비하였고, 마침내 천하통일을 이루었다.

① 토사구팽(兎死狗烹)　② 유비무환(有備無患)
③ 와신상담(臥薪嘗膽)　④ 선공후사(先公後私)
⑤ 맥수지탄(麥秀之嘆)

【3~4】 다음 지문을 읽고 이어지는 질문에 답하시오.

> 고객들에게 자사 제품과 브랜드를 최소의 비용으로 최대의 효과를 내며 알릴 수 있는 비법이 있다면, 마케팅 담당자들의 스트레스는 훨씬 줄어들 것이다. 이런 측면에서 웹 2.0 시대의 UCC를 활용한 마케팅 전략은 자사 제품의 사용 상황이나 대상에 따라 약간의 차이는 보이겠지만, 마케팅 활동에 있어 굉장한 기회가 될 것이다. 그러나 마케팅 교육을 담당하는 입장에서 보면, 아직까지는 인터넷 업종을 제외한 주요 기업 마케팅 담당자들의 UCC에 대한 이해 수준이 생각보다 깊지 않다. 우선 웹2.0에 대한 정확한 이해가 부족하고, 자사 제품이나 브랜드를 어떻게 적용할 것인가 하는 고민은 많지만, 활용 전략에서 많은 어려움을 겪는다. 그래서 후년부터 (　　　　　　　　)을(를) 주제로 강의를 할 예정이다. 이 강좌를 통해 국내 대표 인터넷 기업들의 웹2.0 비즈니스 성공 모델을 분석하면서 어떻게 활용할 것인가를 함께 고민하고자 한다.

3. 윗글의 예상 독자는 누구인가?

① UCC 제작 교육을 원하는 기업 마케터들
② UCC 활용 교육을 원하는 기업 마케터들
③ UCC 이해 교육을 원하는 기업 웹담당자들
④ UCC 전략 교육을 원하는 기업 웹담당자들
⑤ UCC를 마케팅에 활용하고 있는 인터넷 기업 대표들

4. 윗글의 괄호 안에 들어갈 강의 제목으로 가장 적절한 것은 무엇인가?

① 웹2.0 시대의 마케팅 담당자

② 웹2.0 시대의 비즈니스 성공 열쇠

③ 웹2.0 시대 비즈니스 성공 모델 완벽 분석

④ 웹2.0 시대 UCC를 통한 마케팅 활용 전략

⑤ 웹2.0 시대 국내 대표 인터넷 기업들

5. 다음 글의 주제로 가장 적절한 것을 고른 것은?

> 유럽의 도시들을 여행하다 보면 여기저기서 벼룩시장이 열리는 것을 볼 수 있다. 벼룩시장에서 사람들은 낡고 오래된 물건들을 보면서 추억을 되살린다. 유럽 도시들의 독특한 분위기는 오래된 것을 쉽게 버리지 않는 이런 정신이 반영된 것이다.
>
> 영국의 옥스팜(Oxfam)이라는 시민단체는 헌옷을 수선해 파는 전문 상점을 운영해, 그 수익금으로 제3세계를 지원하고 있다. 파리 시민들에게는 유행이 따로 없다. 서로 다른 시절의 옷들을 예술적으로 배합해 자기만의 개성을 연출한다.
>
> 땀과 기억이 배어 있는 오래된 물건은 실용적 가치만으로 따질 수 없는 보편적 가치를 지닌다. 선물로 받아서 10년 이상 써 온 손때 묻은 만년필을 잃어버렸을 때 느끼는 상실감은 새 만년필을 산다고 해서 사라지지 않는다. 그것은 그 만년필이 개인의 오랜 추억을 담고 있는 증거물이자 애착의 대상이 되었기 때문이다. 그러기에 실용성과 상관없이 오래된 것은 그 자체로 아름답다.

① 서양인들의 개성은 시대를 넘나드는 예술적 가치관으로부터 표현된다.

② 실용적 가치보다 보편적인 가치를 중요시해야 한다.

③ 만년필은 선물해 준 사람과의 아름다운 기억과 오랜 추억이 담긴 물건이다.

④ 오래된 물건은 실용적인 가치보다 더 중요한 가치를 지니고 있다.

⑤ 오래된 물건은 실용적 가치만으로 따질 수 없는 개인의 추억과 같은 보편적 가치를 지니기에 그 자체로 아름답다.

6. 다음 글은 「철도안전법」에 규정되어 있는 철도종사자의 안전교육 대상 등에 대한 내용이다. 이를 보고 잘못 이해한 사람은 누구인가?

> 철도종사자의 안전교육 대상 등〈「철도안전법 시행규칙」 제41조의2〉
>
> ① 철도운영자 등이 철도안전에 관한 교육(이하 "철도안전교육"이라 한다)을 실시하여야 하는 대상은 다음과 같다.
> - 철도차량의 운전업무에 종사하는 사람(이하 "운전업무 종사자"라 한다)
> - 철도차량의 운행을 집중 제어 · 통제 · 감시하는 업무(이하 "관제업무"라 한다)에 종사하는 사람
> - 여객에게 승무(乘務) 서비스를 제공하는 사람(이하 "여객승무원"이라 한다)
> - 여객에게 역무(驛務) 서비스를 제공하는 사람(이하 "여객역무원"이라 한다)
> - 철도차량의 운행선로 또는 그 인근에서 철도시설의 건설 또는 관리와 관련된 작업의 현장감독업무를 수행하는 사람
> - 철도시설 또는 철도차량을 보호하기 위한 순회점검업무 또는 경비업무를 수행하는 사람
> - 정거장에서 철도신호기 · 선로전환기 또는 조작판 등을 취급하거나 열차의 조성업무를 수행하는 사람
> - 철도에 공급되는 전력의 원격제어장치를 운영하는 사람
>
> ② 철도운영자 등은 철도안전교육을 강의 및 실습의 방법으로 매 분기마다 6시간 이상 실시하여야 한다. 다만, 다른 법령에 따라 시행하는 교육에서 제3항에 따른 내용의 교육을 받은 경우 그 교육시간은 철도안전교육을 받은 것으로 본다.
>
> ③ 철도안전교육의 내용은 아래와 같으며, 교육방법은 강의 및 실습에 의한다.
> - 철도안전법령 및 안전관련 규정
> - 철도운전 및 관제이론 등 분야별 안전업무수행 관련 사항
> - 철도사고 사례 및 사고예방대책
> - 철도사고 및 운행장애 등 비상 시 응급조치 및 수습복구대책
> - 안전관리의 중요성 등 정신교육
> - 근로자의 건강관리 등 안전 · 보건관리에 관한 사항
> - 철도안전관리체계 및 철도안전관리시스템
> - 위기대응체계 및 위기대응 매뉴얼 등
>
> ④ 철도운영자 등은 철도안전교육을 법 제69조에 따른 안전전문기관 등 안전에 관한 업무를 수행하는 전문기관에 위탁하여 실시할 수 있다.
>
> ⑤ 제1항부터 제4항까지에서 규정한 사항 외에 철도안전교육의 평가방법 등에 필요한 세부사항은 국토교통부장관이 정하여 고시한다.

① 동수 : 운전업무 종사자, 관제업무 종사자, 여객승무원, 여객역무원은 철도안전교육을 받아야 하는구나.

② 영수 : 철도안전교육은 강의 및 실습의 방법으로 매 분기마다 6시간 이상 실시하는구나.

③ 미희 : 철도안전교육은 전문기관에 위탁하여 실시하기에는 너무나 어렵구나.

④ 지민 : 철도안전교육에 철도운전 및 관제이론 등 분야별 안전업무수행 관련 사항, 철도사고 사례 및 사고예방대책 등도 포함되는구나.

⑤ 현민 : 정거장에서 철도신호기 · 선로전환기 또는 조작판 등을 취급하거나 열차의 조성업무를 수행하는 사람도 철도안전교육을 받아야 하는구나.

7. 다음 글을 읽고 추론할 수 없는 내용은?

우리나라의 고분, 즉 무덤은 크게 나누어 세 가지 요소로 구성되어 있다. 첫째는 목관(木棺), 옹관(甕棺)과 같이 시신을 넣어두는 용기이다. 둘째는 이들 용기를 수용하는 내부 시설로 광(壙), 곽(槨), 실(室) 등이 있다. 셋째는 매장시설을 감싸는 외부 시설로 이에는 무덤에서 지상에 성토한, 즉 흙을 쌓아 올린 부분에 해당하는 분구(墳丘)와 분구 주위를 둘러 성토된 부분을 보호하는 호석(護石) 등이 있다.

일반적으로 고고학계에서는 무덤에 대해 '묘(墓)–분(墳)–총(塚)'의 발전단계를 상정한다. 이러한 구분은 성토의 정도를 기준으로 삼은 것이다. 매장시설이 지하에 설치되고 성토하지 않은 무덤을 묘라고 한다. 묘는 또 목관묘와 같이 매장시설, 즉 용기를 가리킬 때도 사용된다. 분은 지상에 분명하게 성토한 무덤을 가리킨다. 이 중 성토를 높게 하여 뚜렷하게 구분되는 대형 분구를 가리켜 총이라고 한다.

고분 연구에서는 지금까지 설명한 매장시설 이외에도 함께 묻힌 피장자(被葬者)와 부장품이 그 대상이 된다. 부장품에는 일상품, 위세품, 신분표상품이 있다. 일상품은 일상생활에 필요한 물품들로 생산 및 생활도구 등이 이에 해당한다. 위세품은 정치, 사회적 관계를 표현하기 위해 사용된 물품이다. 당사자 사이에만 거래되어 일반인이 입수하기 어려운 물건으로 피장자가 착장(着裝)하여 위세를 드러내던 것을 착장형 위세품이라고 한다. 생산도구나 무기 및 마구 등은 일상품이기도 하지만 물자의 장악이나 군사력을 상징하는 부장품이기도 하다. 이것들은 피장자의 신분이나 지위를 상징하는 물건으로 일상품적 위세품이라고 한다. 이러한 위세품 중에 6세기 중엽 삼국의 국가체제 및 신분질서가 정비되어 관등(官等)이 체계화된 이후 사용된 물품을 신분표상품이라고 한다.

① 묘에는 분구와 호석이 발견되지 않는다.

② 묘는 무덤의 구성요소뿐 아니라 무덤 발전단계를 가리킬 때에도 사용되는 말이다.

③ 피장자의 정치, 사회적 신분 관계를 표현하기 위해 장식한 칼을 사용하였다면 이는 위세품에 해당한다.

④ 생산도구가 물자의 장악이나 군사력을 상징하는 부장품에 사용되었다면, 이는 위세품이지 일상품은 아니다.

⑤ 성토를 높게 할수록 신분이 높다면, 같은 시대 같은 지역에 묻힌 두 피장자 중 분보다는 총에 묻힌 피장자의 신분이 높다.

8. **다음은 어느 시민사회단체의 발기 선언문이다. 이 단체에 대해 판단한 내용으로 적절하지 않은 것은?**

> 우리 사회의 경제적 불의는 더 이상 방치할 수 없는 상태에 이르렀다. 도시 빈민가와 농촌에 잔존하고 있는 빈곤은 인간다운 삶의 가능성을 원천적으로 박탈하고 있으며, 경제력을 독점하고 있는 소수계층은 각계에 영향력을 행사하여 대다수 국민들의 의사에 반하는 결정들을 관철시키고 있다. 만연된 사치와 향락은 근면과 저축의욕을 감퇴시키고 손쉬운 투기와 불로소득은 기업들의 창의력과 투자의욕을 감소시킴으로써 경제성장의 토대가 와해되고 있다. 부익부빈익빈의 극심한 양극화는 국민 간의 균열을 심화시킴으로써 사회 안정 기반이 동요되고 있으며 공공연한 비윤리적 축적은 공동체의 기본 규범인 윤리 전반을 문란케 하여 우리와 우리 자손들의 소중한 삶의 터전인 이 땅을 약육강식의 살벌한 세상으로 만들고 있다.
>
> 부동산 투기, 정경유착, 불로소득과 탈세를 공인하는 차명계좌의 허용, 극심한 소득차, 불공정한 노사관계, 농촌과 중소기업의 피폐 및 이 모든 것들의 결과인 부와 소득의 불공정한 분배, 그리고 재벌로의 경제적 집중, 사치와 향락, 환경오염 등 이 사회에 범람하고 있는 경제적 불의를 척결하고 경제정의를 실천함은 이 시대 우리 사회의 역사적 과제이다.
>
> 이의 실천이 없이는 경제 성장도 산업 평화도 민주복지 사회의 건설도 한갓 꿈에 불과하다. 이 중에서도 부동산 문제의 해결은 가장 시급한 우리의 당면 과제이다. 인위적으로 생산될 수 없는 귀중한 국토는 모든 국민들의 복지 증진을 위하여 생산과 생활에만 사용되어야 함에도 불구하고 소수의 재산 증식 수단으로 악용되고 있다. 토지 소유의 극심한 편중과 투기화, 그로 인한 지가의 폭등은 국민생활의 근거인 주택의 원활한 공급을 극도로 곤란하게 하고 있을 뿐만 아니라 물가 폭등 및 노사 분규의 격화, 거대한 투기 소득의 발생 등을 초래함으로써 현재 이 사회가 당면하고 있는 대부분의 경제적 사회적 불안과 부정의의 가장 중요한 원인으로 작용하고 있다.
>
> 정부 정책에 대한 국민들의 자유로운 선택권이 보장되며 경제적으로 시장 경제의 효율성과 역동성을 살리면서 깨끗하고 유능한 정부의 적절한 개입으로 분배의 편중, 독과점 및 공해 등 시장 경제의 결함을 해결하는 민주복지사회를 실현하여야 한다. 그리고 이것이 자유와 평등, 정의와 평화의 공동체로서 우리가 지향할 목표이다.

① 이 단체는 극빈층을 포함한 사회적 취약계층의 객관적인 생활수준은 향상되었지만 불공정한 분배, 비윤리적 부의 축적 그리고 사치와 향락 분위기 만연으로 상대적 빈곤은 심각해지고 있다고 인식한다.

② 이 단체는 정책 결정 과정이 소수의 특정 집단에 좌우되고 있다고 보고 있으므로, 정책 결정 과정에 국민 다수의 참여 보장을 주장할 가능성이 크다.

③ 이 단체는 윤리 정립과 불의 척결 등의 요소도 경제 성장에 기여할 수 있다고 본다.

④ 이 단체는 '기업의 비사업용 토지소유 제한을 완화하는 정책'에 비판적일 것이다.

⑤ 이 단체는 경제 성장의 조건으로 저축과 기업의 투자 등을 꼽고 있다.

9. **두 기업 서원각, 소정의 작년 상반기 매출액의 합계는 91억 원이었다. 올해 상반기 두 기업 서원각, 소정의 매출액은 작년 상반기에 비해 각각 10%, 20% 증가하였고, 두 기업 서원각, 소정의 매출액 증가량의 비가 2 : 3이라고 할 때, 올해 상반기 두 기업 서원각, 소정의 매출액의 합계는?**

① 96억 원
② 100억 원
③ 104억 원
④ 108억 원
⑤ 112억 원

10. 다음은 한 통신사의 요금제별 요금 및 할인 혜택에 관한 표이다. 이번 달에 전화통화와 함께 100건 이상의 문자메시지를 사용하였는데, A요금제를 이용했을 경우 청구되는 요금은 14,000원, B요금제를 이용했을 경우 청구되는 요금은 16,250원이다. 이번 달에 사용한 문자메시지는 모두 몇 건인가?

요금제	기본료	통화요금	문자메시지 요금	할인 혜택
A	없음	5원/초	10원/건	전체 요금의 20% 할인
B	5,000원/월	3원/초	15원/건	문자메시지 월 100건 무료

① 125건　② 150건
③ 200건　④ 225건
⑤ 250건

11. 김정은과 시진핑은 양국의 우정을 돈독히 하기 위해 함께 서울에 방문하여 용산역에서 목포역까지 열차를 활용한 우정 휴가를 계획하고 있다. 아래의 표는 인터넷 사용법에 능숙한 김정은과 시진핑이 서울–목포 간 열차종류 및 이에 해당하는 요소들을 배치해 알아보기 쉽게 도표화한 것이다. 아래의 표를 참조하여 이 둘이 선택할 수 있는 대안(열차종류)을 보완적 방식을 통해 고르면 어떠한 열차를 선택하게 되겠는가? (단, 각 대안에 대한 최종결과 값 수치에 대한 반올림은 없는 것으로 한다.)

평가 기준	중요도	열차 종류				
		KTX 산천	ITX 새마을	무궁화호	ITX 청춘	누리로
경제성	60	3	5	4	6	6
디자인	40	9	7	2	4	5
서비스	20	8	4	3	4	4

① ITX 새마을　② ITX 청춘
③ 무궁화호　④ 누리로
⑤ KTX 산천

12. 다음 주어진 〈상황〉을 근거로 판단할 때, ○○씨가 지원받을 수 있는 주택보수비용의 최대 액수는?

• 주택을 소유하고 해당 주택에 거주하는 가구를 대상으로 주택 노후도 평가를 실시하여 그 결과(경 · 중 · 대보수)에 따라 다음과 같이 주택보수비용을 지원한다.

[주택보수비용 지원 내용]

구분	경보수	중보수	대보수
보수항목	도배 또는 장판	수도시설 또는 난방시설	지붕 또는 기둥
주택당 보수비용 지원한도액	350만 원	650만 원	950만 원

• 소득인정액에 따라 위 보수비용 지원한도액의 80~100% 차등 지원

구분	중위소득 25% 미만	중위소득 25% 이상 35% 미만	중위소득 35% 이상 43% 미만
지원율	100%	90%	80%

〈상황〉

○○씨는 현재 거주하고 있는 A주택의 소유자이며, 소득인정액이 중위 40%에 해당한다. A주택 노후도 평가 결과, 지붕의 수선이 필요한 주택보수비용 지원 대상에 선정되었다.

① 520만 원　② 650만 원
③ 760만 원　④ 855만 원
⑤ 950만 원

13. 다음 〈그림〉은 연도별 연어의 포획량과 회귀율을 나타낸 것이다. 이에 대한 설명 중 옳지 않은 것은?

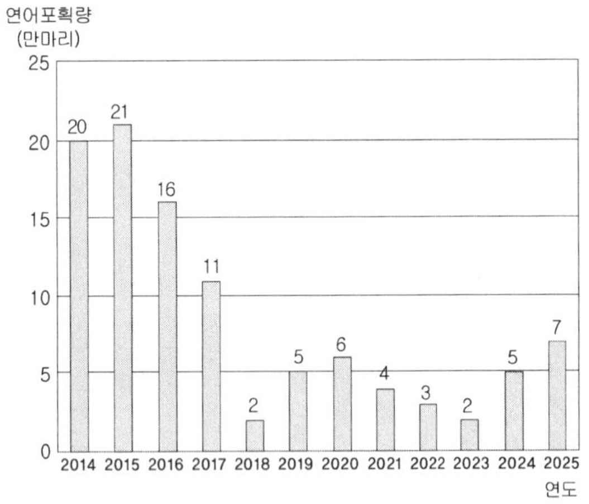

〈연도별 연어포획량〉

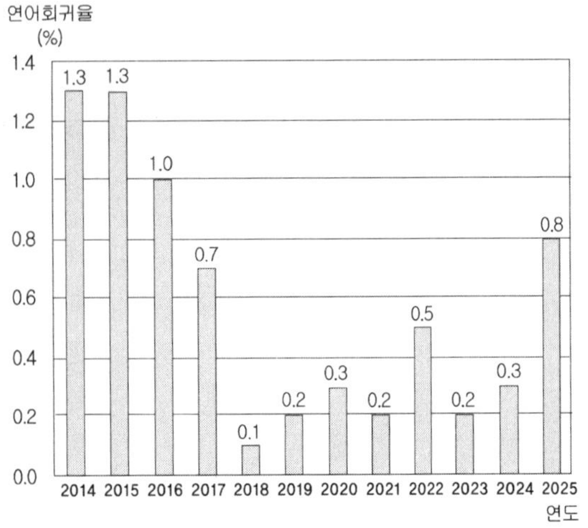

〈연도별 연어회귀율〉

※ 연어회귀율(%) $= \frac{\text{당해년도 포획량}}{\text{3년전 방류량}} \times 100$

① 2017년도와 2018년도의 연어방류량은 동일하다.

② 연어포획량이 가장 많은 해와 가장 적은 해의 차이는 20만 마리를 넘지 않는다.

③ 연어회귀율은 증감을 거듭하고 있다.

④ 2022년도 연어방류량은 1,500만 마리가 넘는다.

⑤ 2018년도는 연어포획량이 가장 적고, 연어회귀율도 가장 낮다.

14. 다음 표는 A지역 전체 가구를 대상으로 원자력발전소 사고 전·후 식수 조달원 변경에 대해 사고 후 설문조사한 결과이다. 사고 전에 비해 사고 후에 이용 가구 수가 감소한 식수 조달원의 수는 몇 개인가? (단, A지역 가구의 식수 조달원은 수돗물, 정수, 약수, 생수로 구성되며, 각 가구는 한 종류의 식수 조달원만 이용한다.)

〈원자력발전소 사고 전·후 A지역 조달원별 가구 수〉

(단위 : 가구)

사고 후 조달원 / 사고 전 조달원	수돗물	정수	약수	생수
수돗물	40	30	20	30
정수	10	50	10	30
약수	20	10	10	40
생수	10	10	10	40

① 0개
② 1개
③ 2개
④ 3개
⑤ 4개

▍15~16 ▍ 다음은 서울교통공사의 편의시설물 계약 현황에 관한 자료이다. 물음에 답하시오.

구분	계약자	계약기간	수량	계약방법
조례시설물	580	-	-	-
음료수 자판기	4명	21.12.23 ~27.01.20	4역 4대	공모 추첨
	9명	22.03.01 ~27.02.28	9역 9대	
	215명	22.10.01 ~27.09.30	112역 215대	
	185명	23.07.25 ~28.08.09	137역 185대	
	5명	22.03.01 ~27.02.28	5역 5대	
통합 판매대	5명	22.03.01 ~27.02.28	5역 5대	
	90명	22.10.01 ~27.09.30	60역 90대	
	40명	23.07.26 ~28.08.09	34역 40대	
스낵 자판기	25명	21.12.23 ~27.01.20	24역 25대	
	3명	23.08.03 ~28.08.09	3역 3대	
일반시설물	7명	-	5종 1219대	-
현금 인출기	㈜○○러스	24.01.22 ~29.01.21	114역 228대	공개 경쟁 입찰
	㈜○○링크	21.04.29 ~26.07.28	155역 184대	
위생용품 자동판매기	㈜○○실업	21.10.14 ~26.10.31	117역 129대	
		22.06.30 ~27.08.29	144역 149대	
스낵 자판기	㈜○○시스	22.01.02 ~27.01.01	106역 184대	
자동칼라 사진기	㈜○○양행	25.07.10 ~28.06.01	91역 91대	
		23.03.02 ~28.06.01	100역 100대	
무인택배 보관함	㈜○○새누	20.03.06 ~25.12.31	98역 154개소	
물품보관 · 전달함	㈜○○박스	23.11.10 ~26.11.09	151역 157개소	협상에 의한 계약

15. 공모추첨을 통해 계약한 시설물 중 가장 많은 계약자를 기록하고 있는 시설물은?

① 조례시설물
② 음료수자판기
③ 통합판매대
④ 스낵자판기
⑤ 일반시설물

16. 2027년에 계약이 만료되는 계약자는 총 몇 명인가? (단, 단일 계약자는 제외한다.)

① 353
② 368
③ 371
④ 385
⑤ 392

| 17~18 | 다음은 제주도의 수출에 대한 자료이다. 물음에 답하시오.

〈연도별 수출실적〉

(단위 : 천 달러, %)

구분	2024년	2025년
합계	128,994	155,292
1차 산품	68,685	61,401
농산물	24,530	21,441
수산물	41,996	38,555
축산물	2,159	1,405
공산품	60,309	93,891

〈부문별 수출실적〉

(단위 : 천 달러, %)

구분		농산물	수산물	축산물	공산품
2021년	금액	27,895	50,868	1,587	22,935
	비중	27.0	49.2	1.5	22.2
2022년	금액	23,905	41,088	1,086	40,336
	비중	22.5	38.6	1.0	37.9
2023년	금액	21,430	38,974	1,366	59,298
	비중	17.7	32.2	1.1	49.0
2024년	금액	24,530	41,996	2,159	60,309
	비중	19.0	32.6	1.7	46.7
2025년	금액	21,441	38,555	1,405	93,891
	비중	13.8	24.8	0.9	60.5

17. 위의 자료에 대한 올바른 설명을 〈보기〉에서 모두 고른 것은 어느 것인가?

〈보기〉

(가) 2024년과 2025년의 수산물 수출실적은 1차 산품에서 50%~60%의 비중을 차지한다.

(나) 2021년~2025년 기간 동안 수출실적의 증감 추이는 농산물과 수산물이 동일하다.

(다) 2021년~2025년 기간 동안 농산물, 수산물, 축산물, 공산품의 수출실적 순위는 매년 동일하다.

(라) 2021년~2025년 기간 동안 전체 수출실적은 매년 꾸준히 증가하였다.

① (가), (나)

② (나), (라)

③ (다), (라)

④ (가), (나), (다)

⑤ (나), (다), (라)

18. 다음 중 2021년 대비 2025년의 수출금액 감소율이 가장 큰 1차 산품부터 순서대로 올바르게 나열한 것은 어느 것인가?

① 농산물 > 축산물 > 수산물

② 농산물 > 수산물 > 축산물

③ 수산물 > 농산물 > 축산물

④ 수산물 > 축산물 > 농산물

⑤ 축산물 > 수산물 > 농산물

19. 다음 주어진 조건을 모두 고려했을 때 옳은 것은?

〈조건〉

- A, B, C, D, E의 월급은 각각 10만 원, 20만 원, 30만 원, 40만 원, 50만 원 중 하나이다.
- A의 월급은 C의 월급보다 많고, E의 월급보다는 적다.
- D의 월급은 B의 월급보다 많고, A의 월급도 B의 월급보다 많다.
- C의 월급은 B의 월급보다 많고, D의 월급보다는 적다.
- D는 가장 많은 월급을 받지는 않는다.

① 월급이 세 번째로 많은 사람은 A이다.

② E와 C의 월급은 20만 원 차이가 난다.

③ B와 E의 월급의 합은 A와 C의 월급의 합보다 많다.

④ 월급이 제일 많은 사람은 E이다.

⑤ 월급이 가장 적은 사람은 C이다.

20. 다음을 보고 옳은 것을 모두 고르면?

서울교통공사에서 문건 유출 사건이 발생하여 관련자 다섯 명을 소환하였다. 다섯 명의 이름을 편의상 갑, 을, 병, 정, 무라 부르기로 한다. 다음은 관련자들을 소환하여 조사한 결과 참으로 밝혀진 내용들이다.

㉠ 소환된 다섯 명이 모두 가담한 것은 아니다.
㉡ 갑이 가담했다면 을도 가담했고, 갑이 가담하지 않았다면 을도 가담하지 않았다.
㉢ 을이 가담했다면 병이 가담했거나 갑이 가담하지 않았다.
㉣ 갑이 가담하지 않았다면 정도 가담하지 않았다.
㉤ 정이 가담하지 않았다면 갑이 가담했고 병은 가담하지 않았다.
㉥ 갑이 가담하지 않았다면 무도 가담하지 않았다.
㉦ 무가 가담했다면 병은 가담하지 않았다.

① 가담한 사람은 갑, 을, 병 세 사람뿐이다.

② 가담하지 않은 사람은 무 한 사람뿐이다.

③ 가담한 사람은 을과 병 두 사람뿐이다.

④ 가담한 사람은 병과 정 두 사람뿐이다.

⑤ 가담한 사람은 갑, 을, 병, 무 이렇게 네 사람이다.

21. 다음 글의 내용과 날씨를 근거로 판단할 경우 종아가 여행을 다녀온 시기로 가능한 것은?

- 종아는 선박으로 '포항 → 울릉도 → 독도 → 울릉도 → 포항' 순으로 3박 4일의 여행을 다녀왔다.
- '포항 →울릉도' 선박은 매일 오전 10시, '울릉도 → 포항' 선박은 매일 오후 3시에 출발하며, 편도 운항에 3시간이 소요된다.
- 울릉도에서 출발해 독도를 돌아보는 선박은 매주 화요일과 목요일 오전 8시에 출발하여 당일 오전 11시에 돌아온다.
- 최대 파고가 3m 이상인 날은 모든 노선의 선박이 운항되지 않는다.
- 종아는 매주 금요일에 술을 마시는데, 술을 마신 다음날은 멀미가 심해 선박을 탈 수 없다.
- 이번 여행 중 종아는 울릉도에서 호박엿 만들기 체험을 했는데, 호박엿 만들기 체험은 매주 월·금요일 오후 6시에만 할 수 있다.

〈날씨〉

(㉫ : 최대 파고)

日	月	火	水	木	金	土
16 ㉫ 1.0m	17 ㉫ 1.4m	18 ㉫ 3.2m	19 ㉫ 2.7m	20 ㉫ 2.8m	21 ㉫ 3.7m	22 ㉫ 2.0m
23 ㉫ 0.7m	24 ㉫ 3.3m	25 ㉫ 2.8m	26 ㉫ 2.7m	27 ㉫ 0.5m	28 ㉫ 3.7m	29 ㉫ 3.3m

① 19일(水) ~ 22일(土)

② 20일(木) ~ 23일(日)

③ 23일(日) ~ 26일(水)

④ 25일(火) ~ 28일(金)

⑤ 26일(水) ~ 29일(土)

| 22~23 | 다음은 C공공기관의 휴가 규정이다. 이를 보고 이어지는 물음에 답하시오.

휴가종류		휴가사유	휴가일수
연가		정신적, 육체적 휴식 및 사생활 편의	재직기간에 따라 3~21일
병가		질병 또는 부상으로 직무를 수행할 수 없거나 전염병으로 다른 직원의 건강에 영향을 미칠 우려가 있을 경우	-일반병가 : 60일 이내 -공적병가 : 180일 이내
공가		징병검사, 동원훈련, 투표, 건강검진, 헌혈, 천재지변, 단체교섭 등	공가 목적에 직접 필요한 시간
특별휴가	경조사 휴가	결혼, 배우자 출산, 입양, 사망 등 경조사	대상에 따라 1~20일
	출산 휴가	임신 또는 출산 직원	출산 전후 총 90일(한 번에 두 자녀 출산 시 120일)
	여성보건 휴가	매 생리기 및 임신한 여직원의 검진	매월 1일
	육아시간 및 모성보호시간 휴가	생후 1년 미만 유아를 가진 여직원 및 임신 직원	1일 1~2시간
	유산·사산 휴가	유산 또는 사산한 경우	임신기간에 따라 5~90일
	불임치료 휴가	불임치료 시술을 받는 직원	1일
	수업 휴가	한국방송통신대학에 재학 중인 직원 중 연가일수를 초과하여 출석 수업에 참석 시	연가일수를 초과하는 출석수업 일수
	재해 구호 휴가	풍수해, 화재 등 재해피해 직원 및 재해지역 자원봉사 직원	5일 이내
	성과우수자 휴가	직무수행에 탁월한 성과를 거둔 직원	5일 이내
	장기재직 휴가	10~19년, 20~29년, 30년 이상 재직자	10~20일
	자녀 입대 휴가	군 입대 자녀를 둔 직원	입대 당일 1일
	자녀 돌봄 휴가	어린이집~고등학교 재학 자녀를 둔 직원	2일(3자녀인 경우 3일)

※ 휴가일수의 계산

- 연가, 병가, 공가 및 특별휴가 등의 휴가일수는 휴가 종류별로 따로 계산
- 반일연가 등의 계산

–반일연가는 14시를 기준으로 오전, 오후로 사용, 1회 사용을 4시간으로 계산

–반일연가 2회는 연가 1일로 계산

–지각, 조퇴, 외출 및 반일연가는 별도 구분 없이 계산, 누계 8시간을 연가 1일로 계산하고, 8시간 미만의 잔여시간은 연가일수 미산입

22. 다음 중 위의 휴가 규정에 대한 올바른 설명이 아닌 것은?

① 출산휴가와 육아시간 및 모성보호시간 휴가는 출산한 여성이 사용할 수 있는 휴가다.

② 15세 이상 자녀가 있는 경우에도 자녀를 돌보기 위하여 휴가를 사용할 수 있다.

③ 재직기간에 따라 휴가 일수가 달라지는 휴가 종류는 연가밖에 없다.

④ 징병검사나 동원훈련에 따른 휴가 일수는 정해져 있지 않다.

⑤ 30년 이상 재직한 직원의 최대 장기재직 특별휴가 일수는 20일이다.

23. C공공기관에 근무하는 T대리는 지난 1년간 다음과 같은 근무기록을 가지고 있다. 다음 기록만을 참고할 때, T대리의 연가 사용일수에 대한 올바른 설명은?

> T대리는 지난 1년간 개인적인 용도로 외출 16시간을 사용하였다. 또한, 반일연가 사용횟수는 없으며, 인사기록지에는 조퇴가 9시간, 지각이 5시간이 각각 기록되어 있다.

① 연가를 4일 사용하였다.

② 연가를 4일 사용하였으며, 외출이 1시간 추가되면 연가일수가 5일이 된다.

③ 연가를 3일 사용하였다.

④ 연가를 3일 사용하였으며, 외출이 2시간 추가되어도 연가일수가 추가되지 않는다.

⑤ 연가를 3일과 반일연가 1회를 사용하였다.

┃24~25┃ 다음은 김치냉장고 매뉴얼 일부이다. 물음에 답하시오.

〈김치에 대한 잦은 질문〉

구분	확인 사항
김치가 얼었어요.	• 김치 종류, 염도에 따라 저장하는 온도가 다르므로 김치의 종류를 확인하여 주세요. • 저염김치나 물김치류는 얼기 쉬우므로 '김치저장-약냉'으로 보관하세요.
김치가 너무 빨리 시어요.	• 저장 온도가 너무 높지 않은지 확인하세요. 저염김치의 경우는 낮은 온도에서는 얼 수 있으므로 빨리 시어지더라도 '김치저장-약냉'으로 보관하세요. • 김치를 담글 때 양념을 너무 많이 넣으면 빨리 시어질 수 있습니다.
김치가 변색되었어요.	• 김치를 담글 때 물빼기가 덜 되었거나 숙성되며 양념이 어우러지지 않아 발생할 수 있습니다. • 탈색된 김치는 효모 등에 의한 것이므로 걷어내고, 김치 국물에 잠기도록 하여 저장하세요.
김치 표면에 하얀 것이 생겼어요.	• 김치 표면이 공기와 접촉하면서 생길 수 있으므로 보관 시 공기가 닿지 않도록 우거지를 덮고 소금을 뿌리거나 위생비닐로 덮어주세요. • 김치를 젖은 손으로 꺼내지는 않으시나요? 외부 수분이 닿을 경우에도 효모가 생길 수 있으니 마른 손 혹은 위생장갑을 사용해 주시고, 남은 김치는 꾹꾹 눌러 국물에 잠기도록 해주세요. • 효모가 생긴 상태에서 그대로 방치하면 더 번질 수 있으며, 김치를 무르게 할 수 있으므로 생긴 부분은 바로 제거해 주세요. • 김치냉장고에서도 시간이 경과하면 발생할 수 있습니다.
김치가 물러졌어요.	• 물빼기가 덜 된 배추를 사용할 경우 혹은 덜 절여진 상태에서 공기에 노출되거나 너무 오래 절일 경우 발생할 수 있습니다. 저염 김치의 경우에서 빈번하게 발생하므로 적당히 간을 하는 것이 좋습니다. 또한 설탕을 많이 사용할 경우에도 물러질 수 있습니다. • 무김치의 경우는 무를 너무 오래 절이면 무에서 많은 양의 수분이 빠져나오게 되어 물러질 수 있습니다. 절임 시간은 1시간을 넘지 않도록 하세요. • 김치 국물에 잠긴 상태에서 저장하는 것이 중요합니다. 특히 저염 김치의 경우는 주의해주세요.
김치에서 이상한 냄새가 나요.	• 초기에 마늘, 젓갈 등의 양념에 의해 발생할 수 있으나 숙성되면서 점차 사라질 수 있습니다. 마늘, 양파, 파를 많이 넣으면 노린내나 군덕내가 날 수 있으니 적당히 넣어주세요. • 발효가 시작되지 않은 상태에서 김치냉장고에 바로 저장할 경우 발생할 수 있습니다. • 김치가 공기와 많이 접촉했거나 시어지면서 생기는 효모가 원인이 될 수 있습니다. • 김치를 담근 후 공기와의 접촉을 막고, 김치를 약간 맛들인 상태에서 저장하면 예방할 수 있습니다.
김치에서 쓴맛이 나요.	• 김치가 숙성되기 전에 나타날 수 있는 현상으로, 숙성되면 줄거나 사라질 수 있습니다. • 품질이 좋지 않은 소금이나 마그네슘 함량이 높은 소금으로 배추를 절였을 경우에도 쓴맛이 날 수 있습니다. • 열무김치의 경우, 절인 후 씻으면 쓴맛이 날 수 있으므로 주의하세요.
배추에 양념이 잘 배지 않아요.	• 김치를 담근 직후 바로 낮은 온도에 보관하면 양념이 잘 배지 못하므로 적당한 숙성을 거쳐 보관해 주세요.

24. **다음 상황에 적절한 확인 사항으로 보기 어려운 것은?**

> 나영씨는 주말에 김치냉장고에서 김치를 꺼내고는 이상한 냄새에 얼굴을 찌푸렸다. 담근 지 세 달 정도 지났는데도 잘 익은 김치냄새가 아닌 꿉꿉한 냄새가 나서 어떻게 처리해야 할지 고민이다.

① 초기에 마늘, 양파, 파를 많이 넣었는지 확인한다.
② 발효가 시작되지 않은 상태에서 김치냉장고에 바로 넣었는지 확인한다.
③ 김치가 공기와 많이 접촉했는지 확인한다.
④ 김치를 젖은 손으로 꺼냈는지 확인한다.
⑤ 시어지면서 생기는 효모가 원인인지 확인한다.

25. 위 매뉴얼을 참고하여 확인할 수 없는 사례는?

① 쓴 맛이 나는 김치
② 양념이 잘 배지 않는 배추
③ 김치의 나트륨 문제
④ 물러진 김치
⑤ 겉면에 하얀 것이 생긴 김치

┃26~27┃ 다음은 특정 시점 A국의 B국에 대한 주요 품목의 수출입 내역을 나타낸 것이다. 이를 보고 이어지는 물음에 답하시오.

(단위 : 천 달러)

수출		수입		합계	
품목	금액	품목	금액	품목	금액
섬유류	352,165	섬유류	475,894	섬유류	828,059
전자전기	241,677	전자전기	453,907	전자전기	695,584
잡제품	187,132	생활용품	110,620	생활용품	198,974
생활용품	88,354	기계류	82,626	잡제품	188,254
기계류	84,008	화학공업	38,873	기계류	166,634
화학공업	65,880	플라스틱/고무	26,957	화학공업	104,753
광산물	39,456	철강금속	9,966	플라스틱/고무	51,038
농림수산물	31,803	농림수산물	6,260	광산물	39,975
플라스틱/고무	24,081	잡제품	1,122	농림수산물	38,063
철강금속	21,818	광산물	519	철강금속	31,784

26. 다음 중 위의 도표에서 알 수 있는 A국 ↔ B국간의 주요 품목 수출입 내용이 아닌 것은? (단, 언급되지 않은 품목은 고려하지 않는다)

① A국은 B국과의 교역에서 수출보다 수입을 더 많이 한다.
② B국은 1차 산업의 생산 또는 수출 기반이 A국에 비해 열악하다고 볼 수 있다.
③ 양국의 상호 수출입 액 차이가 가장 적은 품목은 기계류이다.
④ A국의 입장에서, 총 교역액에서 수출액이 차지하는 비중이 가장 큰 품목은 광산물이다.
⑤ 수입보다 수출을 더 많이 하는 품목 수는 A국이 B국보다 많다.

27. A국에서 무역수지가 가장 큰 품목의 무역수지 액은 얼마인가? (단, 무역수지=수출액−수입액)

① 27,007천 달러
② 38,937천 달러
③ 186,010천 달러
④ 25,543천 달러
⑤ 11,852천 달러

28. 서울교통공사는 서울지하철 1~8호선, 9호선 2·3단계 구간(290역, 313.7km)을 운영하는 세계적 수준의 도시철도 운영기관으로서, 하루 600만 명이 넘는 시민에게 안전하고 편리한 도시철도 서비스를 제공하고 있는 공기업이다. 다음 중 서울교통공사에서 수행하는 사업의 범위에 해당하지 않는 것은?

① 도시철도 건설·운영에 따른 도시계획사업
② 「도시철도법」에 따른 도시철도부대사업
③ 시각장애인 등 교통약자를 위한 시설의 개선과 확충
④ 도시철도와 다른 교통수단의 연계수송을 위한 각종 시설의 건설·운영
⑤ 기존 버스운송사업자의 노선과 중복되는 버스운송사업

29. 다음에서 설명하고 있는 것은 서울교통공사의 공사이미지 중 무엇에 대한 내용인가?

> 누구나 안전하고 행복하게 이용할 수 있는 서울교통공사가 될 수 있도록 최선을 다하겠습니다.
> 장난꾸러기 지하철 친구
> "또타"
> 또, 또, 타고 싶은 서울지하철!
> 시민들에게 어떻게 웃음을 주나 늘 고민하는 장난꾸러기 친구, "또타"를 소개합니다.
>
> 서울교통공사의 공식 캐릭터 "또타"는 시민 여러분과 늘 함께 하는 서울지하철의 모습을 밝고 유쾌한 이미지로 표현합니다.
>
> 전동차 측면 모양으로 캐릭터 얼굴을 디자인하여 일상적으로 이용하는 대중교통수단의 모습을 참신한 느낌으로 담아냈고, 메인 컬러로 사용한 파란색은 시민과 공사 간의 두터운 신뢰를 상징하고 있습니다.
>
> 안전하며 편리한 서울지하철, 개구쟁이 "또타"와 함께라면 자꾸만 타고 싶은 즐겁고 행복한 공간이 됩니다.

① 슬로건
② 캐릭터
③ 로고송
④ 홍보영화
⑤ 사이버홍보관

30. 다음은 「철도안전법」상 운전업무 종사자와 관제업무 종사자의 준수사항이다. 다음 자료를 참고할 때 희재(운전업무 종사자)와 수호(관제업무 종사자)에 대한 설명으로 옳은 것은?

> 〈운전업무 종사자의 준수사항〉
> ㉠ 철도차량이 차량정비기지에서 출발하는 경우 다음의 기능에 대하여 이상 여부를 확인할 것
> • 운전제어와 관련된 장치의 기능
> • 제동장치 기능
> • 그 밖에 운전 시 사용하는 각종 계기판의 기능
> ㉡ 철도차량이 역시설에서 출발하는 경우 여객의 승하차 여부를 확인할 것. 다만, 여객승무원이 대신하여 확인하는 경우에는 그러하지 아니하다.
> ㉢ 철도신호에 따라 철도차량을 운행할 것
> ㉣ 철도차량의 운행 중에 휴대전화 등 전자기기를 사용하지 아니할 것. 다만, 다음의 어느 하나에 해당하는 경우로서 철도운영자가 운행의 안전을 저해하지 아니하는 범위에서 사전에 사용을 허용한 경우에는 그러하지 아니하다.
> • 철도사고 등 또는 철도차량의 기능장애가 발생하는 등 비상상황이 발생한 경우
> • 철도차량의 안전운행을 위하여 전자기기의 사용이 필요한 경우
> • 그 밖에 철도운영자가 철도차량의 안전운행에 지장을 주지 아니한다고 판단하는 경우
> ㉤ 철도운영자가 정하는 구간별 제한속도에 따라 운행할 것
> ㉥ 열차를 후진하지 아니할 것. 다만, 비상상황 발생 등의 사유로 관제업무 종사자의 지시를 받는 경우에는 그러하지 아니하다.
> ㉦ 정거장 외에는 정차를 하지 아니할 것. 다만, 정지신호의 준수 등 철도차량의 안전운행을 위하여 정차를 하여야 하는 경우에는 그러하지 아니하다.
> ㉧ 운행구간의 이상이 발견된 경우 관제업무 종사자에게 즉시 보고할 것
> ㉨ 관제업무 종사자의 지시를 따를 것
> 〈관제업무 종사자의 준수사항〉
> ㉠ 관제업무 종사자는 다음의 정보를 운전업무 종사자, 여객승무원에게 제공하여야 한다.
> • 열차의 출발, 정차 및 노선변경 등 열차 운행의 변경에 관한 정보
> • 열차 운행에 영향을 줄 수 있는 다음의 정보
> −철도차량이 운행하는 선로 주변의 공사 · 작업의 변경 정보

-철도사고등에 관련된 정보
-재난 관련 정보
-테러 발생 등 그 밖의 비상상황에 관한 정보
㉡ 철도사고 등이 발생하는 경우 여객 대피 및 철도차량 보호 조치 여부 등 사고현장 현황을 파악할 것
㉢ 철도사고 등의 수습을 위하여 필요한 경우 다음의 조치를 할 것
- 사고현장의 열차운행 통제
- 의료기관 및 소방서 등 관계기관에 지원 요청
- 사고 수습을 위한 철도종사자의 파견 요청
- 2차 사고 예방을 위하여 철도차량이 구르지 아니하도록 하는 조치 지시
- 안내방송 등 여객 대피를 위한 필요한 조치 지시
- 전차선(電車線, 선로를 통하여 철도차량에 전기를 공급하는 장치를 말한다)의 전기공급 차단 조치
- 구원(救援)열차 또는 임시열차의 운행 지시
- 열차의 운행간격 조정

① 희재는 차량정비기지에서 자신이 운전하는 철도 차량의 2가지 기능의 이상여부를 확인 후 출발하였다.
② 철도차량의 기능 고장에 따른 비상상황에서도 희재는 핸드폰을 사용할 수 없다.
③ 철도사고의 수습을 위하여 필요한 경우 희재는 전차선의 전기공급 차단 조치를 해야 한다.
④ 수호는 운행구간의 이상이 발생하면 희재에게 보고해야 한다.
⑤ 비상상황에 따른 수호의 지시가 있을 경우 희재는 열차를 후진할 수 있다.

❙31~32❙ 다음은 서울교통공사의 조직도이다. 물음에 답하시오.

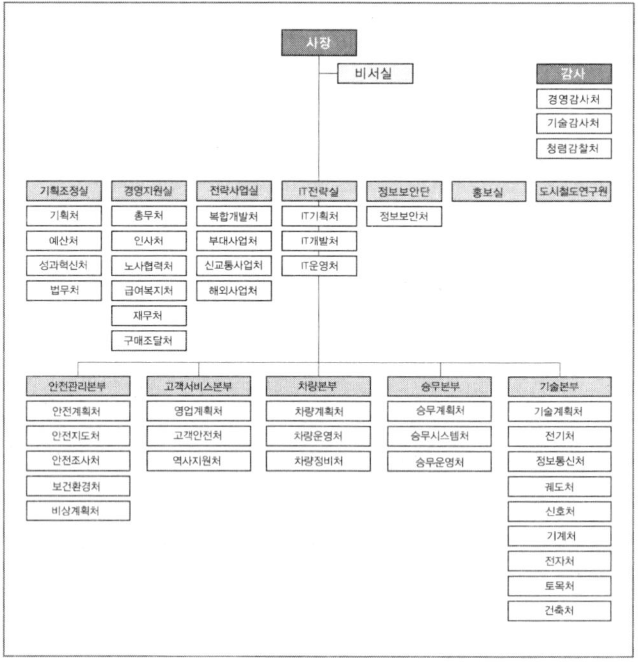

31. 위 조직도를 참고하여 다음 빈칸에 들어갈 말로 적절한 것은?

> 서울교통공사는 (㉠)개의 실과 5개의 본부, (㉡)개의 처로 이루어져 있다.

	㉠	㉡
①	8	42
②	7	43
③	6	44
④	5	45
⑤	4	46

32. 다음 중 조직도를 올바르게 이해한 사람을 고르면?

> ㉠ 진우 : 승무계획처, 역사지원처, 보건환경처는 본부 소속이다.
> ㉡ 수향 : 경영감사처, 기술감사처, 정보보안처는 같은 소속이다.
> ㉢ 진두 : 노사협력처, 급여복지처, 성과혁신처는 같은 소속이다.
> ㉣ 상우 : 도시철도연구원 아래 안전계획처와 안전지도처가 있다.
> ㉤ 연경 : 홍보실 아래 영업계획처, 해외사업처가 있다.

① 진우 ② 수향
③ 진두 ④ 상우
⑤ 연경

33. 다음은 엑셀 함수의 사용에 따른 결과 값을 나타낸 것이다. 옳은 값을 모두 고른 것은?

> ㉠ =ROUND(2.145, 2) → 2.15
> ㉡ =MAX(100, 200, 300) → 200
> ㉢ =IF(5 > 4, "보통", "미달") → 미달
> ㉣ =AVERAGE(100, 200, 300) → 200

① ㉠, ㉡ ② ㉠, ㉣
③ ㉡, ㉢ ④ ㉡, ㉣
⑤ ㉢, ㉣

34. 다음 파일/폴더에 관한 특징 중, 올바른 설명을 모두 고른 것은?

> (가) 파일은 쉼표(,)를 이용하여 파일명과 확장자를 구분한다.
> (나) 폴더는 일반 항목, 문서, 사진, 음악, 비디오 등의 유형을 선택하여 각 유형에 최적화된 폴더로 사용할 수 있다.
> (다) 파일/폴더는 새로 만들기, 이름 바꾸기, 삭제, 복사 등이 가능하며, 파일이 포함된 폴더도 삭제할 수 있다.
> (라) 파일/폴더의 이름에는 ₩, /, :, *, ?, ", 〈, 〉 등의 문자는 사용할 수 없으며, 255자 이내로(공백 미포함) 작성할 수 있다.
> (마) 하나의 폴더 내에 같은 이름의 파일이나 폴더가 존재할 수 없다.
> (바) 폴더의 '속성' 창에서 해당 폴더에 포함된 파일과 폴더의 개수를 확인할 수 있다.

① (나), (다), (라), (마) ② (가), (라), (마), (바)
③ (나), (다), (마), (바) ④ (가), (나), (라), (마)
⑤ (나), (라), (마), (바)

35. 다음 자료는 '발전량' 필드를 기준으로 발전량과 발전량이 많은 순위를 엑셀로 나타낸 표이다. 태양광의 발전량 순위를 구하기 위한 함수식으로 'C3'셀에 들어가야 할 알맞은 것은 어느 것인가?

	A	B	C
1	<에너지원별 발전량(단위: Mwh)>		
2	에너지원	발전량	순위
3	태양광	88	2
4	풍력	100	1
5	수력	70	4
6	바이오	75	3
7	양수	65	5

① =ROUND(B3,$B$3:$B$7,0)
② =ROUND(B3,$B$3:$B$7,1)
③ =RANK(B3,$B$3:$B$7,1)
④ =RANK(B3,$B$2:$B$7,0)
⑤ =RANK(B3,$B$3:$B$7,0)

36. 다음은 B사의 어느 시점 경영 상황을 나타내고 있는 자료이다. 다음 자료를 보고 판단한 의견 중 적절하지 않은 것은?

계정과목			금액(단위 : 백만 원)
1. 매출액			5,882
2. 매출원가			4,818
상품매출원가			4,818
3. 매출총이익			1,064
4. 판매/일반관리비			576
	직접비용	직원급여	256
		복리후생비	56
		보험료	3.7
		출장비	5.8
		시설비	54
	간접비용	지급임차료	44
		통신비	2.9
		세금과공과	77
		잡비	4.5
		여비교통비	3.8
		장비구매비	6
		사무용품비	0.3
		소모품비	1
		광고선전비	33
		건물관리비	28
5. 영업이익			488

① 영업이익이 해당 기간의 최종 순이익이라고 볼 수 없다.
② 여비교통비는 직접비용에 포함되어야 한다.
③ 위와 같은 표는 특정한 시점에서 그 기업의 자본 상황을 알 수 있는 자료이다.
④ 매출원가는 기초재고액에 당기 제조원가를 합하고 기말재고액을 차감하여 산출한다.
⑤ 지급보험료는 간접비용에 포함되어야 한다.

【37~38】 다음은 명령어에 따른 도형의 변화에 관한 설명이다. 물음에 답하시오.

〈명령어〉

명령어	도형의 변화
□	1번과 2번을 180도 회전시킨다.
■	1번과 3번을 180도 회전시킨다.
◇	2번과 3번을 180도 회전시킨다.
◆	2번과 4번을 180도 회전시킨다.
○	1번과 3번의 작동상태를 다른 상태로 바꾼다. 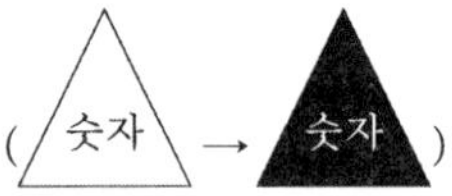
●	2번과 4번의 작동상태를 다른 상태로 바꾼다. 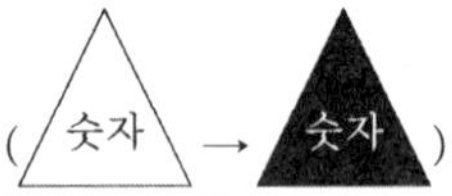

37. 도형이 다음과 같이 변하려면, 어떤 명령어를 입력해야 하는가?

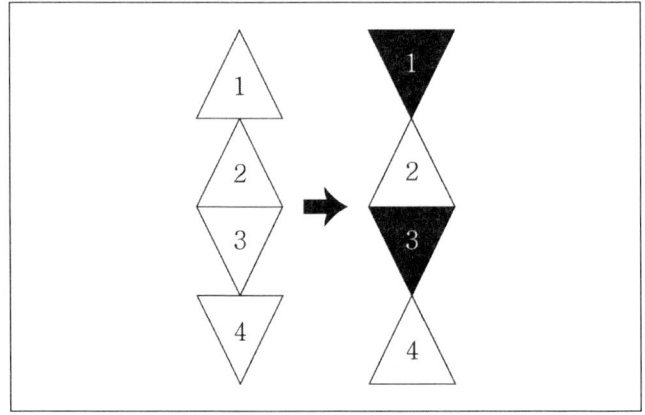

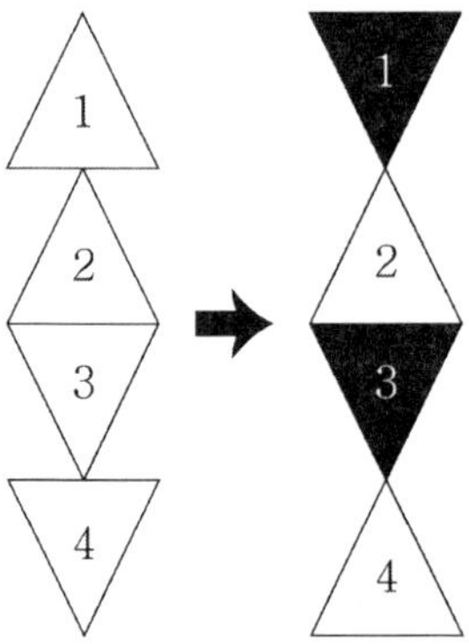

① □◆○　　② ■◇●
③ ○◇◆　　④ ◆◇■
⑤ ◇■□

38. 다음 상태에서 명령어 ◆■●○을 입력한 경우의 결과로 적절한 것은?

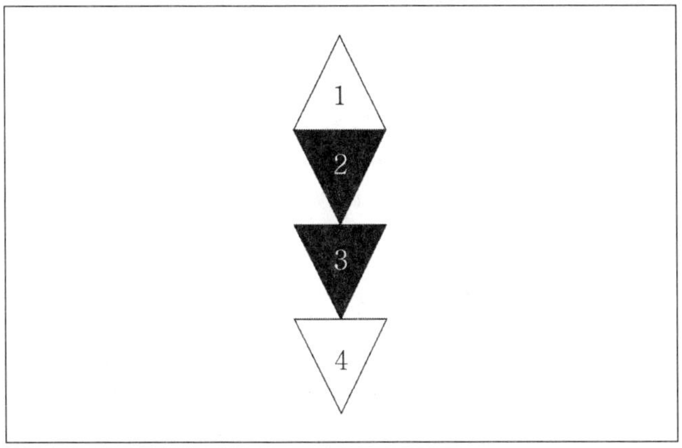

①

②

③

④
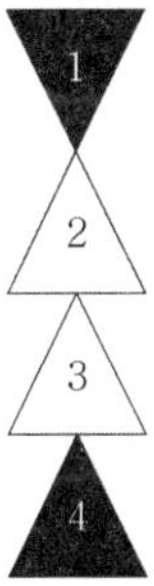

⑤

39. 철도 관련 소기업 G사의 사장은 최근 경영상황이 악화되었으나 스마트 트레인과 관련하여 자사가 가지고 있는 기술을 활용할 수 있음을 확인하고 지금의 위기 상황을 탈출하기 위한 방침을 설명하며 절대 사기를 잃지 말 것을 주문하고자 한다. 다음 중 G사의 사장이 바람직한 리더로서 직원들에게 해야 할 연설의 내용으로 적절하지 않은 것은?

① "지금의 어려움뿐 아니라 항상 미래의 지향점을 잊지 않고 반드시 이 위기를 극복하겠습니다."

② "여러분들이 해 주어야 할 일들을 하나하나 제가 지시하기보다 모두가 자발적으로 우러나오는 마음을 가질 수 있는 길이 무엇인지 고민할 것입니다."

③ "저는 어떠한 일이 있어도 위험이 따르는 도전을 거부할 것이니 모두들 안심하고 업무에 만전을 기해주시길 바랍니다."

④ "우리 모두 지금 상황에 안주하지 말고 도전과 혁신을 위해 지속적으로 노력해야 합니다."

⑤ "저는 이 난관을 극복하기 위해 당면한 과제를 어떻게 해결할까 하는 문제보다 무엇을 해야 하는지에 집중하며 여러분을 이끌어 나가겠습니다."

40. 직장 내에서의 성희롱 문제는 많은 부분 성희롱의 판단 기준에 대한 확실한 인식 부족에서 기인하기도 한다. 다음 중, 성희롱에 대한 인식과 그 판단 기준으로 적절하지 않은 것은?

① 성희롱은 행위자가 성적 의도를 가지고 한 행동이냐 아니냐를 밝혀내는 것이 가장 중요한 판단 기준으로 인정된다.

② 피해자와 비슷한 조건과 상황에 있는 사람이 피해자의 입장이라면 문제가 되는 성적 언동에 대해 어떻게 반응했을까를 함께 고려하여야 한다.

③ 성적 수치심은 성적 언동 등으로 인해 피해자가 느끼는 불쾌한 감정으로 그 느낌은 행위자가 아닌 피해자의 관점을 기초로 판단되어야 한다.

④ 성적 언동 및 요구는 신체의 접촉이나 성적인 의사표현 뿐만 아니라 성적 함의가 담긴 모든 언행과 요구를 말한다.

⑤ 성희롱은 「남녀차별금지 및 구제에 관한 법률」과 「남녀고용평등법」 등에 명문화 되어 있다.

직무수행능력평가_경영학(40문항)

1. **다음의 사례로 미루어 보아 C기업이 제공하는 서비스와 가장 관련성이 높은 사항을 고르면?**

> 스마트폰으로 팔고 싶은 물품의 사진이나 동영상을 인터넷에 올려 당사자끼리 직접 거래할 수 있는 모바일 오픈 마켓 서비스가 등장했다.
> C기업은 오쇼핑은 수수료를 받지 않고 개인 간 물품거래를 제공하는 스마트폰 애플리케이션 '오늘 마켓'을 서비스한다고 14일 밝혔다.
> 기존의 오픈 마켓은 개인이 물건을 팔려면 사진을 찍어 PC로 옮기고, 인터넷 카페나 쇼핑몰에 판매자 등록을 한 뒤 사진을 올리는 복잡한 과정을 거쳐야 했다면, 오늘마켓은 판매자가 휴대전화로 사진이나 동영상을 찍어 앱으로 바로 등록할 수 있고 전화나 문자메시지, e메일, 트위터 등 연락 방법을 다양하게 설정할 수 있다. 구매자는 상품 등록시간이나 인기 순으로 상품을 검색할 수 있고 위치 기반 서비스(LBS)를 바탕으로 자신의 위치와 가까운 곳에 있는 판매자의 상품만 선택해 볼 수도 있다. IOS용으로 우선 제공되며 Android용은 상반기 안으로 서비스될 예정이다.

① 정부에서 필요로 하는 조달 물품을 구입할 시에 흔히 사용하는 입찰방식이다.
② 소비자와 소비자 간 물건 등을 매매할 수 있는 형태이다.
③ 홈뱅킹, 방송, 여행 및 각종 예약 등에 활용되는 형태이다.
④ 정보의 제공, 정부문서의 발급, 홍보 등에 주로 활용되는 형태이다.
⑤ 원재료 및 부품 등의 구매 및 판매, 전자문서교환을 통한 문서발주 등에 많이 활용되는 형태이다.

2. **아래의 사례는 가치사슬 전반에 걸쳐 있는 정보의 흐름을 관리하는 정보시스템을 도입하여 성공한 사례를 발췌한 내용이다. 아래의 사례를 참조하여 해당 기업이 경쟁력을 확보하기 위해 선택한 정보시스템으로 가장 적절한 것을 고르면?**

> A기업과 B기업은 경쟁우위를 달성하기 위해 전략적 제휴와 동시에 정보기술을 도입하여 성공적인 결과를 낳고 있다. A기업 고객이 B기업 제품을 구매하면, 이 시스템은 B기업 공장으로 정보를 보내고, B기업은 제품 재고를 조정한다. 이 시스템은 또한 A기업 유통센터에서 B기업은 재고가 일정 수준 이하가 되면 자동으로 발주를 하도록 되어있다.
> B기업은 이러한 실시간 정보를 이용하여 창고의 재고를 낮추면서 A기업의 요구사항을 효과적으로 충족시켜, 시스템을 통해 시간을 절약하고 재고를 줄이며 주문처리 비용의 부담을 줄일 수 있었고, A기업도 제품을 할인된 가격으로 납품받을 수 있게 되었다.

① Enterprise Resource Planning
② Decision Support System
③ Supply Chain Management
④ Customer Relationship Management
⑤ Business Intelligence

3. (가)와 (나)에 들어갈 이론을 바르게 짝지은 것은?

(가)	(나)
• 철저한 능률위주의 관리이론 • 작업량에 따라 임금을 결정 • 작업별 표준작업시간을 설정	• 기업조직 전체의 관리원칙을 주장 • 경영의 기능을 6가지로 설명 • 관리 5요소 : 계획, 조직, 명령, 조정, 통제

	(가)	(나)
①	과학적 관리론	관리일반원칙
②	포드 시스템	인간관계론
③	관리일반원칙	관료제 이론
④	포드 시스템	과학적 관리론
⑤	과학적 관리론	포드 시스템

4. 파스칼&피터스의 7S 모형에 대한 설명으로 옳지 않은 것은?

① 7S는 공유가치, 구조, 제도, 전략, 구성원, 기술, 복지를 의미한다.
② 전략은 조직의 장기적 목표를 결정한다.
③ 조직의 유효성이 높아지기 위해서는 요소 간 연결성이 높아야 한다.
④ 공유가치는 조직문화형성에 가장 중요한 영향을 미친다.
⑤ 각 요소 간 상호연결성이 높을수록 조직문화는 뚜렷하다.

5. 다음 중 호퍼와 센델이 분류한 전략개념의 구성요소에 해당하지 않는 것은?

① 자원전개　② 제품 및 시장분야
③ 영역　④ 시너지
⑤ 경쟁우위성

6. 다음 중 페이욜의 관리 5요소에 해당하지 않는 것은?

① 결과　② 명령
③ 계획　④ 조정
⑤ 통제

7. Argyris의 미성숙 · 성숙 이론의 미성숙단계와 성숙단계를 비교한 표이다. 다음 중 잘못된 것은?

	미성숙단계	성숙단계
①	수동적 행위	증대된 행위
②	의존심	독립심
③	다양한 행동	한정된 행동
④	종속적 위치	대등 또는 우월한 위치
⑤	자아의식 결여	자아의식과 자기통제

8. 핵크만과 올드햄의 직무특성이론에서 제시한 직무특성이 아닌 것은?

① 기술다양성　② 과업정체성
③ 독립성　④ 자율성
⑤ 피드백

9. 직무충실화에 대한 설명으로 옳지 않은 것은?

① 매슬로우의 욕구단계론과 허즈버그의 2요인 이론 등이 이론의 기반이 된다.

② 직무의 기술수준이 높고 과업의 종류가 다양하며 개인에게 자율성이 많이 부여될수록 낮은 성과를 얻을 수 있다.

③ 사회기술적 접근방법에 해당한다.

④ 작업을 수행하는 과정에서 해당 직무수행과 성과에 책임성이 강하게 요구되나 수행과정에서 자율성이 보장된다.

⑤ 종업원이 일에 대한 보람과 자아성취감을 느끼게 되고, 동기부여를 하여 생산성을 향상시키게 된다.

10. 다음의 글을 읽고 문맥 상 괄호 안에 공통적으로 들어갈 말로 가장 적절한 것은?

> (　　　)가 높은 사람은 자신의 기술과 문제해결 능력과 관련해 도전의식을 주는 과업에 끌린다. 다시 말해 자신의 개별적인 노력에 따라 성과가 좌우되는 과업을 선호하는 것이다. 이들은 과업수행 혹은 과업 자체에서 만족을 구하려고 한다. (　　　　)가 큰 사람은 경영자보다 자기 사업을 하는 기업가 역할에 더 적당하다.

① 친교욕구

② 성취욕구

③ 권력욕구

④ 소유욕구

⑤ 경쟁욕구

11. 다음 중 매슬로우의 욕구 단계설에 따른 욕구를 하위 단계부터 바르게 나열한 것은?

① 생리적 욕구 → 사회적 욕구 → 안전의 욕구 → 존경의 욕구 → 자아실현의 욕구

② 생리적 욕구 → 존경의 욕구 → 안전의 욕구 → 사회적 욕구 → 자아실현의 욕구

③ 생리적 욕구 → 안전의 욕구 → 사회적 욕구 → 존경의 욕구 → 자아실현의 욕구

④ 생리적 욕구 → 사회적 욕구 → 존경의 욕구 → 안전의 욕구 → 자아실현의 욕구

⑤ 생리적 욕구 → 존경의 욕구 → 사회적 욕구 → 안전의 욕구 → 자아실현의 욕구

12. 다음 중 개인이 자신의 일을 유능하게 수행할 수 있다는 느낌을 갖도록 하는 활동과 그 결과 그렇게 되는 것을 가리키는 것으로 개인이 일을 하는 과정에서 지속적으로 주도권을 행사하는 것을 중시하는 것을 무엇이라고 하는가?

① Expectancy Theory

② Equity Theory

③ Goal Setting Theory

④ Empowerment

⑤ Interaction Theory

13. 재고관리 Q시스템에 대한 설명으로 가장 옳지 않은 것은?

① 주기적으로 재고를 보충하기 때문에 관리하기가 쉽다.

② 품목별로 조사 빈도를 달리할 수 있다.

③ 고정 로트크기는 수량할인으로 나타나기도 한다.

④ 안전재고 수준이 낮아져서 비용을 절감할 수도 있다.

⑤ 계속적인 실사를 해야 한다.

14. **다음의 특성을 가지고 있는 집단의사결정 기법은?**

> 첫째, 문제가 제시되고 참가자들 간의 대화는 차단된다.
> 둘째, 각 참가자들은 자기의 생각과 해결안을 가능한 한 많이 기록한다.
> 셋째, 참가자들은 돌아가면서 자신의 해결안을 집단을 대상으로 설명하며 사회자는 칠판에 그 내용을 정리한다.
> 넷째, 참가자들이 발표한 내용에 대해 보충설명 등이 추가된다.
> 다섯째, 발표가 끝나면 제시된 의견들의 우선순위를 묻는 비밀투표를 실시하여 최종적으로 해결안을 선택한다.

① 팀빌딩기법
② 브레인스토밍
③ 델파이기법
④ 명목집단기법
⑤ 변증법적 문의법

15. **소요량에 의해 최초의 주문을 계획하는데, 자재소요의 양적 및 시간적인 변화에 맞춰 기주문을 재계획함으로써 정확한 자재의 수요를 계산해 나가는 방법을 MRP(Material Requirement Planning)라 한다. 이에 대한 특징을 잘못 설명한 것은?**

① 소비자에 대한 서비스의 개선
② 의사결정의 자동화에 기여
③ 적시에 최대비용으로 공급
④ 생산계획의 효과적인 도구
⑤ 설비가동능률의 증진

16. **다음 중 수요에 영향을 끼치게 되는 주요인 중 통제 가능한 요소에 해당하지 않는 것은?**

① 경기의 변동　　② 가격의 할인
③ 신용정책　　④ 품질
⑤ 광고

17. **다음 중 경제적주문량(EOQ)의 가정으로 옳지 않은 것을 고르면?**

① 주문량은 일시에 입고된다.
② 조달기간은 없거나 일정하다.
③ 재고부족은 허용되지 않는다.
④ 1회 주문비용은 물량에 상관없이 일정하다.
⑤ 단위 구입가는 물량에 비례하여 일정하지 않다.

18. **다음 공정관리에 대한 기능 중에서 통제기능에 해당하는 것을 모두 고르면?**

> ㉠ 일정계획　　㉡ 절차계획
> ㉢ 작업독촉　　㉣ 작업할당
> ㉤ 공수계획

① ㉠㉡　　② ㉡㉢
③ ㉢㉣　　④ ㉢㉤
⑤ ㉣㉤

19. **다음 중 MRP의 효율적 적용을 위한 가정으로 바르지 않은 것은?**

① 전체 조립 구성품들은 조립착수시점에서 활용이 가능해야 한다.
② 전체 품목들은 저장이 가능해야 하며, 매출행위가 있어야 한다.
③ 일부 자료에 대한 조달기간의 파악이 가능해야 한다.
④ 재고기록서의 자료 및 자재명세서의 자료가 일치해야 한다.
⑤ 제조공정이 독립적이어야 한다.

20. **다음 그림을 참조하여 서술된 내용으로 옳지 않은 것은? (단, ㉠은 생산콘셉트, ㉡은 제품콘셉트, ㉢은 판매콘셉트, ㉣은 마케팅콘셉트, ㉤은 사회적 마케팅콘셉트를 각각 의미한다.)**

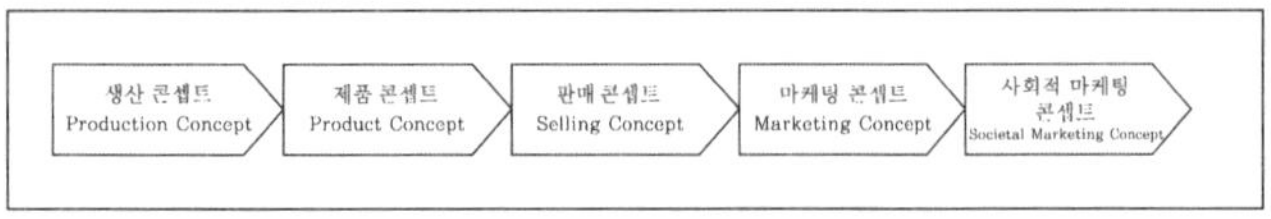

① ㉠의 경우 소비자들이 제품의 활용가능성이나 저가격에만 관심을 지니고 있다.

② ㉡의 경우 기업에서는 질 좋은 제품을 만들고 개선하는데 관심을 기울인다.

③ ㉢의 경우 저압적 마케팅 방식에 의존하는 경향이 강하다.

④ ㉣의 경우 고객만족을 통한 이익을 실현하고자 한다.

⑤ ㉤의 경우 소비자를 포함해 사회 전체에 미치게 될 영향에 대해서도 관심을 가져야 한다.

21. **다음의 사례들이 공통적으로 시사하는 바와 가장 관련성이 높은 것을 고르면?**

> ㉠ 면도기 본체는 저렴하게 팔고 면도날은 비싸게 파는 경우
> ㉡ 레이저프린터나 잉크젯프린터를 저렴하게 팔면서 카트리지나 튜너는 비싸게 판매하는 경우
> ㉢ 비싼 정수기는 설치비만 받고 설치해주면서 필터교체를 매달 2만원에 약정하는 경우
> ㉣ 휴대폰은 공짜로 제공하고 통화요금으로 수익을 올리는 경우

① 해당 기업이 제공하는 여러 개의 제품 및 서비스 등을 하나로 묶어 하나의 가격으로 판매하는 전략이다.

② 기본 사용료 및 추가 사용료 등의 수수료를 결부하여 정하는 가격방식이다.

③ 좋은 품질 및 서비스를 잘 결합하여 소비자들에게 적정가격으로 제공하는 가격전략이다.

④ 타 사의 가격에 맞춰 가격인하를 하기보다는 부가적 특성 및 서비스의 추가로 제품의 제공물을 차별화함으로써 더 비싼 가격을 정당화하는 방식이다.

⑤ 본 제품에 대해서는 저렴한 가격을 책정하고 이윤을 줄이면서 해당 제품의 시장점유율을 늘리고 그 후에 종속제품의 부속품에 대해 이윤을 추구하는 가격전략이다.

22. **다음의 상품가격전략에 대한 설명 중 가장 옳은 것은?**

① 목표이익가격결정(target profit pricing)방법은 기업이 설정한 목표이익을 실현하는 매출수준에서 제품가격을 결정하는 방법으로 소비자의 반응을 고려하여 가격을 설정하는 기법이다.

② 이중요율(captive-product pricing, two-part price) 방식은 제품의 가격체계를 기본가격과 사용가격으로 구분하여 책정하는 방법이다.

③ 침투가격정책(penetration pricing policy)은 신제품을 시장에 도입하는 초기에 저가격으로 신속하게 시장에 침투하는 전략으로 수요의 가격민감도가 낮은 제품에 적합하다.

④ 가치중심 가격결정(value-based pricing)방법이란 고객이 지각하는 제품의 가치에 맞춰 제품가격을 결정하는 방법으로 소비자가 제품의 가치를 높게 평가한다면 원가에 상관없이 고가격을 책정할 수 있다.

⑤ 초기 고가격전략은 타사의 신제품이 자사에 비해 성능, 디자인 등의 면에서 높은 우위를 가질 때 효과적으로 적용할 수 있다.

23. **다음의 설명과 가장 관련이 깊은 것은?**

> 이것은 단기적인 소비자의 욕구충족이 장기적으로는 소비자는 물론 사회의 복지와 상충되어짐에 따라서 기업이 마케팅 활동의 결과가 소비자는 물론 사회전체에 어떤 영향을 미치게 될 것인가에 대한 관심을 가져야 하며 가급적 부정적 영향을 미치는 마케팅활동을 자제하여야 한다는 사고에서 등장한 개념이다.

① 마케팅 개념

② 사회지향적 마케팅 개념

③ 제품개념

④ 판매개념

⑤ 생산개념

24. **통상적으로 소비재는 편의품, 선매품, 전문품 및 비탐색품 등으로 구분되어지는 데 이들 중 전문품에 대한 설명과 가장 거리가 먼 것은?**

① 주로 구매력이 있는 소비자들만을 대상으로 판촉활동을 실시하는 것이 효과가 크다.

② 소비자가 특정상표에 대해 가장 강한 상표충성도를 보인다.

③ 제품에 대한 사전 지식에 의존하지 않고 주로 구매시점에 제품특성을 비교평가 후 구매하는 제품이다.

④ 제품차별성과 소비자 관여도가 매우 높은 특성을 지닌다.

⑤ 전속적 혹은 선택적 유통경로의 구축이 더욱 바람직하다.

25. 다음의 사례를 보고 괄호 안에 들어갈 말로 가장 적절한 것은?

> 이는 지난 21일 개최된 '한국지방세학회'에서 만난 지방세 공무원들에게는 이미 희망이 사라진 듯 보였다. '절망'감에 가득 찬 그들의 표정에서는 일에 대한 의욕도, 믿음도 사라져 가는 듯했다. "제 동료는 26세에 공무원이 되어 현재 53세입니다. 7급에서 6급으로 승진이 가능할지 희망이 안 보인다고 합니다. 저는 아예 승진을 포기한 상태입니다", "승진할 수 있을 것이라는 희망이 안 보입니다", '이제는 거의 포기상태입니다". 이렇게 희망이 사라져 가니, 징세업무에도 소극적이 된다는 것이 그들의 말이다. "열심히 세금 걷어 봤자, 우리가 쓰는 것도 아니고 정부에서 우리의 업무에 대해 보상을 제대로 해 주는 것도 아닌데 그냥 대충대충 하자"는 인식이 팽배해 있다는 것이다. 매슬로우의 욕구단계이론을 적용해 보면 공무원들에게 있어 승진누락, 인사적체 문제는 이러한 (　　　　　)를 좌절시키는 중요한 요인이 된다.

① 생리적 욕구
② 안전의 욕구
③ 사회적 소속감의 욕구
④ 존중의 욕구
⑤ 자아실현 욕구

26. 아래의 표를 참조하여 시장세분화 조건에 해당하는 것을 모두 고르시오.

㉠ 유지 가능성	㉡ 실행 가능성
㉢ 측정 가능성	㉣ 접근 가능성
㉤ 외부적 동질성	㉥ 내부적 이질성

① ㉠, ㉡
② ㉠, ㉣, ㉤
③ ㉡, ㉢, ㉣
④ ㉢, ㉣, ㉤
⑤ ㉠, ㉡, ㉢, ㉣

27. 다음 인적자원관리의 환경에 관한 내용 중 그 성격이 다른 하나는?

① 노동조합의 발전
② 정보기술의 발전
③ 경제여건의 변화
④ 가치관의 변화
⑤ 정부개입의 증대

28. 다음은 직무평가의 방법 중 서열법에 관한 내용이다. 이 중 가장 거리가 먼 것을 고르면?

① 쉬우면서도 간편하다.
② 평가대상의 직무수가 많으면, 활용이 어렵다.
③ 절대적인 성과차이를 구별할 수 있다.
④ 평가 시 평가자의 주관이 개입될 수 있다.
⑤ 비용이 저렴하다.

29. 다음 중 목표에 의한 관리 (MBO)의 조건에 대한 내용으로 가장 거리가 먼 것은?

① 설정된 목표에 대해서 기대되는 결과를 확인할 수 있는 목표이어야 한다.
② 측정 가능함과 동시에 계량적인 목표이어야 한다.
③ 정해진 시간 안에 달성 가능한 목표이어야 한다.
④ 현실적이면서, 달성 가능한 목표이어야 한다.
⑤ 추상적인 목표 제시가 되어야 한다.

30. 다음 인사고과에 대한 설명 중 바르지 않은 것은?

① 강제할당법을 적용할 경우 평가자의 관대화나 중심화 경향이 쉽게 나타날 수 있으므로 이를 방지하기 위한 대안으로 평정척도법이 적용된다.

② 인사고과에 있어 절대평정은 다른 구성원의 성과에 기초하여 평정하는 것이 아니므로 집단 간 비교가 가능하다.

③ 목표관리법은 목표를 설정한다는 점에서 직무분석과 유사하지만, 그 목표가 직무에 대해서가 아니라 개인에 대하여 설정된다는 점에서 다르다.

④ 1차 고과자가 평가한 내용을 반영해 2차 고과자가 적당히 평가하는 행동에서 발생하는 오류는 2차 고과자의 오류이다.

⑤ 연공오류는 피고과자가 내포한 연공속성, 즉 연령, 학력 등이 평가에 영향을 미치는 오류이다.

31. 다음의 내용 중 인사관리의 기능에 해당하지 않는 것을 고르면?

① 직무분석 및 설계

② 모집 및 선발

③ 훈련 및 개발

④ 보상 및 후생복지

⑤ 근태율 분석

32. 이는 기업 조직의 구성원이 어느 일정한 연령에 이르게 되면 당시의 연봉을 기준으로 해서 임금을 줄여나가는 대신에 반대급부로 지속적인 근무를 할 수 있도록 해 주는 제도를 일컫는 말은?

① 카페테리아 제도

② 임금피크제도

③ 법정 외 복리후생

④ 최저임금제도

⑤ 정답 없음

33. 다음 중 이익분배제에 대한 설명으로 바르지 않은 것은?

① 구성원은 이익배당 참여권 및 분배율을 근속년수와 연관시킴으로써, 종업원들의 장기근속을 유도할 수 없다.

② 구성원은 자신의 이윤에 대한 배당을 높이기 위해 작업에 집중하여 능률증진을 기할 수 있다.

③ 기업과 구성원 간 협동정신을 고취, 강화시켜서 노사 간의 관계개선에 도움을 준다.

④ 회계정보를 적당히 처리함으로써, 기업 조직의 결과를 자의적으로 조정할 수 있으므로 신뢰성이 낮아진다.

⑤ 이익분배는 결산기에 가서 확정되는 관계로 구성원들의 작업능률에 대한 자극이 감소될 수 우려가 있다.

34. 다음 중 금리 및 환율의 상호관계를 말해주는 개념으로 자본자유화와 관련해 매우 중요한 정책적 시사점을 주고 있는데, 환율의 예상되는 변화율은 자국과 외국의 금리 차와 같아야 한다는 것을 무엇이라고 하는가?

① 국제자본예산

② 이자율평가이론

③ 국제피셔효과

④ 구매력평가이론

⑤ MM의 배당이론

35. 다음 중 우단 자산의 기대수익률 15%, 원모 자산의 기대수익률은 11%일 때 우단 자산과 원모 자산에 각각 투자자금의 60%씩을 투자할 시에 포트폴리오의 기대수익률은 얼마인지 계산하면?

① 0.1
② 0.156
③ 0.237
④ 0.31
⑤ 0.59

36. 다음 박스 안의 내용이 설명하는 것은?

> 매매쌍방 간 미래의 어떠한 일정시점에 약정된 제품을 기존에 정한 가격에 일정수량을 매매하기로 계약을 하고, 이러한 계약의 만기 이전에 반대매매를 수행하거나 또는 만기일에 현물을 실제로 인수 및 인도함으로써 그러한 계약을 수행하는 것을 말한다.

① 선물거래
② 옵션
③ 스왑
④ 포트폴리오
⑤ 레버리지 효과

37. 다음 그림에 대한 설명으로 가장 옳지 않은 것은?

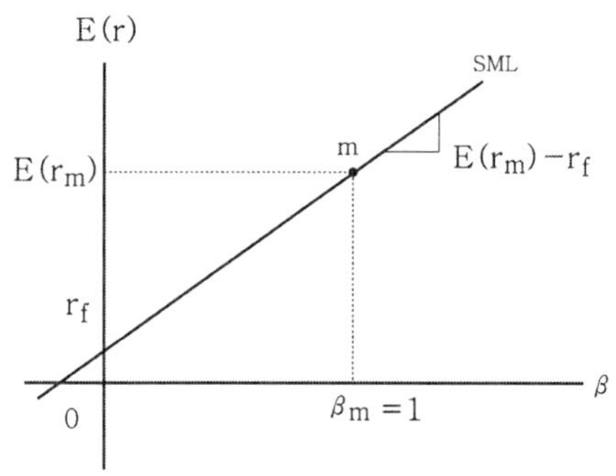

① 증권의 기대수익률의 결정에 있어 오로지 베타만이 중요 역할을 수행한다.
② 증권의 기대수익률은 베타와 선형관계를 이룬다.
③ SML의 기울기인 시장위험프리미엄은 음(−)의 값이다.
④ SML의 절편은 명목무위험이자율을 나타낸다.
⑤ 명목무위험이자율의 크기는 실질무위험이자율과 예상인플레이션율에 따라 결정된다.

38. 다음 증권에 대한 설명 중 상환 시기나 방법 등에 따른 분류에 해당하지 않는 것은?

① 감채기금부사채
② 무보증사채
③ 만기전액상환사채
④ 수의상환사채
⑤ 정시분할사채

39. 다음 중 효율적 시장에 대한 내용으로 옳지 않은 것은?

① 모든 활용 가능한 정보들이 현재 시장가격에 보다 충분히 반영되어 있는 시장이다.

② 효율적 시장은 완전 시장에 비해 보다 더 현실적이라 할 수 있다.

③ 완전시장은 실제적으로 존재하지 않는 일종의 가상시장이다.

④ 완전시장이란 효율적인 자본 분배기능을 완전하게 실행하게 되는 금융시장이다.

⑤ 효율적 시장에서는 주가수준이 재무정책결정에 있어 많은 영향을 미치게 된다.

40. 다음 괄호 안에 들어갈 말을 순서대로 바르게 나열하면?

> (㉠)은/는 거래조건 및 계약조건 등이 표준화되어 있으며, 정해진 장소에서 거래된다는 특징이 있는 반면에, (㉡)은/는 거래 장소에는 구애를 받지 않고 더불어 대상 제품이 표준화되어 있지도 않는다는 특성이 있다.

① ㉠ 선물계약, ㉡ 현물거래

② ㉠ 선도계약, ㉡ 현물거래

③ ㉠ 선도계약, ㉡ 선물계약

④ ㉠ 현물거래, ㉡ 선물계약

⑤ ㉠ 선물계약, ㉡ 선도계약

절 취 선

서울교통공사
필기시험

성 명

(자 필 성 명)

생 년 월 일

⓪	⓪	⓪	⓪	⓪	⓪	⓪	⓪
①	①	①	①	①	①	①	①
②	②	②	②	②	②	②	②
③	③	③	③	③	③	③	③
④	④	④	④	④	④	④	④
⑤	⑤	⑤	⑤	⑤	⑤	⑤	⑤
⑥	⑥	⑥	⑥	⑥	⑥	⑥	⑥
⑦	⑦	⑦	⑦	⑦	⑦	⑦	⑦
⑧	⑧	⑧	⑧	⑧	⑧	⑧	⑧
⑨	⑨	⑨	⑨	⑨	⑨	⑨	⑨

직업기초능력평가												직무수행능력평가											
1	①	②	③	④	⑤	21	①	②	③	④	⑤	1	①	②	③	④	⑤	21	①	②	③	④	⑤
2	①	②	③	④	⑤	22	①	②	③	④	⑤	2	①	②	③	④	⑤	22	①	②	③	④	⑤
3	①	②	③	④	⑤	23	①	②	③	④	⑤	3	①	②	③	④	⑤	23	①	②	③	④	⑤
4	①	②	③	④	⑤	24	①	②	③	④	⑤	4	①	②	③	④	⑤	24	①	②	③	④	⑤
5	①	②	③	④	⑤	25	①	②	③	④	⑤	5	①	②	③	④	⑤	25	①	②	③	④	⑤
6	①	②	③	④	⑤	26	①	②	③	④	⑤	6	①	②	③	④	⑤	26	①	②	③	④	⑤
7	①	②	③	④	⑤	27	①	②	③	④	⑤	7	①	②	③	④	⑤	27	①	②	③	④	⑤
8	①	②	③	④	⑤	28	①	②	③	④	⑤	8	①	②	③	④	⑤	28	①	②	③	④	⑤
9	①	②	③	④	⑤	29	①	②	③	④	⑤	9	①	②	③	④	⑤	29	①	②	③	④	⑤
10	①	②	③	④	⑤	30	①	②	③	④	⑤	10	①	②	③	④	⑤	30	①	②	③	④	⑤
11	①	②	③	④	⑤	31	①	②	③	④	⑤	11	①	②	③	④	⑤	31	①	②	③	④	⑤
12	①	②	③	④	⑤	32	①	②	③	④	⑤	12	①	②	③	④	⑤	32	①	②	③	④	⑤
13	①	②	③	④	⑤	33	①	②	③	④	⑤	13	①	②	③	④	⑤	33	①	②	③	④	⑤
14	①	②	③	④	⑤	34	①	②	③	④	⑤	14	①	②	③	④	⑤	34	①	②	③	④	⑤
15	①	②	③	④	⑤	35	①	②	③	④	⑤	15	①	②	③	④	⑤	35	①	②	③	④	⑤
16	①	②	③	④	⑤	36	①	②	③	④	⑤	16	①	②	③	④	⑤	36	①	②	③	④	⑤
17	①	②	③	④	⑤	37	①	②	③	④	⑤	17	①	②	③	④	⑤	37	①	②	③	④	⑤
18	①	②	③	④	⑤	38	①	②	③	④	⑤	18	①	②	③	④	⑤	38	①	②	③	④	⑤
19	①	②	③	④	⑤	39	①	②	③	④	⑤	19	①	②	③	④	⑤	39	①	②	③	④	⑤
20	①	②	③	④	⑤	40	①	②	③	④	⑤	20	①	②	③	④	⑤	40	①	②	③	④	⑤

서울교통공사

제2회 모의고사

성명		생년월일	
문제 수(배점)	80문항	풀이시간	/ 90분
영역	직업기초능력평가, 직무수행능력평가(경영학)		
비고	객관식 5지선다형		

※ 유의사항

- 문제지 및 답안지의 해당란에 문제유형, 성명, 응시번호를 정확히 기재하세요.
- 모든 기재 및 표기사항은 “컴퓨터용 흑색 수성 사인펜”만 사용합니다.
- 예비 마킹은 중복 답안으로 판독될 수 있습니다.

제2회 서울교통공사 필기시험 모의고사

직업기초능력평가(40문항)

1. 다음 밑줄 친 외래어의 맞춤법이 틀린 것은?

① 서울시가 4차 산업혁명 심포지움을 성공적으로 마쳤다.
② IT기술의 발달로 홍보 및 투자 트렌드가 급격히 변하고 있다.
③ 미국산 로브스터를 캐나다산으로 속이고 판매해 온 온라인 유통업자가 붙잡혔다.
④ 새로 출시된 모션 베드는 국내외 IT 기업들의 기술이 결합된 걸작이다.
⑤ 서울 지하철역 중 가장 긴 에스컬레이터를 가지고 있는 역은 당산역이다.

2. 다음 빈칸에 들어갈 말로 가장 적절한 것은?

> 여름에 아이스케이크 장사를 하다가 가을바람만 불면 단팥죽 장사로 간판을 남 먼저 바꾸는 것을 누가 욕하겠는가. 장사꾼, 기술자, 사무원의 생활 방도는 이 길이 오히려 정도(正道)이기도 하다. 오늘의 변절자도 자기를 이 같은 사람이라 생각하고 또 그렇게 자처한다면 별문제다. 그러나 더러운 변절의 정당화를 위한 엄청난 공언(公言)을 늘어놓은 것은 분반(噴飯)할 일이다. 백성들이 그렇게 사람 보는 눈이 먼 줄 알아서는 안 된다. 백주 대로에 돌아앉아 볼기짝을 까고 대변을 보는 격이라면 점잖지 못한 표현이라 할 것인가.
>
> (　　)를 지키기란 참으로 어려운 일이다. 자기의 신념에 어긋날 때면 목숨을 걸어 항거하여 타협하지 않고 부정과 불의한 권력 앞에는 최저의 생활, 최악의 곤욕을 무릅쓸 각오가 없으면 섣불리 (　　)를 입에 담아서는 안 된다. 정신의 자존 자시(自尊自恃)를 위해서는 자학(自虐)과도 같은 생활을 견디는 힘이 없이는 (　　)는 지켜지지 않는다.

① 용기　　② 지조
③ 영지　　④ 거래
⑤ 자조

3. 다음 제시된 내용을 토대로 관광회사 직원들이 추론한 내용으로 가장 적합한 것은?

> 세계여행관광협의회(WTTC)에 따르면 지난해인 2016년 전세계 국내총생산(GDP) 총합에서 관광산업이 차지한 직접 비중은 2.7%이다. 여기에 고용, 투자 등 간접적 요인까지 더한 전체 비중은 9.1%로, 금액으로 따지면 6조 3,461억 달러에 이른다. 직접 비중만 놓고 비교해도 관광산업의 규모는 자동차 산업의 2배이고 교육이나 통신 산업과 비슷한 수준이다. 아시아를 제외한 전 대륙에서는 화학 제조업보다도 관광산업의 규모가 큰 것으로 나타났다.
>
> 서비스 산업의 특성상 고용을 잣대로 삼으면 그 차이는 더욱 더 벌어진다. 지난해 전세계 관광산업 종사자는 9,800만 명으로 자동차 산업의 6배, 화학 제조업의 5배, 광업의 4배, 통신 산업의 2배로 나타났다. 간접 고용까지 따지면 2억 5,500만 명이 관광과 관련된 일을 하고 있어, 전 세계적으로 근로자 12명 가운데 1명이 관광과 연계된 직업을 갖고 있는 셈이다. 이러한 수치는 향후 2~3년간은 계속 유지될 것으로 보인다. 실제 백만 달러를 투입할 경우, 관광산업에서는 50명분의 일자리가 추가로 창출되어 교육 부문에 이어 두 번째로 높은 고용 창출효과가 있는 것으로 조사되었다.

유엔세계관광기구(UNWTO)의 장기 전망에 따르면 관광산업의 성장은 특히 한국이 포함된 동북아시아에서 두드러질 것으로 예상된다. UNWTO는 2010년부터 2030년 사이 이 지역으로 여행하는 관광객이 연평균 9.7% 성장하여 2030년 5억 6,500명이 동북아시아를 찾을 것으로 전망했다. 전 세계 시장에서 차지하는 비율도 현 22%에서 2030년에는 30%로 증가할 것으로 예측했다.

그런데 지난해 한국의 관광산업 비중(간접 분야 포함 전체 비중)은 5.2%로 세계 평균보다 훨씬 낮다. 관련 고용자수(간접 고용 포함)도 50만 3,000여 명으로 전체의 2%에 불과하다. 뒤집어 생각하면 그만큼 성장의 여력이 크다고 할 수 있다.

① 상민 : 2016년 전 세계 국내총생산(GDP) 총합에서 관광산업이 차지한 직접 비중을 금액으로 따지면 2조 달러가 넘는다.

② 대현 : 2015년 전 세계 통신 산업의 종사자는 자동차 산업의 종사자의 약 3배 정도이다.

③ 동근 : 2017년 전 세계 근로자 수는 20억 명을 넘지 못한다.

④ 수진 : 한국의 관광산업 수준이 간접 고용을 포함하는 고용 수준에서 현재의 세계 평균 수준 비율과 비슷해지려면 3백억 달러 이상을 관광 산업에 투자해야 한다.

⑤ 영수 : 2020년에는 동북아시아를 찾는 관광객의 수가 연간 약 2억 8,000명을 넘을 것이다.

4. 다음 빈칸에 들어갈 말은?

모든 사회문제는 양면성을 가지고 있습니다. 한쪽 이야기만 듣고 그쪽 논리를 따라가면 오히려 속이 편하지만, 양쪽 이야기를 듣고 나면 머리가 아픕니다. 그런 헷갈리는 상황에서 기억할 만한 원칙이 바로 '의심스러울 때는 ( )의 이익으로' 해석하라는 것입니다. 전세 분쟁에서 세입자의 이익을 우선으로 하는 것이 그 예입니다.

① 행위자
② 약자
③ 다수자
④ 타자
⑤ 화자

5. 다음 글에 대한 이해로 적절하지 않은 것은?

외국 통화에 대한 자국 통화의 교환 비율을 의미하는 환율은 장기적으로 한 국가의 생산성과 물가 등 기초 경제 여건을 반영하는 수준으로 수렴된다. 그러나 단기적으로 환율은 이와 괴리되어 움직이는 경우가 있다. 만약 환율이 예상과는 다른 방향으로 움직이거나 또는 비록 예상과 같은 방향으로 움직이더라도 변동 폭이 예상보다 크게 나타날 경우 경제 주체들은 과도한 위험에 노출될 수 있다. 환율이나 주가 등 경제 변수가 단기에 지나치게 상승 또는 하락하는 현상을 오버슈팅(overshooting)이라고 한다. 이러한 오버슈팅은 물가 경직성 또는 금융 시장 변동에 따른 불안 심리 등에 의해 촉발되는 것으로 알려져 있다. 여기서 물가 경직성은 시장에서 가격이 조정되기 어려운 정도를 의미한다.

물가 경직성에 따른 환율의 오버슈팅을 이해하기 위해 통화를 금융 자산의 일종으로 보고 경제 충격에 대해 장기와 단기에 환율이 어떻게 조정되는지 알아보자. 경제에 충격이 발생할 때 물가나 환율은 충격을 흡수하는 조정 과정을 거치게 된다. 물가는 단기에는 장기 계약 및 공공요금 규제 등으로 인해 경직적이지만 장기에는 신축적으로 조정된다. 반면 환율은 단기에서도 신축적인 조정이 가능하다. 이러한 물가와 환율의 조정 속도 차이가 오버슈팅을 초래한다. 물가와 환율이 모두 신축적으로 조정되는 장기에서의 환율은 구매력 평가설에 의해 설명되는데, 이에 의하면 장기의 환율은 자국 물가 수준을 외국 물가 수준으로 나눈 비율로 나타나며, 이를 균형 환율로 본다. 가령 국내 통화량이 증가하여 유지될 경우 장기에서는 자국 물가도 높아져 장기의 환율은 상승한다. 이때 통화량을 물가로 나눈 실질 통화량은 변하지 않는다.

그런데 단기에는 물가의 경직성으로 인해 구매력 평가설에 기초한 환율과는 다른 움직임이 나타나면서 오버슈팅이 발생할 수 있다. 가령 국내 통화량이 증가하여 유지될 경우, 물가가 경직적이어서 실질 통화량은 증가하고 이에 따라 시장 금리는 하락한다. 국가 간 자본 이동이 자유로운 상황에서, 시장 금리 하락은 투자의 기대 수익률 하락으로 이어져, 단기성 외국인 투자 자금이 해외로 빠져나가거나 신규 해외 투자 자금 유입을 위축시키는 결과를 초래한다. 이 과정에서 자국 통화의 가치는 하락하고 환율은 상승한다. 통화량의 증가로 인한 효과는 물가가 신축적인 경우에 예상되는 환율 상승에, 금리 하락에 따른 자금의 해외 유출이 유발하는 추가적인 환율 상승이 더해진 것으로 나타난다. 이러한 추가적인 상승 현상이 환율의 오버슈팅인데, 오버슈팅의 정도 및 지속성은 물가 경직성이 클수록 더 크게 나타난다. 시간이 경과함에 따라 물가가 상승하여 실질 통화량이 원래 수준으로 돌아오고 해외로 유출되었던 자금이 시장 금리의 반등으로 국내로 복귀하면서, 단기에 과도하게 상승했던 환율은 장기에는 구매력 평가설에 기초한 환율로 수렴된다.

① 환율의 오버슈팅이 발생한 상황에서 물가 경직성이 클수록 구매력 평가설에 기초한 환율로 수렴되는 데 걸리는 기간이 길어질 것이다.

② 환율의 오버슈팅이 발생한 상황에서 외국인 투자 자금이 국내 시장 금리에 민감하게 반응할수록 오버슈팅 정도는 커질 것이다.

③ 물가 경직성에 따른 환율의 오버슈팅은 물가의 조정 속도보다 환율의 조정 속도가 빠르기 때문에 발생하는 것이다.

④ 물가가 신축적인 경우가 경직적인 경우에 비해 국내 통화량 증가에 따른 국내 시장 금리 하락 폭이 작을 것이다.

⑤ 국내 통화량이 증가하여 유지될 경우 장기에는 실질 통화량이 변하지 않으므로 장기의 환율도 변함이 없을 것이다.

6. 다음은 스마트 트레인과 관련된 내용의 글이다. 다음 글에 대한 설명으로 옳은 것은?

부산국제철도기술산업전의 'Digital Railway' 부스에서는 현대로템 열차 운전 시스템의 현재와 발전 진행 상황을 알아볼 수 있었다. CBTC는 'Communication-Based Train Control'의 약자로 중앙관제센터에서 통신을 기반으로 열차를 중앙집중식으로 원격 제어하는 철도 신호시스템을 이야기하는데 한국에서는 RF-CBCT 타입인 KRTCS-1을 사용하고 있다. 현재 신분당선이나 우이신설선, 인천지하철 2호선 등 무인운전 차량들도 KRTCS-1을 탑재하고 있다.

차량에 탑재된 KRTCS-1 시스템은 지상 신호 장치인 WATC, 차상 신호 장치, 관제실로 구분되는데 관제실에서 명령 신호가 오면 지상 신호 장치 WATC는 경로가 운행 가능한 상태인지를 빠르게 판단하고 차량에게 이동 권한을 부여한다. 이를 받은 차량 신호 장치는 정해진 목적지까지 안전하고 빠르게 운행하며 지상 신호 장치와 관제실과 실시간으로 운행 데이터를 주고받을 수 있다. 이는 운전자 개입 없이 관제실에서 원격제어만으로 기동과 출발 전 워밍업, 본선 운행과 스케줄링까지 모두 자동으로 이루어지는 무인 시스템이며 영국의 국제공인 인증기관 '리카르도'로부터 ATP(Automatic Train Protection, 열차자동방호) 부분에 대해서 안전등급 중 최고인 SIL Level 4 인증까지 취득했다. 이뿐만 아니라, 출퇴근 시간 등 배차 간격이 좁은 시간대가 아닐 때는 친환경 모드인 '에코-드라이빙' 모드로 추진·제동제어, 출입문 자동 제어 등의 기능을 활용하여 최적의 운행패턴으로 운행 가능하도록 지원할 수 있다.

한편 현재 현대로템이 개발 중인 운전 시스템으로 KRTCS-2가 있다. KRTCS-1이 도시철도용 신호 시스템이었다면 KRTCS-2는 도시와 도시를 연결하는 간선형 철도나 고속철도용으로 개발되고 있는 것이 특징이다. KRTCS-2는 유럽 철도 표준인 ETCS-2에 기반을 두고 있으며 KTX나 SRT 등에 향후 ETCS-2 도입이 예정된 만큼, KRTCS-2 역시 적용 가능한 시스템으로 볼 수 있다.

KRTCS-2 시스템은 차량과 지상, 관제실 통신에 초고속 무선 인터넷 LTE-R을 이용한다. KRTCS-1이 지상 센서만으로 차량의 이동을 감지하고 컨트롤했다면, KRTCS-2는 LTE-R 무선통신을 도입해 열차가 어느 구간(폐색)에 위치하는지를 실시간으로 감지하고 좀 더 효율적으로 스케줄링할 수 있다는 장점이 있다. KRTCS-2 역시 SIL Level 4등급을 독일의 시험인증 기관인 'TUV-SUD'로부터 인증받아 그 안전성과 정확성을 입증했다. 현재 KRTCS-2에서 열차를 안전하게 보호하는 ATP 시스템이 개발을 마쳤고, 자동운전 기능을 추가하기 위한 작업에 박차를 가하고 있다. 따라서 가까운 시일 내에 한국의 고속철도에 KRTCS-2 시스템이 적용되어 도시철도뿐만 아니라 일반·고속철도에서도 무인운전이 현실화될 것으로 기대된다.

① KRTCS-1는 한국의 철도 신호시스템이며 현재 무인운전 차량에는 탑재되어 있지 있다.

② SIL Level 4 인증을 취득한 시스템은 KRTCS-2뿐이다.

③ KRTCS-2는 간선형 철도나 고속철도용으로 개발되고 있다.

④ KRTCS-1 시스템은 LTE-R 무선통신을 도입해 열차가 어느 구간에 위치하는지를 실시간으로 감지하고 좀 더 효율적으로 스케줄링할 수 있다는 장점이 있다.

⑤ 무인운전의 경우 고속철도에서는 현실화되기 어렵다.

【7~8】 다음 글을 읽고 이어지는 물음에 답하시오.

경쟁의 승리는 다른 사람의 재산권을 침탈하지 않으면서 이기는 경쟁자의 능력, 즉 경쟁력에 달려 있다. 공정경쟁에서 원하는 물건의 소유주로부터 선택을 받으려면 소유주가 원하는 대가를 치를 능력이 있어야 하고 남보다 먼저 신 자원을 개발하거나 신 발상을 창안하려면 역시 그렇게 해낼 능력을 갖추어야 한다. 다른 기업보다 더 좋은 품질의 제품을 더 값싸게 생산하는 기업은 시장경쟁에서 이긴다. 우수한 자질을 타고났고, 탐사 또는 연구개발에 더 많은 노력을 기울인 개인이나 기업은 새로운 자원이나 발상을 대체로 남보다 앞서서 찾아낸다.

개인의 능력은 천차만별한데 그 차이는 타고나기도 하고 후천적 노력에 의해 결정되기도 한다. 능력이 후천적 노력만의 소산이라면 능력의 우수성에 따라 결정되는 경쟁 결과를 불공정하다고 불평하기는 어렵다. 그런데 능력의 많은 부분은 타고난 것이거나 부모에게서 직간접적으로 물려받은 유무형적 재산에 의한 것이다. 후천적 재능 습득에서도 그 성과는 보통 개발자가 타고난 자질에 따라 서로 다르다. 타고난 재능과 후천적 능력을 딱 부러지게 구분하기도 쉽지 않은 것이다.

어쨌든 내가 능력 개발에 소홀했던 탓에 경쟁에서 졌다면 패배를 승복해야 마땅하다. 그러나 순전히 타고난 불리함 때문에 불이익을 당했다면 억울함이 앞선다. 이 점을 내세워 타고난 재능으로 벌어들이는 소득은 그 재능 보유자의 몫으로 인정할 수 없다는 필자의 의견에 동의하는 학자도 많다. 자신의 재능을 발휘하여 경쟁에서 승리하였다 하더라도 해당 재능이 타고난 것이라면 승자의 몫이 온전히 재능 보유자의 것일 수 없고 마땅히 사회에 귀속되어야 한다는 말이다.

그런데 재능도 노동해야 발휘할 수 있으므로 재능발휘를 유도하려면 그 노고를 적절히 보상해주어야 한다. 이론상으로는 재능발휘로 벌어들인 수입에서 노고에 대한 보상만큼은 재능 보유자의 소득으로 인정하고 나머지만 사회에 귀속시키면 된다.

7. **윗글을 읽고 나눈 다음 대화의 ㉠~㉤ 중, 글의 내용에 따른 합리적인 의견 제기로 볼 수 없는 것은?**

A : "타고난 재능과 후천적 노력에 대하여 어떻게 보아야 할지에 대한 필자의 의견이 담겨 있는 글입니다."
B : "맞아요. 필자의 의견에 따르면 앞으로는 ㉠ <u>선천적인 재능에 대한 경쟁이 더욱 치열해질 것</u> 같습니다."
A : "그런데 우리가 좀 더 확인해야 할 것은, ㉡ <u>과연 얼마만큼의 보상이 재능 발휘 노동의 제공에 대한 몫이냐</u> 하는 점입니다."
B : "그와 함께, ㉢ <u>얻어진 결과물에서 어떻게 선천적 재능에 의한 부분을 구별해낼 수 있을까</u>에 대한 물음 또한 과제로 남아 있다고 볼 수 있겠죠."
A : "그뿐이 아닙니다. ㉣ <u>타고난 재능이 어떤 방식으로 사회에 귀속되어야 공정한 것인지</u>, ㉤ <u>특별나게 열심히 재능을 발휘할 유인은 어떻게 찾을 수 있을지에 대한 고민도 함께 이루어져야 하겠죠</u>."

① ㉠
② ㉡
③ ㉢
④ ㉣
⑤ ㉤

8. **윗글에서 필자가 주장하는 내용과 견해가 다른 것은 어느 것인가?**

① 경쟁에서 승리하기 위해서는 능력이 필요하다.
② 능력에 의한 경쟁 결과가 불공정하다고 불평할 수 없다.
③ 선천적인 능력이 우수한 사람은 경쟁에서 이길 수 있는 확률이 높다.
④ 후천적인 능력이 모자란 결과에 대해서는 승복해야 한다.
⑤ 타고난 재능에 의해 얻은 승자의 몫은 일정 부분 사회에 환원해야 한다.

9. 한 학년에 세 반이 있는 학교가 있다. 학생수가 A반은 20명, B반은 30명, C반은 50명이다. 수학 점수 평균이 A반은 70점, B반은 80점, C반은 60점일 때, 이 세 반의 평균은 얼마인가?

① 62점 ② 64점
③ 66점 ④ 68점
⑤ 70점

10. 바른 항공사는 서울–상해 직항 노선에 50명이 초과로 예약 승객이 발생하였다. 승객 모두는 비록 다른 도시를 경유해서라도 상해에 오늘 도착하기를 바라고 있다. 아래의 그림이 경유 항공편의 여유 좌석 수를 표시한 항공로일 때, 타 도시를 경유하여 상해로 갈 수 있는 최대의 승객 수는 구하면?

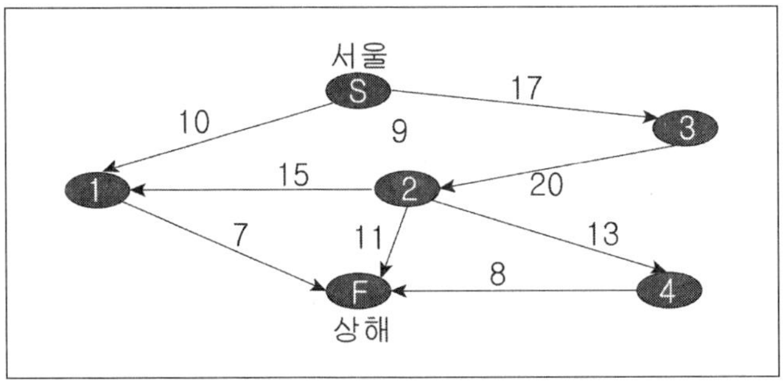

① 24 ② 29
③ 30 ④ 33
⑤ 37

11. 다음은 S공사에서 사원에게 지급하는 수당에 대한 자료이다. 2025년 7월 현재 부장 甲의 근무연수는 12년 2개월이고, 기본급은 300만 원이다. 2025년 7월 甲의 월급은 얼마인가? (단, S공사 사원의 월급은 기본급과 수당의 합으로 계산되고 제시된 수당 이외의 다른 수당은 없으며, 10년 이상 근무한 직원의 정근수당은 기본급의 50%를 지급한다)

구분	지급 기준	비고
정근수당	근무연수에 따라 기본급의 0~50% 범위 내 차등 지급	매년 1월, 7월 지급
명절휴가비	기본급의 60%	매년 2월(설), 10월(추석) 지급
가계지원비	기본급의 40%	매년 홀수 월에 지급
정액급식비	130,000원	매월 지급
교통보조비	• 부장 : 200,000원 • 과장 : 180,000원 • 대리 : 150,000원 • 사원 : 130,000원	매월 지급

① 5,830,000원 ② 5,880,000원
③ 5,930,000원 ④ 5,980,000원
⑤ 6,030,000원

12. 다음은 성인 남녀 1천 명을 대상으로 실시한 에너지원별 국민 인식 조사 결과이다. 다음 자료를 올바르게 해석한 것은 어느 것인가?

〈에너지원별 국민인식 조사 결과〉

(단위 : %)

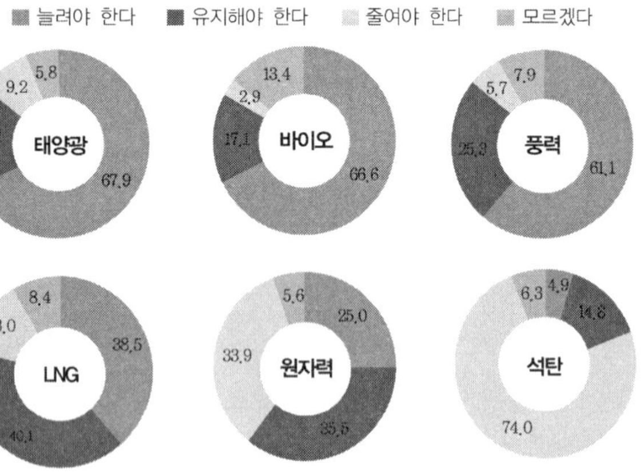

① 모든 에너지원에 대하여 줄여야 한다는 의견이 압도적으로 많다.

② 유지하거나 늘려야 한다는 의견은 모든 에너지원에서 절반 이상을 차지한다.

③ 한 가지 의견이 절반 이상의 비중을 차지하는 에너지원은 모두 4개이다.

④ 늘려야 한다는 의견이 더 많은 에너지원일수록 줄여야 한다는 의견도 더 많다.

⑤ LNG와 원자력에 대한 국민 인식 현황은 동일한 순서로 나타난다.

13. 다음은 소정연구소에서 제습기 A ~ E의 습도별 연간소비전력량을 측정한 자료이다. 이에 대한 설명 중 옳은 것끼리 바르게 짝지어진 것은?

〈제습기 A ~ E의 습도별 연간소비전력량〉

(단위 : kWh)

습도 / 제습기	40%	50%	60%	70%	80%
A	550	620	680	790	840
B	560	640	740	810	890
C	580	650	730	800	880
D	600	700	810	880	950
E	660	730	800	920	970

㉠ 습도가 70%일 때 연간소비전력량이 가장 적은 제습기는 A이다.
㉡ 각 습도에서 연간소비전력량이 많은 제습기부터 순서대로 나열하면, 습도 60%일 때와 습도 70%일 때의 순서를 동일하다.
㉢ 습도가 40%일 때 제습기 E의 연산소비전력량은 습도가 50%일 때 제습기 B의 연간소비전력량보다 많다.
㉣ 제습기 각각에서 연간소비전력량은 습도가 80%일 때가 40%일 때의 1.5배 이상이다.

① ㉠, ㉡

② ㉠, ㉢

③ ㉡, ㉣

④ ㉠, ㉢, ㉣

⑤ ㉡, ㉢, ㉣

【14~15】 다음은 서울교통공사에서 제공하고 있는 유아수유실 현황에 관한 자료이다. 물음에 답하시오.

〈유아수유실 현황〉

○ 1호선

역명	역명
종로3가역	동대문역

○ 2호선

역명	역명
시청역	성수역
강변역	잠실역
삼성역	강남역
신림역	대림역
신촌역	영등포구청역
신설동역	

○ 3호선

역명	역명
구파발역	독립문역
옥수역	고속터미널역
양재역	도곡역

○ 4호선

역명	역명
노원역	미아사거리역
길음역	동대문역사문화공원역
서울역	이촌역
사당역	

○ 5호선

역명	역명
김포공항역	우장산역
까치산역	목동역
영등포구청역	신길역
여의도역	여의나루역
충정로역	광화문역
동대문역사문화공원역	청구역
왕십리역	답십리역
군자역	아차산역
천호역	강동역
고덕역	올림픽공원역
거여역	

○ 6호선

역명	역명
응암역	불광역
월드컵경기장역	합정역
대흥역	공덕역
삼각지역	이태원역
약수역	상월곡역
동묘앞역	안암역

○ 7호선

역명	역명
수락산역	노원역
하계역	태릉입구역
상봉역	부평구청역
어린이대공원역	뚝섬유원지역
논현역	고속터미널역
이수역	대림역
가산디지털단지역	광명사거리역
온수역	까치울역
부천종합운동장역	춘의역
신중동역	부천시청역
상동역	삼산체육관역
굴포천역	

○ 8호선

역명	역명
모란역	몽촌토성역
잠실역	가락시장역
장지역	남한산성입구역

※ 해당 역에 하나의 유아수유실을 운영 중이다.

14. 다음 중 2호선 유아수유실이 전체에서 차지하는 비율은?

① 10.5%
② 11.5%
③ 12.5%
④ 13.5%
⑤ 14.5%

15. **다음 중 가장 많은 유아수유실을 운영 중인 지하철 호선 ㉮와 가장 적은 유아수유실을 운영 중인 지하철 호선 ㉯로 적절한 것은?**

	㉮	㉯		㉮	㉯
①	7호선	1호선	②	6호선	2호선
③	5호선	3호선	④	4호선	4호선
⑤	3호선	5호선			

16. **다음의 ㈎, ㈏는 100만 원을 예금했을 때 기간에 따른 이자에 대한 표이다. 이에 대한 설명으로 옳은 것은? (단, 예금할 때 약정한 이자율은 변하지 않는다)**

구분	1년	2년	3년
㈎	50,000원	100,000원	150,000원
㈏	40,000원	81,600원	124,864원

㉠ ㈎는 단순히 원금에 대한 이자만을 계산하는 이자율이 적용되었다.
㉡ ㈎의 경우, 매년 물가가 5% 상승할 경우(원금+이자)의 구매력을 모든 기간에 같다.
㉢ ㈏의 경우, 매년 증가하는 이자액은 기간이 길어질수록 커진다.
㉣ ㈏와 달리 ㈎와 같은 이자율 계산 방법은 현실에서는 볼 수 없다.

① ㉠, ㉢　　② ㉠, ㉣
③ ㉡, ㉣　　④ ㉡, ㉢
⑤ ㉠, ㉡, ㉢

17. **다음의 내용에 따라 두 번의 재배정을 한 결과, 병이 홍보팀에서 수습 중이다. 다른 신입사원과 최종 수습부서를 바르게 연결한 것은?**

신입사원을 뽑아서 1년 동안의 수습 기간을 거치게 한 후, 정식사원으로 임명을 하는 한 회사가 있다. 그 회사는 올해 신입사원으로 2명의 여자 직원 갑과 을, 그리고 2명의 남자 직원 병과 정을 뽑았다. 처음 4개월의 수습기간 동안 갑은 기획팀에서, 을은 영업팀에서, 병은 총무팀에서, 정은 홍보팀에서 각각 근무하였다. 그 후 8개월 동안 두 번의 재배정을 통해서 신입사원들은 다른 부서에서도 수습 중이다. 재배정할 때마다 다음의 세 원칙 중 한 가지 원칙만 적용되었고, 같은 원칙은 다시 적용되지 않았다.

〈원칙〉

1. 기획팀에서 수습을 거친 사람과 총무팀에서 수습을 거친 사람은 서로 교체해야 하고, 영업팀에서 수습을 거친 사람과 홍보팀에서 수습을 거치 사람은 서로 교체한다.
2. 총무팀에서 수습을 거친 사람과 홍보팀에서 수습을 거친 사람만 서로 교체한다.
3. 여성 수습사원만 서로 교체한다.

① 갑 – 총무팀　　② 을 – 영업팀
③ 을 – 총무팀　　④ 정 – 영업팀
⑤ 정 – 총무팀

18. **A, B, C, D, E, F가 달리기 경주를 하여 보기와 같은 결과를 얻었다. 1등부터 6등까지 순서대로 나열한 것은?**

㉠ A는 D보다 먼저 결승점에 도착하였다.
㉡ E는 B보다 더 늦게 도착하였다.
㉢ D는 C보다 먼저 결승점에 도착하였다.
㉣ B는 A보다 더 늦게 도착하였다.
㉤ E가 F보다 더 앞서 도착하였다.
㉥ C보다 먼저 결승점에 들어온 사람은 두 명이다.

① A – D – C – B – E – F
② A – D – C – E – B – F
③ F – E – B – C – D – A
④ B – F – C – E – D – A
⑤ C – D – B – E – F – A

19. 다음 글의 내용이 참일 때, 반드시 참인 것만을 모두 고른 것은?

> 전통문화 활성화 정책의 일환으로 일부 도시를 선정하여 문화관광특구로 지정할 예정이다. 특구 지정 신청을 받아본 결과, A, B, C, D, 네 개의 도시가 신청하였다. 선정과 관련하여 다음 사실이 밝혀졌다.
> • A가 선정되면 B도 선정된다.
> • B와 C가 모두 선정되는 것은 아니다.
> • B와 D 중 적어도 한 도시는 선정된다.
> • C가 선정되지 않으면 B도 선정되지 않는다.

> ㉠ A와 B 가운데 적어도 한 도시는 선정되지 않는다.
> ㉡ B도 선정되지 않고, C도 선정되지 않는다.
> ㉢ D는 선정된다.

① ㉠
② ㉡
③ ㉠, ㉢
④ ㉡, ㉢
⑤ ㉠, ㉡, ㉢

20. 100명의 근로자를 고용하고 있는 ○○기관 인사팀에 근무하는 S는 고용노동법에 따라 기간제 근로자를 채용하였다. 제시된 법령의 내용을 참고할 때, 기간제 근로자로 볼 수 없는 경우는?

> 제10조
> ① 이 법은 상시 5인 이상의 근로자를 사용하는 모든 사업 또는 사업장에 적용한다. 다만 동거의 친족만을 사용하는 사업 또는 사업장과 가사사용인에 대하여는 적용하지 아니한다.
> ② 국가 및 지방자치단체의 기관에 대하여는 상시 사용하는 근로자의 수에 관계없이 이 법을 적용한다.
> 제11조
> ① 사용자는 2년을 초과하지 아니하는 범위 안에서(기간제 근로계약의 반복갱신 등의 경우에는 계속 근로한 총 기간이 2년을 초과하지 아니하는 범위 안에서) 기간제 근로자※를 사용할 수 있다. 다만 다음 각 호의 어느 하나에 해당하는 경우에는 2년을 초과하여 기간제 근로자로 사용할 수 있다.
> 1. 사업의 완료 또는 특정한 업무의 완성에 필요한 기간을 정한 경우
> 2. 휴직 · 파견 등으로 결원이 발생하여 당해 근로자가 복귀할 때까지 그 업무를 대신할 필요가 있는 경우
> 3. 전문적 지식 · 기술의 활용이 필요한 경우와 박사 학위를 소지하고 해당 분야에 종사하는 경우
> ② 사용자가 제1항 단서의 사유가 없거나 소멸되었음에도 불구하고 2년을 초과하여 기간제 근로자로 사용하는 경우에는 그 기간제 근로자는 기간의 정함이 없는 근로계약을 체결한 근로자로 본다.
>
> ※ 기간제 근로자라 함은 기간의 정함이 있는 근로계약을 체결한 근로자를 말한다.

① 수습기간 3개월을 포함하여 1년 6개월간 A를 고용하기로 근로계약을 체결한 경우
② 근로자 E의 휴직으로 결원이 발생하여 2년간 B를 계약직으로 고용하였는데, E의 복직 후에도 B가 계속해서 현재 3년 이상 근무하고 있는 경우
③ 사업 관련 분야 박사학위를 취득한 C를 계약직(기간제) 연구원으로 고용하여 C가 현재 3년간 근무하고 있는 경우
④ 국가로부터 도급받은 3년간의 건설공사를 완성하기 위해 D를 그 기간 동안 고용하기로 근로계약을 체결한 경우
⑤ 근로자 F가 해외 파견으로 결원이 발생하여 돌아오기 전까지 3년간 G를 고용하기로 근로계약을 체결한 경우

21. ◇◇자동차그룹 기술개발팀은 수소연료전지 개발과 관련하여 다음의 자료를 바탕으로 회의를 진행하고 있다. 잘못된 분석을 하고 있는 사람은?

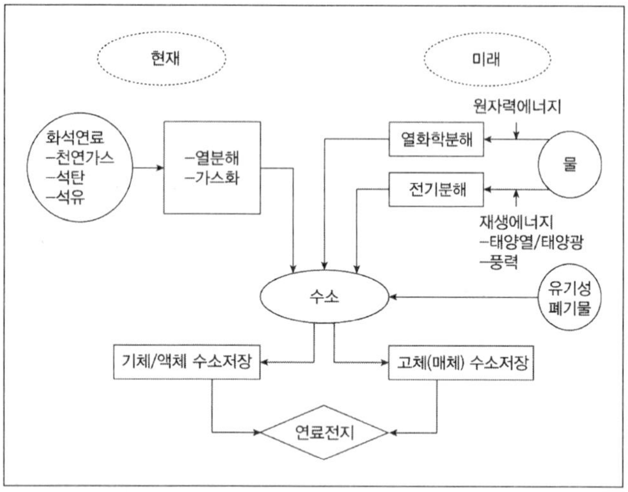

① 甲 : 현재는 석유와 천연가스 등 화석연료에서 수소를 얻고 있지만, 미래에는 재생에너지나 원자력을 활용한 수소 제조법이 사용될 것이다.

② 乙 : 수소는 기체, 액체, 고체 등 저장 상태에 관계없이 연료전지에 활용할 수 있다는 장점을 갖고 있다.

③ 丙 : 수소저장기술은 기체나 액체 상태로 저장하는 방식과 고체(매체)로 저장하는 방식으로 나눌 수 있다.

④ 丁 : 수소를 제조하는 기술에는 화석연료를 전기분해하는 방법과 재생에너지를 이용하여 물을 열분해하는 두 가지 방법이 있다.

⑤ 戊 : 수소는 물, 석유, 천연가스 및 유기성 폐기물 등에 함유되어 있으므로, 다양한 원료로부터 생산할 수 있다는 장점을 갖고 있다.

22. 사람들은 살아가면서 많은 소비를 하게 되며, 그에 따른 의사결정을 하게 된다. 이렇듯 소비자 의사 결정이라고 불리는 이 과정은 크게 문제 인식, 정보 탐색, 대안 평가 및 선택, 결정, 구매 및 평가의 순서로 진행된다. 하지만 모든 소비자가 이러한 과정을 준수하여 소비하지는 않으며, 순서가 바뀌거나 또는 건너뛰는 경우도 있다. 다음의 사례는 5명의 사람이 여름휴가철을 맞아 드넓은 동해바다 앞의 게스트 하우스를 예약하고 이를 찾아가기 위해 활용할 교통수단을 놓고 선택에 대한 고민을 하고 있다. 이 부분은 소비자 의사 결정과정 중 대안평가 및 선택에 해당하는 부분인데, 아래의 조건들은 대안을 평가하는 방식들을 나열한 것이다. 이들 중 ㉠의 내용을 참고하여 보완적 평가방식을 활용해 목적지까지 가는 동안의 이동수단으로 가장 적절한 것을 고르면?

Ⅰ. 조건

㉠ 보완적 평가방식이란 각각의 상표에 있어 어떤 속성의 약점을 다른 속성의 강점에 의해 보완하여 전반적인 평가를 내리는 방식을 말한다.

㉡ 사전편집식이란 가장 중요시하는 평가기준에서 최고로 평가되는 상표를 선택하는 방식을 말한다.

㉢ 순차적 제거식이란 중요하게 생각하는 특정 속성의, 최소 수용기준을 설정하고 난 뒤에 그 속성에서 수용 기준을 만족시키지 못하는 상표를 제거해 나가는 방식을 말한다.

㉣ 결합식이란, 상표 수용을 위한 최소 수용기준을 모든 속성에 대해 마련하고, 각 상표별로 모든 속성의 수준이 최소한의 수용 기준을 만족시키는가에 따라 평가하는 방식을 말한다.

Ⅱ. 내용

평가기준	중요도	이동수단들의 가치 값				
		비행기	고속철도	고속버스	오토바이	도보
속도감	40	9	8	2	1	1
경제성	30	2	5	8	9	1
승차감	20	4	5	6	2	1

① 고속철도

② 비행기

③ 오토바이

④ 고속버스

⑤ 도보

23. **다음은 철도운행 안전관리자의 자격취소 · 효력정지 처분에 대한 내용이다. 다음의 내용을 참고하였을 때 옳지 않은 설명은? (단, 사고는 모두 철도운행 안전관리자의 고의 또는 중과실로 일어났다고 본다.)**

1. 일반기준

㉠ 위반행위가 둘 이상인 경우로서 그에 해당하는 각각의 처분기준이 다른 경우에는 그중 무거운 처분기준에 따르며, 위반행위가 둘 이상인 경우로서 그에 해당하는 각각의 처분기준이 같은 경우에는 무거운 처분기준의 2분의 1까지 가중하되, 각 처분기준을 합산한 기간을 초과할 수 없다.

㉡ 위반행위의 횟수에 따른 행정처분의 기준은 최근 1년간 같은 위반행위로 행정처분을 받은 경우에 적용한다. 이 경우 행정처분 기준의 적용은 같은 위반행위에 대하여 최초로 행정처분을 한 날과 그 처분 후의 위반행위가 다시 적발된 날을 기준으로 한다.

2. 개별기준

위반사항 및 내용	처분기준		
	1차 위반	2차 위반	3차 위반
• 거짓이나 그 밖의 부정한 방법으로 철도운행 안전관리자 자격을 받은 경우	자격취소		
• 철도운행 안전관리자 자격의 효력정지 기간 중 철도운행 안전관리자 업무를 수행한 경우	자격취소		
• 철도운행 안전관리자 자격을 다른 사람에게 대여한 경우	자격취소		
• 철도운행 안전관리자의 업무 수행 중 고의 또는 중과실로 인한 철도사고가 일어난 경우			
1) 사망자가 발생한 경우	자격취소		
2) 부상자가 발생한 경우	효력정지 6개월	자격취소	
3) 1천만 원 이상 물적 피해가 발생한 경우	효력정지 3개월	효력정지 6개월	자격취소
• 약물을 사용한 상태에서 철도운행 안전관리자 업무를 수행한 경우	자격취소		
• 술을 마신 상태의 기준을 넘어서 철도운행 안전관리자 업무를 하다가 철도사고를 일으킨 경우	자격취소		
• 술을 마신상태에서 철도운행 안전관리자 업무를 수행한 경우	효력정지 3개월	자격취소	
• 술을 마시거나 약물을 사용한 상태에서 업무를 하였다고 인정할만한 상당한 이유가 있음에도 불구하고 확인이나 검사 요구에 불응한 경우	자격취소		

① 영호씨는 부정한 방법으로 철도운행 안전관리자 자격을 얻은 사실이 확인되어 자격이 취소되었다.

② 6개월 전 중과실 사고로 인해 효력정지 3개월의 처분을 받은 민수씨가 다시 철도운행 안전관리자의 업무 수행 중 2천만 원의 물적 피해를 입히는 사고를 일으켰다면 효력정지 6개월의 처분을 받게 된다.

③ 지만씨는 업무 수행 도중 사망자가 발생하는 사고를 일으켜 철도운행 안전관리자의 자격이 취소되었다.

④ 입사 후 처음으로 음주 상태에서 철도운행 안전관리자 업무를 수행한 정혜씨는 효력정지 3개월 처분을 받았다.

⑤ 위반행위가 없었던 경호씨는 이번 달 업무 수행 중 1천만 원의 물적 피해와 부상자가 발생하는 사고를 일으켰고 효력정지 3개월의 처분을 받았다.

24. 다음 〈조건〉을 근거로 판단할 때, 〈보기〉에서 옳은 것만을 모두 고르면?

〈조건〉

- 인공지능 컴퓨터와 매번 대결할 때마다, 甲은 A, B, C전략 중 하나를 선택할 수 있다.
- 인공지능 컴퓨터는 대결을 거듭할수록 학습을 통해 각각의 전략에 대응하므로, 동일한 전략을 사용할수록 甲이 승리할 확률은 하락한다.
- 각각의 전략을 사용한 횟수에 따라 각 대결에서 甲이 승리할 확률은 아래와 같고, 甲도 그 사실을 알고 있다.
- 전략별 사용횟수에 따른 甲의 승률

(단위 : %)

전략별 사용횟수 / 전략종류	1회	2회	3회	4회
A전략	60	50	40	0
B전략	70	30	20	0
C전략	90	40	10	0

㉠ 甲이 총 3번의 대결을 하면서 각 대결에서 승리할 확률이 가장 높은 전략부터 순서대로 선택한다면, 3가지 전략을 각각 1회씩 사용해야 한다.
㉡ 甲이 총 5번의 대결을 하면서 각 대결에서 승리할 확률이 가장 높은 전략부터 순서대로 선택한다면, 5번째 대결에서는 B전략을 사용해야 한다.
㉢ 甲이 1개의 전략만을 사용하여 총 3번의 대결을 하면서 3번 모두 승리할 확률을 가장 높이려면, A전략을 선택해야 한다.
㉣ 甲이 1개의 전략만을 사용하여 총 2번의 대결을 하면서 2번 모두 패배할 확률을 가장 낮추려면, A전략을 선택해야 한다.

① ㉠, ㉡ ② ㉠, ㉢
③ ㉡, ㉣ ④ ㉠, ㉢, ㉣
⑤ ㉡, ㉢, ㉣

25. 어느 날 진수는 직장선배로부터 '직장 내에서 서열과 직위를 고려한 소개의 순서'를 정리하라는 요청을 받았다. 진수는 다음의 내용처럼 정리하고 직장선배에게 보여 주었다. 하지만 직장선배는 세 가지 항목이 틀렸다고 지적하였다. 지적을 받은 세 가지 항목은 무엇인가?

㉠ 연소자를 연장자보다 먼저 소개한다.
㉡ 같은 회사 관계자를 타 회사 관계자에게 먼저 소개한다.
㉢ 상급자를 하급자에게 먼저 소개한다.
㉣ 동료임원을 고객, 방문객에게 먼저 소개한다.
㉤ 임원을 비임원에게 먼저 소개한다.
㉥ 되도록 성과 이름을 동시에 말한다.
㉦ 상대방이 항상 사용하는 경우라면 Dr. 등의 칭호를 함께 언급한다.
㉧ 과거 정부 고관일지라도, 전직인 경우 호칭사용은 결례이다.

① ㉠, ㉡, ㉥ ② ㉢, ㉤, ㉧
③ ㉣, ㉤, ㉥ ④ ㉣, ㉤, ㉧
⑤ ㉣, ㉦, ㉧

26. 다음 조직도를 잘못 이해한 사람은 누구인가?

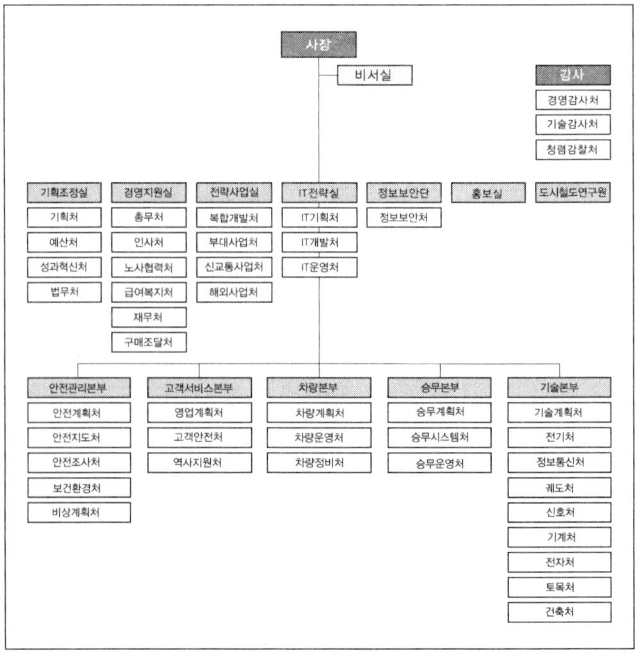

① 경영감사처는 사장 직속이 아니라 감사 산하에 별도로 소속되어 있다.
② 5본부가 사장 직속으로 구성되어 있다.
③ 7실 44처로 구성되어 있다.
④ 사장, 감사, 본부, 실, 단, 원, 처로 분류할 수 있다.
⑤ 기술본부는 9개의 처로 구성되어 있다.

▌27~28▐ 다음은 '갑'사의 내부 결재 규정에 대한 설명이다. 다음 글을 읽고 이어지는 물음에 답하시오.

> 제○○조(결재)
> ① 기안한 문서는 결재권자의 결재를 받아야 효력이 발생한다.
> ② 결재권자는 업무의 내용에 따라 이를 위임하여 전결하게 할 수 있으며, 이에 대한 세부사항은 따로 규정으로 정한다. 결재권자가 출장, 휴가, 기타의 사유로 상당한 기간 동안 부재중일 때에는 그 직무를 대행하는 자가 대결할 수 있되, 내용이 중요한 문서는 결재권자에게 사후에 보고(후열)하여야 한다.
> ③ 결재에는 완결, 전결, 대결이 있으며 용어에 대한 정의와 결재방법은 다음과 같다.
> 1. 완결은 기안자로부터 최종 결재권자에 이르기까지 관계자가 결재하는 것을 말한다.
> 2. 전결은 사장이 업무내용에 따라 각 부서장에게 결재권을 위임하여 결재하는 것을 말하며, 전결하는 경우에는 전결하는 자의 서명 란에 '전결'표시를 하고 맨 오른쪽 서명 란에 서명하여야 한다.
> 3. 대결은 결재권자가 부재중일 때 그 직무를 대행하는 자가 하는 결재를 말하며, 대결하는 경우에는 대결하는 자의 서명 란에 '대결'표시를 하고 맨 오른쪽 서명란에 서명하여야 한다.
>
> 제○○조(문서의 등록)
> ① 문서는 당해 마지막 문서에 대한 결재가 끝난 즉시 결재일자순에 따라서 번호를 부여하고 처리과별로 문서등록대장에 등록하여야 한다. 동일한 날짜에 결재된 문서는 조직 내부 원칙에 의해 우선순위 번호를 부여한다. 다만, 비치문서는 특별한 규정이 있을 경우를 제외하고는 그 종류별로 사장이 정하는 바에 따라 따로 등록할 수 있다.
> ② 문서등록번호는 일자별 일련번호로 하고, 내부결재문서인 때에는 문서등록대장의 수신처란에 '내부결재'표시를 하여야 한다.
> ③ 처리과는 당해 부서에서 기안한 모든 문서, 기안형식 외의 방법으로 작성하여 결재권자의 결재를 받은 문서, 기타 처리과의 장이 중요하다고 인정하는 문서를 제1항의 규정에 의한 문서등록대장에 등록하여야 한다.
> ④ 기안용지에 의하여 작성하지 아니한 보고서 등의 문서는 그 문서의 표지 왼쪽 위의 여백에 부서기호, 보존기간, 결재일자 등의 문서등록 표시를 한 후 모든 내용을 문서등록대장에 등록하여야 한다.

27. 다음 중 '갑'사의 결재 및 문서의 등록 규정을 올바르게 이해하지 못한 것은?

① '대결'은 결재권자가 부재중일 경우 직무대행자가 행하는 결재 방식이다.
② 최종 결재권자는 여건에 따라 상황에 맞는 전결권자를 지정할 수 있다.
③ '전결'과 '대결'은 문서 양식상의 결재방식이 동일하다.
④ 문서등록대장은 매년 1회 과별로 새롭게 정리된다.
⑤ 기안문과 보고서 등 모든 문서는 결재일자가 기재되며 그 일자에 따라 문서등록대장에 등록된다.

28. '갑'사에 근무하는 직원의 다음과 같은 결재 문서 관리 및 조치 내용 중 규정에 따라 적절하게 처리한 것은?

① A 대리는 같은 날짜에 결재된 문서 2건을 같은 문서번호로 분류하여 등록하였다.
② B 대리는 중요한 내부 문서에는 '내부결재'를 표시하였고, 그 밖의 문서에는 '일반문서'를 표시하였다.
③ C 과장은 부하 직원에게 문서등록대장에 등록된 문서 중 결재 문서가 아닌 것도 포함될 수 있다고 알려주었다.
④ D 사원은 문서의 보존기간은 보고서에 필요한 사항이며 기안 문서에는 기재할 필요가 없다고 판단하였다.
⑤ 본부장이 최종 결재권자로 위임된 문서를 본부장 부재 시에 팀장이 최종 결재하게 되면, 팀장은 '전결' 처리를 한 것이다.

29. 다음 시트의 [D10]셀에서 =DCOUNT(A2:F7,4,A9:B10)을 입력했을 때 결과 값으로 옳은 것은?

	A	B	C	D	E	F
1	4차 산업혁명 주요 테마별 사업체당 종사자 수					
2		2021	2022	2023	2024	2025
3	자율주행	24.2	21.2	21.9	20.6	20
4	인공지능	22.6	17	19.2	18.7	18.7
5	빅데이터	21.8	17.5	18.9	17.8	18
6	드론	43.8	37.2	40.5	39.6	39.7
7	3D프린팅	25	18.6	21.8	22.7	22.6
8						
9	2021	2025				
10	<25	>19				

① 0 ② 1

③ 2 ④ 3

⑤ 4

30. 원모와 친구들은 여름휴가를 와서 바다에 입수하기 전 팬션 1층에 모여 날씨가 궁금해 인터넷을 통해 날씨를 보고 있다. 이때 아래에 주어진 조건을 참조하여 원모와 친구들 중 주어진 날씨 데이터를 잘못 이해한 사람을 고르면?

(조건 1) 현재시간은 월요일 오후 15시이다.
(조건 2) 5명의 휴가기간은 월요일 오후 15시(팬션 첫날)부터 금요일 오전 11시(팬션 마지막 날)까지이다.

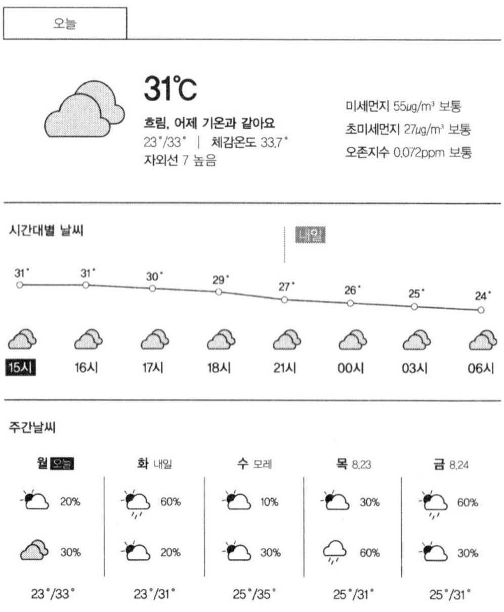

① 원모 : 우리 팬션 퇴실하는 날에는 우산을 준비 해야겠어.
② 형일 : 내일 오전에는 비가 와서 우산 없이는 바다를 보며 산책하기는 어려울 것 같아.
③ 우진 : 우리들이 휴가 온 이번 주 날씨 중에서 수요일 오후 온도가 가장 높아.
④ 연철 : 자정이 되면 지금보다 온도가 더 높아져서 열대야 현상으로 인해 오늘밤 잠을 자기가 힘들 거야.
⑤ 규호 : 오늘 미세먼지는 보통수준이야.

31. 다음의 알고리즘에서 인쇄되는 S는?

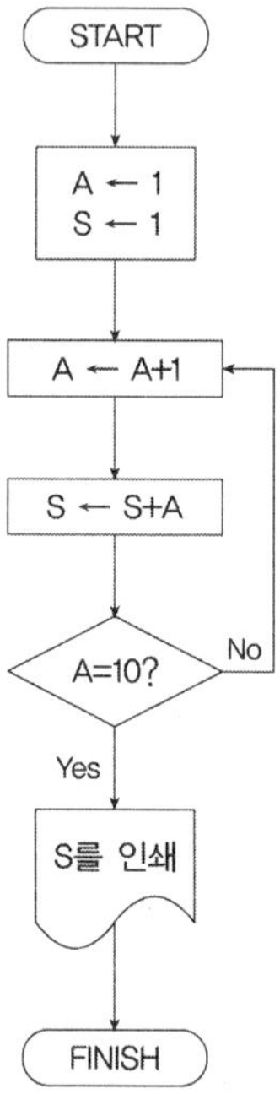

① 36 ② 45

③ 55 ④ 66

⑤ 75

32. 다음은 총무팀 오 과장이 팀장으로부터 지시받은 이번 주 업무 내역이다. 팀장은 오 과장에게 가급적 급한 일보다 중요한 일을 먼저 처리해 줄 것을 당부하며 아래의 일들에 대한 시간 분배를 잘 해 줄 것을 지시하였는데, 팀장의 지시사항을 참고로 오 과장이 처리해야 할 업무를 순서대로 바르게 나열한 것은?

Ⅰ 긴급하면서 중요한 일 – 부서 손익실적 정리(A) – 개인정보 유출 방지책 마련(B) – 다음 주 부서 야유회 계획 수립(C)	Ⅱ 긴급하지 않지만 중요한 일 – 월별 총무용품 사용현황 정리(D) – 부산 출장계획서 작성(E) – 내방 고객 명단 작성(F)
Ⅲ 긴급하지만 중요하지 않은 일 – 민원 자료 취합 정리(G) – 영업부 파티션 교체 작업 지원(H) – 출입증 교체 인원 파악(I)	Ⅳ 긴급하지 않고 중요하지 않은 일 – 신입사원 신규 출입증 배부(J) – 프린터기 수리 업체 수배(K) – 정수기 업체 배상 청구 자료 정리(L)

① (D) – (A) – (G) – (K)
② (B) – (E) – (J) – (H)
③ (A) – (G) – (E) – (K)
④ (B) – (F) – (G) – (L)
⑤ (I) – (E) – (C) – (J)

33. 다음과 같은 상황에서 길동이가 '맛나 음식점'에서 계속 일하기 위한 최소한의 연봉은 얼마인가?

현재 '맛나 음식점'에서 일하고 있는 길동이는 내년도 연봉 수준에 대해 '맛나 음식점' 사장과 협상을 하고 있다. 길동이는 협상이 결렬될 경우를 대비하여 퓨전 음식점 T의 개업을 고려하고 있다. 시장 조사 결과는 다음과 같다.
• 보증금 3억 원(은행에서 연리 7.5%로 대출 가능)
• 임대료 연 3,000만 원
• 연간 영업비용
– 직원 인건비 8,000만 원
– 음식 재료비 7,000만 원
– 기타 경비 6,000만 원
• 연간 기대 매출액 3.5억 원

① 8,600만 원
② 8,650만 원
③ 8,700만 원
④ 8,750만 원
⑤ 8,800만 원

34. 다음 표는 E통신사에서 시행하는 이동 통화 요금제 방식이다. 다음과 같은 방식으로 통화를 할 경우, 한 달 평균 이동전화 사용시간이 몇 분 초과일 때부터 B요금제가 유리한가?

요금제	기본 요금(원)	1분당 전화 요금(원)
A	15,000	180
B	18,000	120

① 35분
② 40분
③ 45분
④ 50분
⑤ 55분

35. 다음은 장식품 제작 공정을 나타낸 것이다. 이에 대한 설명으로 옳은 것만을 〈보기〉에서 있는 대로 고른 것은? (단, 주어진 조건 이외의 것은 고려하지 않는다)

〈조건〉
• A~E의 모든 공정 활동을 거쳐 제품이 생산되며, 제품 생산은 A 공정부터 시작된다.
• 각 공정은 공정 활동별 한 명의 작업자가 수행하며, 공정 간 부품의 이동 시간은 고려하지 않는다.

〈작업순서〉

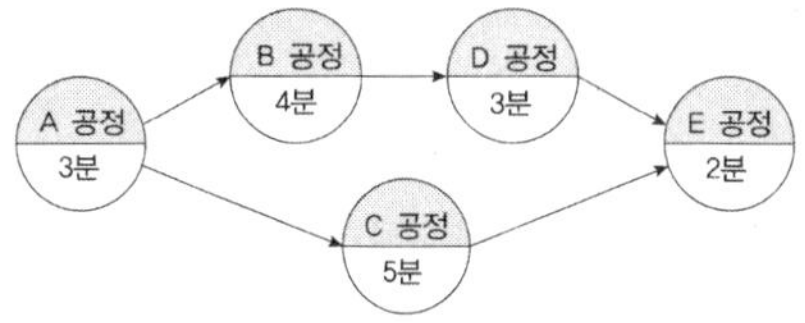

※ →는 작업의 선후 관계를 나타냄.

〈보기〉
㉠ 첫 번째 완제품은 생산 시작 12분 후에 완성된다.
㉡ 제품은 최초 생산 후 매 3분마다 한 개씩 생산될 수 있다.
㉢ C 공정의 소요 시간이 2분 지연되어도 첫 번째 완제품을 생산하는 총소요시간은 변화가 없다.

① ㉠
② ㉡
③ ㉠, ㉢
④ ㉡, ㉢
⑤ ㉠, ㉡, ㉢

36. **다음은 ㈜달라의 휴대폰 매뉴얼 중 주의사항 일부를 나타낸 것이다. 아래의 내용을 참조하여 서술한 내용으로 가장 적절하지 않은 것을 고르면?**

㈜달라의 휴대폰 사용 시 주의사항

본 기기 사용 전 아래의 지시사항을 지키지 않을 경우 사용자는 심각한 상해를 입거나 사망할 수 있으므로 주의를 요합니다.

ㅁ 화재주의
- 충전단자나 외부접속단자 (microUSB 접속단자)에 전도성 이물질 (금속 조각, 연필심 등)을 접촉시키거나 내부로 넣지 마세요.
- 사용 중이나 충전 중에 이불 등으로 덮거나 또는 감싸지 마세요.
- 배터리가 새거나 냄새가 날 때는 즉시 사용을 중지하고 화기에서 멀리 두세요. 새어 나온 액체에 불이 붙거나 발화, 파열의 원인이 될 수 있습니다.
- 일반 쓰레기와 같이 버리지 마세요. 발화 및 환경파괴의 원인이 됩니다.

ㅁ 피부손상 주의
- 휴대전화의 인터넷, 동영상, 게임 등을 장시간 사용 시에 제품 표면의 온도가 올라갈 수 있으므로 사용을 잠시 중단하세요.
- 신체의 일부가 오랜 시간 휴대전화에 닿지 않도록 하세요. 휴대전화 장시간 사용 중 오랫동안 피부에 접촉 시 피부가 약한 분들은 저온화상의 우려가 있기 때문에 사용에 있어서 주의를 요합니다.

ㅁ 충전 시 주의
- USB 아이콘이 위로 향한 채 꽂으세요. 반대로 하게 되면 제품에 치명적인 손상을 줄 수 있습니다.
- 충전 중에 사용 시 감전의 우려가 있을 수 있으니 반드시 충전기와 분리 후에 사용하세요.
- 충전기 또는 배터리 단자 등에 이상이 있을 시에 무리한 충전을 하지 말고 ㈜달라 고객 상담실 (Tel : 1544-1234)로 문의하신 후에 가까운 ㈜달라 서비스센터로 가셔서 제품을 확인 받으시기 바랍니다. (화재의 위험이 있습니다.)

① 해당 제품은 환경파괴의 원인으로 작용하므로 일반 쓰레기하고 같이 버리면 안 된다.

② 해당 제품의 오랜 사용으로 인해 피부에 장시간 맞닿아 있게 되면 피부가 약한 사람의 경우 저온화상을 입을 수 있다.

③ 핸드폰 충전 시 치명적인 손상을 방지하기 위해 USB 아이콘이 위로 향하는 방향으로 꽂아야 한다.

④ 해당 제품인 핸드폰을 게임이나 동영상 등에 오래 사용할 경우 제품에 온도가 높아질 수 있으므로 이러한 경우에는 핸드폰의 사용을 중단해야 한다.

⑤ 핸드폰 사용 시에 배터리 부분에서 냄새가 나게 되는 경우에 핸드폰 전원을 꺼야 한다.

37. **다음은 A, B 사원의 직업 기초 능력을 평가한 결과이다. 이에 대한 설명으로 가장 적절한 것은?**

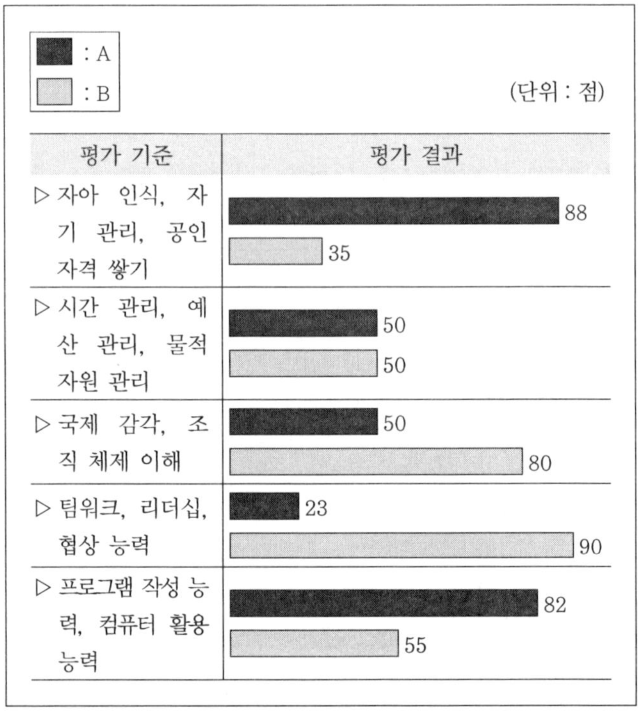

① A는 B보다 스스로를 관리하고 개발하는 능력이 우수하다.
② A는 B보다 조직의 체제와 경영을 이해하는 능력이 우수하다.
③ A는 B보다 업무 수행 시 만나는 사람들과 원만하게 지내는 능력이 우수하다.
④ B는 A보다 정보를 검색하고 정보 기기를 활용하는 능력이 우수하다.
⑤ B는 A보다 업무 수행에 필요한 시간, 자본 등의 자원을 예측 계획하여 할당하는 능력이 우수하다.

38. **다음 중 팀워크에 관한 설명에 부합하는 사례로 옳은 것은?**

> 팀워크란 팀 구성원이 공동의 목적을 달성하기 위해 상호 관계성을 가지고 서로 협력하여 일을 해나가는 것을 말한다. 좋은 팀워크를 유지한다고 해서 의견충돌이나 갈등이 없는 것이 아니지만 구성원은 상호 신뢰하고 존중하고 각자 역할과 책임을 다하므로 의견충돌이나 갈등상황이 지속되지 않고 효율적으로 업무를 추진하다. 이러한 조직에서는 이기주의 또는 자의식 과잉 등 개인을 우선하는 분위기, 팀 내 분열을 조장하는 파벌주의, 비효율적 업무처리 등 팀워크를 저해하는 요소를 찾을 수 없다.

〈사례〉

㉠ 평소 구성원 간 협동 또는 교류보다는 경쟁을 모토로 삼는 A팀은 올 상반기 매출실적이 사내 1위였다.
㉡ B팀은 지난주 회의 때 ㅇㅇ제품의 출시일자를 두고 의견이 갈려 결론을 내지 못했지만, 이번 회의에서는 토론 및 설득을 통해 출시일자를 늦추자는 방안을 만장일치로 채택하였다.
㉢ C팀은 팀원 간 사적으로 친밀하고 단합을 중시하여 화기애애한 분위기이지만 사적인 관계로 인해 업무처리 속도가 다른 팀에 비하여 떨어지고 실수가 잦다.

① ㉠
② ㉡
③ ㉢
④ ㉠, ㉢
⑤ ㉡, ㉢

39. **스마트 트레인과 관련하여 CBM 시스템을 설명하는 甲과 乙의 말에서 알 수 있는 직업윤리의 덕목은 무엇인가?**

> 甲 : "CBM(Condition Based Maintenance) 시스템은 4차산업혁명의 핵심인 ABC 산업으로 불리는 AI, Big Data, Cloud 이 세 가지가 모두 집약되어 최적의 차량 유지보수를 가능하게 합니다. CBM 시스템과 연결된 운전실 디스플레이나 운영자 및 정비자에게 태블릿 PC로 열차상태를 실시간으로 확인할 수 있습니다. 이런 경우, 정해진 방법에 따라 운전자는 조속한 고장 조치를 취할 수 있으며, 이러한 정보는 서버를 통해 자동으로 운영자 및 유지보수자에게 전달되어 열차의 운행일정과 유지보수 일정의 효율적인 계획을 수립할 수 있습니다. 저는 이러한 CBM 시스템을 개발하는 것이 누구나 할 수 있는 것은 아니며 교육을 통한 지식과 경험을 갖추어야만 가능한 것임을 알고 있기에 제가 알고 있는 지식을 총 동원하여 최고의 시스템을 개발하기 위해 앞으로 더욱 노력할 것입니다."
>
> 乙 : "CBM 시스템은 차량과 지상 양쪽에서 모두 열차 상태에 대해 실시간 모니터링이 가능합니다. 현재 운행되는 열차는 유지보수 매뉴얼 등 별도의 문서 없이는 정비 인력이 설계도나 유지보수 방법을 모두 파악하기 어렵습니다. 여기서 CBM 시스템을 이용하면 이러한 문제도 쉽게 해결할 수 있습니다. CBM 시스템에 연결된 모바일 장비 또는 사무실의 PC에서 웹 기반의 빅데이터 분석 플랫폼에 접속하여 각 고장에 대한 유지보수 메뉴를 클릭하면 고장과 관련된 데이터와 작업 지시서를 확인할 수 있습니다. 작업지시서에는 작업 매뉴얼과 관련 부품 재고, 위치 등 유지보수 작업에 필요한 모든 정보가 표시되어 엔지니어가 차량의 고장에 효율적으로 대처할 수 있습니다. 차량의 부품에도 각각 센서를 부착해 마모 상태 등을 측정한 후 정말 문제가 있을 때에 한해서 교체하게 되면 불필요한 비용을 절감할 수 있게 됩니다. 저는 평소에도 스마트 트레인 분야에 관심이 많았는데 이러한 시스템을 개발하는 것은 저에게 딱 맞는 일이라고 생각합니다. 앞으로도 긍정적인 생각을 갖고 업무 수행을 원활히 하도록 노력할 것입니다."

	甲	乙
①	전문가의식	천직의식
②	전문가의식	직분의식
③	천직의식	전문가의식
④	천직의식	소명의식
⑤	소명의식	직분의식

40. **당신은 서울교통공사 입사 지원자이다. 서류전형 통과 후, NCS 기반의 면접을 보기 위해 면접장에 들어가 있는데, 면접관이 당신에게 다음과 같은 질문을 하였다. 다음 중 면접관의 질문에 대한 당신의 대답으로 가장 적절한 것은?**

> 면접관 : 최근 많은 회사들이 윤리경영을 핵심 가치로 내세우며, 개혁을 단행하고 있습니다. 그건 저희 회사도 마찬가지입니다. 윤리경영을 단행하고 있는 저희 회사에 도움이 될 만한 개인 사례를 말씀해 주시기 바랍니다.
>
> 당신 : (　　　　　　　　　　　　　　　　　　　　)

① 저는 시간관념이 철저하므로 회의에 늦은 적이 한 번도 없습니다.

② 저는 총학생회장을 역임하면서, 맡은 바 책임이라는 것이 무엇인지 잘 알고 있습니다.

③ 저는 상담사를 준비한 적이 있어서, 타인의 말을 귀 기울여 듣는 것이 얼마나 중요한지 알고 있습니다.

④ 저는 동아리 생활을 할 때, 항상 동아리를 사랑하는 마음으로 남들보다 먼저 동아리실을 청소하고, 시설을 유지하기 위해 노력했습니다.

⑤ 저는 모든 일이 투명하게 이뤄져야 한다고 생각합니다. 그래서 어린 시절 반에서 괴롭힘을 당하는 친구가 있으면 일단 선생님께 말씀드리곤 했습니다.

직무수행능력평가_경영학(40문항)

1. **아래의 내용을 주장한 학자와 그에 대한 설명으로 옳은 것은?**

> ㉠ 안정적이면서 명확한 권한계층
> ㉡ 태도 및 대인관계의 비개인성
> ㉢ 과업전문화에 기반한 체계적인 노동의 분화
> ㉣ 규제 및 표준화된 운용절차의 일관된 시스템

① 메이요 – 호손실험으로 인간에 대한 관심을 높이는 계기를 마련하였다.

② 테일러 – 기계적, 폐쇄적 조직관 및 경제적 인간관이라는 가정을 기반으로 과학적 관리론을 제시하였다.

③ 페이욜 – 기업조직의 전체적인 관리의 측면에서 관리원칙을 주장하였다.

④ 막스 베버 – 권한구조에 대한 이론에 기반을 둔 관료제 이론을 제시하였다.

⑤ 민츠버그 – 기업경영조직의 형태를 단순구조, 기계적 관료제, 전문적 관료제, 사업부제, 애드호크라시로 구분하였다.

2. **아래의 그림과 같은 커뮤니케이션 네트워크 유형에 대한 설명으로 가장 바르지 않은 것은?**

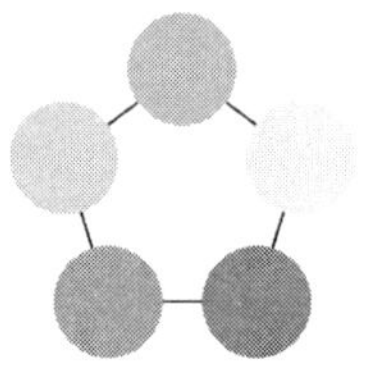

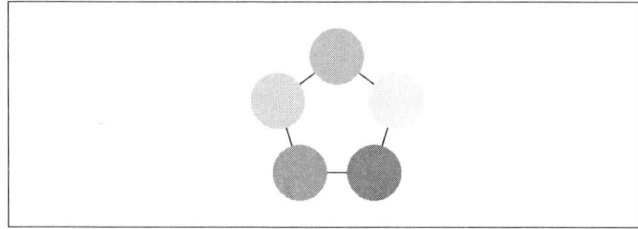

① 문제해결 속도는 느린 편에 속한다.

② 단순한 문제일 경우 높은 정확성을 보이지만, 문제가 복잡해질수록 정확성이 낮아진다.

③ 구성원들의 만족감은 대체적으로 높은 편이다.

④ 리더 등장 가능성이 없다.

⑤ 집단 구성원 간에 뚜렷한 서열이 없는 경우에 나타나는 형태이다.

3. 다음의 내용은 기업결합의 유형 중 어느 것에 대한 것인가?

생산은 독립성을 유지, 판매는 공동판매회사를 통해 이루어진다.

① 카르텔(Kartell)
② 트러스트(Trust)
③ 콤비나트(Kombinat)
④ 신디케이트(Syndicate)
⑤ 콘체른(Concern)

4. 기업의 형태에 대한 각 설명 중 옳지 않은 것은?

① 합명회사 : 무한책임사원은 회사에 출자를 해야 하고, 지분 양도 시에 다른 사원의 동의가 필요하여 회사 자본의 유출을 방지할 수 있다.
② 합자회사 : 유한책임사원과 무한책임사원이 혼합되어 있는 회사로, 전자는 업무집행, 후자는 감시의 역할을 맡는다.
③ 주식회사 : 소유는 주주, 경영은 이사가 하는 소유와 경영이 분리된 형태로, 주주총회, 이사회, 감사 등이 특징이다.
④ 유한책임회사 : 1인 이상의 유한책임사원으로만 구성되어 있으며, 회사를 대표하는 업무집행자를 선정하여 회사를 운영한다.
⑤ 유한회사 : 주식회사에 비해 설립 절차가 비교적 간단하지만, 사채발행이 불가능하기 때문에 투자 유치 또는 대규모의 자본 조달이 어려운 편이다.

5. 다음 중 마이클 포터(M. E. Porter)의 경쟁전략 5요소에 해당하지 않는 것은?

① 구매자　② 대체품
③ 공급자　④ 산업 내 경쟁자
⑤ 중간상

6. 다음 괄호 안에 들어갈 말을 순서대로 바르게 묶은 것을 고르면?

• 기술적 활동 : 생산, 제조, 가공 • 재무적 활동 : 자본의 조달 및 운용 • (㉠) 활동 : 판매, 구매, 교환 • 회계적 활동 : 원가, 통계, 대차대조표 • (㉡) 활동 : 재산 및 구성원의 보호 • 관리적 활동 : 계획, 조직, 명령, 조정, 통제

① ㉠ 보전적, ㉡ 상업적
② ㉠ 물류적, ㉡ 보전적
③ ㉠ 통제적, ㉡ 물류적
④ ㉠ 보전적, ㉡ 통제적
⑤ ㉠ 상업적, ㉡ 보전적

7. 로크(Locke)의 목표설정이론(goal-setting theory)에 기초한 주장으로 옳지 않은 것은?

① 추상적인 목표의 제시는 목표 실행자의 창의력을 증진시켜 성과를 높일 수 있게 해 준다.
② 적절한 피드백의 제공은 성과 향상의 필요조건이다.
③ 목표 실행자의 목표설정과정 참여는 목표에 대한 이해도를 향상시켜 성과를 높일 수 있게 해 준다.
④ 목표달성에 대한 적절한 보상은 성과 향상을 위한 필요조건이다.
⑤ 효과의 장기간 유지가 힘들고 목표를 계량적으로 측정하기 힘든 직무에는 적용하기 어렵다.

8. MBO에 대한 다음의 설명 중 바르지 않은 것은?

① 평가의 근거는 목표의 달성여부가 된다.

② 맥그리거의 X이론을 발전시켜 적용하였다.

③ 과정은 설정→활동→평가 등 크게 3단계로 나누어진다.

④ 조직의 목표달성에 집중하므로 효율성이 높인다는 장점이 있다.

⑤ 단기적인 목표를 강조하며, 그 목표 역시 비탄력적이라는 단점이 있다.

9. 조직행동론에서 구체적인 목표는 여러 의존적 변수(Dependent Variables)들을 어떠한 좋은 방향으로 관리할 것인가에 달려 있는데, 이에 해당하지 않는 것은 무엇인가?

① 결근여부 ② 생산성

③ 급여 ④ 직업만족도

⑤ 이직

10. 다음 중 기대이론에 대한 설명으로 바르지 않은 것은?

① 수단성이론, 기대 - 유의성이론 이라고도 한다.

② 성과 = F [M(모티베이션) × A(능력)]으로 나타낸다.

③ 기대이론은 내용구성이 단순하여 검증자체가 용이하다.

④ 기대이론은 개인목표와 조직목표를 합치시키기 위한 많은 전략과 전술을 제시해 주고 있다.

⑤ 동기부여(M) = 기대(E) × 수단성(I) × 유의성(V)으로 나타낸다.

11. 다음 중 Maslow의 욕구 단계설을 수정해서 인간의 욕구를 존재욕구(Existence Needs), 관계욕구(Relatedness Needs), 성장욕구(Growth Needs)의 3단계로 구분한 ERG이론을 제시한 학자는?

① Simon ② Locke

③ Mcclleland ④ Alderfer

⑤ Kotler

12. 다음 괄호 안에 들어갈 말을 순서대로 바르게 나열한 것은?

(㉠)은/는 직무분석자가 직무수행을 하는 종업원의 행동을 관찰한 것을 토대로 직무를 판단하는 것을 말하고, (㉡)은/는 해당 직무를 수행하는 종업원과 직무분석자가 서로 대면해서 직무정보를 취득하는 방법을 말하며, (㉢)은/는 질문지를 통해 종업원에 대한 직무정보를 취득하는 방법을 말한다.

① ㉠ 관찰법, ㉡ 워크샘플링법, ㉢ 중요사건서술법

② ㉠ 관찰법, ㉡ 작업기록법, ㉢ 질문지법

③ ㉠ 관찰법, ㉡ 중요사건서술법, ㉢ 질문지법

④ ㉠ 관찰법, ㉡ 면접법, ㉢ 질문지법

⑤ ㉠ 관찰법, ㉡ 워크샘플링법, ㉢ 질문지법

13. 소품종 대량생산시스템에서 품목의 수를 증대시키기 위해 사용되는 방식은?

① 모듈러 설계

② 제조 용이성 설계

③ 로버스트 설계

④ 재고보충 설계

⑤ 공정 설계

14. 다음 중 성격이 다른 하나는?

① 경기지표법 ② 최소자승법

③ 지수평활법 ④ 이동평균법

⑤ 목측법

15. 다음 중 MRP의 효율적 적용을 위한 가정으로 보기 어려운 것은?

① 모든 조립구성품은 조립을 착수하는 시점에서부터 활용이 가능해야 한다.

② 제조공정은 상호보완적이어야 한다.

③ 자재명세서의 자료와 재고기록서의 자료가 일치해야 한다.

④ 모든 자료에 대한 조달기간의 파악이 이루어질 수 있어야 한다.

⑤ 모든 품목은 저장이 가능해야 하고, 매출행위가 있어야 한다.

16. 다음 중 델파이법(Delphi Method)에 대한 설명으로 바르지 않은 것은?

① 델파이법은 가능성 있는 미래기술개발 방향과 시기 등에 대한 정보를 취득하기 위한 방식이다.

② 델파이법은 생산예측의 방법 중에서 인과적 방법에 해당하는 방식이다.

③ 주로 집단의 의견들을 조정 및 통합하거나 개선시키기 위해 활용한다.

④ 델파이법은 회합 시에 발생하기 쉬운 심리적 편기의 배제가 가능하다.

⑤ 델파이법은 회답자들에 따른 가중치를 부여하기 어렵다는 단점이 있다.

17. 다음 내용을 읽고 괄호 안에 들어갈 말을 순서대로 바르게 나열한 것을 고르면?

> (㉠)은/는 제품 생산에 직접적으로 사용하기 위해 외부에서 구입하는 모든 자재를 말하고, (㉡)은/는 최종 제품에 사용되기 이전의 제조 공정 내의 모든 품목 제품을 최상위 계층으로 하고 최하위 계층에 원자재가 위치하는 소요 자재 명세서의 중간 계층의 모든 품목을 말하며, (㉢)은/는 최종 품목 또는 최종 제품이라고도 하며 소비자에게 판매되는 제품을 말한다.

① ㉠ 원자재, ㉡ 완성품, ㉢ 재공품

② ㉠ 재공품, ㉡ 원자재, ㉢ 완성품

③ ㉠ 완성품, ㉡ 재공품, ㉢ 원자재

④ ㉠ 원자재, ㉡ 재공품, ㉢ 완성품

⑤ ㉠ 재공품, ㉡ 완성품, ㉢ 원자재

18. 다음 중 경제적주문량(EOQ)의 기본가정에 해당하지 않는 것은?

① 품절 및 과잉재고는 허용된다.

② 제품의 수요가 일정하고 균일하다.

③ 조달이 일시에 이루어진다.

④ 주문비와 재고유지비가 일정하다.

⑤ 재고유지비는 평균재고에 기초를 두게 된다.

19. 다음 중 총괄생산계획에서의 결정변수들로만 바르게 묶은 것은?

㉠ 원가의 조정	㉡ 유통채널의 조정
㉢ 고정비의 조정	㉣ 노동인력의 조정
㉤ 생산율의 조정	㉥ 재고의 수준

① ㉠, ㉡, ㉢
② ㉠, ㉢, ㉣
③ ㉡, ㉣, ㉤
④ ㉢, ㉤, ㉥
⑤ ㉣, ㉤, ㉥

20. 다음은 제품계획에 따른 제품의 분류를 표로 정리한 것이다. 이 중 괄호 안에 들어갈 말로 가장 적절한 것을 고르면?

구분	Convenience Goods	Shopping Goods	Specialty Goods
가격	저가이다.	중&고가이다.	최고가이다.
구매 전 계획정도	거의 없다.	있다.	상당히 있다.
고객쇼핑노력	(㉠)	보통이다.	(㉡)
브랜드충성도	거의 없다.	있다.	특정상표를 선호한다.
제품회전율	빠르다.	느리다.	가장 느리다.

① ㉠ 최소한이다. - ㉡ 최대한이다.
② ㉠ 최대한이다. - ㉡ 최소한이다.
③ ㉠ 최소한이다. - ㉡ 최소한이다.
④ ㉠ 최대한이다. - ㉡ 최대한이다.
⑤ ㉠ 중간이다. - ㉡ 중간이다.

21. 다음 중 확률표본추출에 해당하는 것끼리 바르게 묶은 것은?

㉠ 판단 표본추출법	㉡ 단순무작위 표본추출법
㉢ 군집 표본추출법	㉣ 체계적 표본추출법
㉤ 편의 표본추출법	

① ㉠㉡㉢
② ㉠㉣㉤
③ ㉡㉢㉣
④ ㉡㉢㉤
⑤ ㉢㉣㉤

22. 다음의 내용은 시장세분화 변수 중 무엇에 대한 것인가?

> • Maxwell House 커피는 제품을 전국적으로 생산, 판매하고 있으나, 맛을 지역적으로 다르게 하고 있다. 강한 커피를 좋아하는 서부지역에는 진한 커피를 팔고, 동부지역에는 그보다 약한 커피를 판매한 사례
> • 학생 교복회사의 경우에 강남과 강북 학생 교복의 가격을 서로 다르게 책정하고 있어, 지역별 시장세분화 전략을 수행한 사례

① 취미에 따른 세분화
② 인지 및 행동적 세분화
③ 심리행태적 세분화
④ 인구통계적 세분화
⑤ 지리적 세분화

23. 다음은 넬슨이 주장한 소매상점 입지의 원칙 8가지 중에서 그 일부를 발췌하여 설명한 것이다. 이를 참조하여 각각이 의미하는 바를 정확하게 나열한 것을 고르면?

- 수익을 올릴 수 있는 잠재력을 가진 상권이어야 한다. → 상권의 잠재력
- 소비자를 실질적으로 확보할 수 있어야 한다. → (㉠)
- 서로 보완되는 상품을 취급하는 점포와 양립하면 유리하다. → 양립성
- 고객의 주거지와 기존 점포의 중간에 위치하는 것이 좋다. → 중간저지성
- 비슷하거나 같은 점포가 몰려 있어야 한다. → (㉡)
- 향후 성장할 수 있어야 한다. → 성장가능성

① ㉠은 누적적 흡인력을 의미하고, ㉡은 접근가능성을 의미한다.
② ㉠은 경쟁회피성을 의미하고, ㉡은 경제성을 의미한다.
③ ㉠은 접근가능성을 의미하고, ㉡은 누적적인 흡인력을 의미한다.
④ ㉠은 경제성을 의미하고, ㉡은 경쟁회피성을 의미한다.
⑤ ㉠은 장애요소를 의미하고, ㉡은 공생가능성을 의미한다.

24. 소비자 구매행동 유형 중 부조화 감소 구매행동(Dissonance-Reducing Behavior)과 가장 거리가 먼 것은?

① 소비자의 관여도가 높은 제품을 구매할 때 주로 발생한다.
② 구매 후 결과에 대하여 위험부담이 높은 제품에서 빈번하게 발생한다.
③ 주로 고가의 제품이나 전문품을 구매할 때 빈번하게 발생한다.
④ 주기적, 반복적으로 구매해야 하는 제품을 구매할 때 빈번하게 발생한다.
⑤ 각 상표 간 차이가 미미한 제품을 구매할 때 빈번하게 발생한다.

25. 다음 지문을 읽고 괄호 안에 들어갈 말로 가장 적합한 것을 고르면?

(　　　　)가 필요한 이유는 기업이 현재 당면한 마케팅 문제와 상황, 조사목적 또는 필요한 정보에 대한 정확한 정의 없이 조사 진행을 하면, 도출된 결과가 마케팅 문제를 해결하는 데 도움이 되지 못하고, 오히려 비용과 시간 및 노력을 낭비한 결과를 초래할 확률이 커지기 때문이다.

① 인과조사　② 기술조사
③ 탐색조사　④ 마케팅조사
⑤ 역학조사

26. 다음 중 광고에서 유머소구의 효과로 볼 수 없는 것만을 나열한 것은?

㉠ 비유머 메시지보다 설득력이 높다.
㉡ 주의를 끄는데 효과적이다.
㉢ 광고물과 광고하는 브랜드에 호감을 증가시킨다.
㉣ 전달자의 신뢰성을 높여준다.
㉤ 브랜드에 대한 이해를 방해한다.

① ㉠, ㉡, ㉢, ㉣, ㉤
② ㉠, ㉡, ㉢, ㉣
③ ㉡, ㉣, ㉤
④ ㉡, ㉢, ㉣, ㉤
⑤ ㉠, ㉣, ㉤

27. 다음 인적자원의 보상에 관한 설명 중 바르지 않은 것은?

① 판매가격 순응임률제는 기업 조직의 이윤 및 임금을 결부시키는 것으로, 기업의 이윤지수가 변할 때에는 그에 순응하여 임률을 변동 및 조정하도록 하는 제도를 의미한다.
② 집단자극제는 집단의 조화가 중요하므로, 서로 간 팀워크와 협동심이 높아진다.
③ 럭커플랜은 노사협력체제에 의해 달성된 생산성의 향상분을 해당 기업의 안정적 부가가치 분배율로 노사 간 배분하는 방식이다.
④ 스캔론플랜은 구성원들의 참여의식을 독려하기 위해 구성원들의 참여 및 개선된 생산의 판매 가치를 기반으로 한 성과배분제이다.
⑤ 순응임률제란 조건이 변동하게 되면, 이에 순응하여 임금률도 자동적으로 변동 내지 조정되는 제도를 의미한다.

28. 다음 중 단순한 배치가 아닌 기업 조직에 필요한 시기 및 직무를 계획적으로 체험시키기 위한 인사관리 상의 구조를 말하는 것으로 업무내용의 변화가 아닌 다른 업무로의 로테이션 또는 동종의 직군에서 다른 직무로의 로테이션, 또는 동종의 직군에서 장소적으로 다른 곳으로의 로테이션을 의미하는 것은?

① 대용승진
② 직무순환
③ 직무분석
④ 직무기술서
⑤ 직무명세서

29. 다음 중 현대적인 인사고과시스템 설계에 있어서의 기본원칙으로 바르지 않은 것은?

① 기업중시의 원칙
② 협동 및 경쟁의 원칙
③ 다면평가의 원칙
④ 수용성의 원칙
⑤ 계량화의 원칙

30. 다음 중 인적자원계획의 효과에 대한 설명으로 바르지 않은 것은?

① 효율적 인적자원 계획으로 인해 구성원들의 사기 및 만족도가 증가한다.
② 구성원들에 대한 적절한 교육훈련계획의 수립이 가능해진다.
③ 새로운 사업기회에 대한 확보능력이 상승된다.
④ 적정 수의 인적자원 확보를 통한 노동의 비용이 감소된다.
⑤ 불필요한 노동력의 감소 및 증대에 따른 통제가 어렵다.

31. 다음 박스 안의 내용이 설명하는 것으로 바른 것을 고르면?

이 제도는 기업 조직의 경우에 종업원에 대한 임금률을 일정한 수준에 고정하면 임금과 관련되는 물가의 변동, 기업의 성쇠가 있을 때엔 이 같은 현실에 부합할 수 없기 때문에 이러한 경우에 대비해서 고안된 제도이다.

① Cost Of Living Sliding Scale Plan

② Profit Sharing Plan

③ Sliding Scale Wage Plan

④ Profit Sliding Scale Plan

⑤ Selling Price Sliding Scale Plan

32. 다음 중 집단자극제에 관련한 내용으로 가장 거리가 먼 것을 고르면?

① 업무의 요령 등을 타인에게 감추지 않는다.

② 업무배치를 함에 있어 구성원들의 불만을 감소시킨다.

③ 집단의 조화가 중요하기 때문에 구성원 서로 간 팀워크 및 협동심 등이 증대된다.

④ 집단의 노력이지만, 개개인의 노력 및 성과로도 직접적으로 반영된다.

⑤ 새로 들어온 신입 직원의 경우 훈련에 상당히 적극적으로 임하게 된다.

33. 다음 중 직무의 수행에 있어 필요로 하는 종업원의 능력이나 행동, 지식 등을 일정한 문서에 기록한 양식을 지칭하는 것은?

① 직무기술서　② 직무분석

③ 직무순환　④ 직무명세서

⑤ 직무평가

34. 다음 재무관리계획에 대한 내용 중 그 의미가 다른 하나는?

① 설비자본계획

② 운전자본계획

③ 현금수지계획

④ 수입계획

⑤ 고정자본계획

35. 다음 중 MM의 자본구조이론에 대한 설명으로 가장 옳지 않은 것은?

① 모딜리아니와 밀러가 자본구조 무관계론을 발표하면서 시작된 이론이다.

② 기업 조직의 가치는 해당 기업이 하고 있는 사업의 수익성 및 위험도에 의해 결정될 뿐 투자에 있어 필요한 자금을 어떠한 방식으로 조달하였는지 무관하다.

③ MM의 수정이론에서는 자기자본에 대한 배당은 비용처리가 되지 않기 때문에 부채를 많이 사용할수록 기업의 가치가 감소하는 것을 의미한다.

④ MM의 명제 중 기업 가치는 자본구조와는 무관하다.

⑤ MM의 명제 중 투자안 평가는 자본조달과는 관련이 없으며, 가중평균자본비용에 의한다.

36. **다음 중 재무비율분석의 특징으로 가장 옳지 않은 것은?**

① 기존의 회계정보에 의존하는 특징이 있다.

② 종합적인 분석에는 어렵다는 단점이 있다.

③ 기업의 경영성과를 용이하게 알아볼 수 있다.

④ 비교의 기준이 되는 표준비율에 대한 선정이 까다롭다는 문제점이 있다.

⑤ 기업 조직의 재무 상태를 알아보기 어렵다는 문제점이 있다.

37. **다음은 CAPM의 가정에 대한 설명이다. 이 중 바르지 않은 것을 고르면?**

① 전체 투자자들은 자본자산에 관련한 의사결정에 필요로 하는 변수 등에 대해 동질적인 예측을 하고 있다.

② 전체 투자자들은 무위험이자율로 항상 자유롭게 투자자금에 대한 차입 및 대출 등이 가능하다.

③ 자본시장은 완전시장으로 전체 투자자들은 가격수용자이다.

④ 전체 투자자들은 마코위츠의 이론과 같이 자본자산의 기대수익률 및 표준편차에 따라 투자를 결정한다.

⑤ 자본시장은 불균형상태이다.

38. **PER(Price Earnings Ratio)는 현 주가가 주당이익의 몇 배인지를 나타내는 정보이다. 다음 중 이에 대한 내용으로 바르지 않은 것은?**

① PER는 해당 기업조직에 대한 시장의 신뢰도 지표로는 활용이 불가능하다.

② PER가 높으면 높을수록 주가가 고평가되어 있다고 할 수 있다.

③ PER는 구성요소에 대한 예측이 배당평가모형에 비해서 용이하다.

④ PER는 이익의 크기가 다른 비슷한 기업 조직들의 주가수준을 쉽게 비교할 수 있는 특징을 지니고 있다.

⑤ 주가수익비율 자체는 현 주가를 이익에 의해 상대적으로 표현하는 것으로 좋은 투자지표가 된다고 할 수 있다.

39. **다음 중 괄호 안에 들어갈 말을 순서대로 바르게 나열한 것을 고르면?**

콜 옵션의 만기가치는 기초자산인 주식의 가격이 (㉠), 행사가격이 (㉡), 위험이자율이 커질수록, 만기가 길수록, 분산이 클수록 콜 옵션의 가격은 높아지게 된다.

① ㉠ 높을수록, ㉡ 낮을수록

② ㉠ 낮을수록, ㉡ 높을수록

③ ㉠ 높을수록, ㉡ 높을수록

④ ㉠ 낮을수록, ㉡ 낮을수록

⑤ ㉠ 낮을수록, ㉡ 같을수록

40. 무차별곡선은 위험 및 수익률의 결합이 서로 동일하게 효용을 가져다주는 투자안들의 집합을 평균-표준편차 평면에 나타낸 것을 의미한다. 이 때 투자자가 위험선호적인 경우에 무차별곡선의 형태는 어떻게 되는가?

① 가파른 형태가 된다.

② 아래로 오목하게 된다.

③ 위로 볼록하게 된다.

④ 아래로 볼록하게 된다.

⑤ 직선형태가 된다.

절 취 선

서울교통공사 필기시험

성 명

(자 필 성 명)

생 년 월 일

⓪	⓪	⓪	⓪	⓪	⓪	⓪	⓪
①	①	①	①	①	①	①	①
②	②	②	②	②	②	②	②
③	③	③	③	③	③	③	③
④	④	④	④	④	④	④	④
⑤	⑤	⑤	⑤	⑤	⑤	⑤	⑤
⑥	⑥	⑥	⑥	⑥	⑥	⑥	⑥
⑦	⑦	⑦	⑦	⑦	⑦	⑦	⑦
⑧	⑧	⑧	⑧	⑧	⑧	⑧	⑧
⑨	⑨	⑨	⑨	⑨	⑨	⑨	⑨

직업기초능력평가				직무수행능력평가			
1	① ② ③ ④ ⑤	21	① ② ③ ④ ⑤	1	① ② ③ ④ ⑤	21	① ② ③ ④ ⑤
2	① ② ③ ④ ⑤	22	① ② ③ ④ ⑤	2	① ② ③ ④ ⑤	22	① ② ③ ④ ⑤
3	① ② ③ ④ ⑤	23	① ② ③ ④ ⑤	3	① ② ③ ④ ⑤	23	① ② ③ ④ ⑤
4	① ② ③ ④ ⑤	24	① ② ③ ④ ⑤	4	① ② ③ ④ ⑤	24	① ② ③ ④ ⑤
5	① ② ③ ④ ⑤	25	① ② ③ ④ ⑤	5	① ② ③ ④ ⑤	25	① ② ③ ④ ⑤
6	① ② ③ ④ ⑤	26	① ② ③ ④ ⑤	6	① ② ③ ④ ⑤	26	① ② ③ ④ ⑤
7	① ② ③ ④ ⑤	27	① ② ③ ④ ⑤	7	① ② ③ ④ ⑤	27	① ② ③ ④ ⑤
8	① ② ③ ④ ⑤	28	① ② ③ ④ ⑤	8	① ② ③ ④ ⑤	28	① ② ③ ④ ⑤
9	① ② ③ ④ ⑤	29	① ② ③ ④ ⑤	9	① ② ③ ④ ⑤	29	① ② ③ ④ ⑤
10	① ② ③ ④ ⑤	30	① ② ③ ④ ⑤	10	① ② ③ ④ ⑤	30	① ② ③ ④ ⑤
11	① ② ③ ④ ⑤	31	① ② ③ ④ ⑤	11	① ② ③ ④ ⑤	31	① ② ③ ④ ⑤
12	① ② ③ ④ ⑤	32	① ② ③ ④ ⑤	12	① ② ③ ④ ⑤	32	① ② ③ ④ ⑤
13	① ② ③ ④ ⑤	33	① ② ③ ④ ⑤	13	① ② ③ ④ ⑤	33	① ② ③ ④ ⑤
14	① ② ③ ④ ⑤	34	① ② ③ ④ ⑤	14	① ② ③ ④ ⑤	34	① ② ③ ④ ⑤
15	① ② ③ ④ ⑤	35	① ② ③ ④ ⑤	15	① ② ③ ④ ⑤	35	① ② ③ ④ ⑤
16	① ② ③ ④ ⑤	36	① ② ③ ④ ⑤	16	① ② ③ ④ ⑤	36	① ② ③ ④ ⑤
17	① ② ③ ④ ⑤	37	① ② ③ ④ ⑤	17	① ② ③ ④ ⑤	37	① ② ③ ④ ⑤
18	① ② ③ ④ ⑤	38	① ② ③ ④ ⑤	18	① ② ③ ④ ⑤	38	① ② ③ ④ ⑤
19	① ② ③ ④ ⑤	39	① ② ③ ④ ⑤	19	① ② ③ ④ ⑤	39	① ② ③ ④ ⑤
20	① ② ③ ④ ⑤	40	① ② ③ ④ ⑤	20	① ② ③ ④ ⑤	40	① ② ③ ④ ⑤

서울교통공사

제3회 모의고사

성명		생년월일	
문제 수(배점)	80문항	풀이시간	/ 90분
영역	직업기초능력평가, 직무수행능력평가(경영학)		
비고	객관식 5지선다형		

※ 유의사항

- 문제지 및 답안지의 해당란에 문제유형, 성명, 응시번호를 정확히 기재하세요.
- 모든 기재 및 표기사항은 "컴퓨터용 흑색 수성 사인펜"만 사용합니다.
- 예비 마킹은 중복 답안으로 판독될 수 있습니다.

제3회 서울교통공사 필기시험 모의고사

직업기초능력평가(40문항)

1. 밑줄 친 부분의 표기가 가장 적절한 것은?

① 엄마는 첫째를 각별이 아꼈다.
② 강사원은 정대리와 유부장의 지시가 달라 입장이 곤난해졌다.
③ 새신발이 잘 맞지 않는지 발뒷꿈치가 온통 까져서 걷기가 힘들다.
④ 열이 끓는 아이의 엉덩이에 주사를 맞혔다.
⑤ 머리를 한올한올 반드시 넘기고 무대로 올랐다.

2. 다음 중 밑줄 친 단어와 같은 의미로 사용된 문장은?

> 종묘(宗廟)는 조선시대 역대 왕과 왕비, 그리고 추존(追尊)된 왕과 왕비의 신주(神主)를 봉안하고 제사를 지내는 왕실의 사당이다. 신주는 사람이 죽은 후 하늘로 돌아간 신혼(神魂)이 의지하는 것으로, 왕과 왕비의 사후에도 그 신혼이 의지할 수 있도록 신주를 제작하여 종묘에 봉안했다. 조선 왕실의 신주는 우주(虞主)와 연주(練主) 두 종류가 있는데, 이 두 신주는 모양은 같지만 쓰는 방식이 달랐다. 먼저 우주는 묘호(廟號), 상시(上諡), 대왕(大王)의 순서로 붙여서 썼다. 여기에서 묘호와 상시는 임금이 승하한 후에 신위(神位)를 종묘에 봉안할 때 올리는 것으로서, 묘호는 '태종', '세종', '문종' 등과 같은 추존 칭호이고 상시는 8글자의 시호로 조선의 신하들이 정해 올렸다.
>
> 한편 연주는 유명증시(有明贈諡), 사시(賜諡), 묘호, 상시, 대왕의 순서로 붙여서 썼다. 사시란 중국이 조선의 승하한 국왕에게 내려준 시호였고, 유명증시는 '명나라 왕실이 시호를 내린다'는 의미로 사시 앞에 붙여 썼던 것이었다. 하지만 중국 왕조가 명나라에서 청나라로 바뀐 이후에는 연주의 표기 방식이 바뀌었는데, 종래의 표기 순서 중에서 유명증시와 사시를 빼고 표기하게 되었다. 유명증시를 뺀 것은 더 이상 시호를 내려줄 명나라가 존재하지 않았기 때문이었고, 사시를 뺀 것은 청나라가 시호를 보냈음에도 불구하고 조선이 청나라를 오랑캐의 나라로 치부하여 그것을 신주에 반영하지 않았기 때문이었다.

① 그는 산속에서 지내면서 혼자 공부를 하고 있다.
② 둘은 전에 없이 친하게 지내고 있었다.
③ 그는 이전에 시장을 지내고 지금은 시골에서 글을 쓰며 살고 있다.
④ 비가 하도 오지 않아 기우제를 지내기로 했다.
⑤ 아이들은 휴양지에서 여름 방학을 지내기를 소원하였다.

3. 다음 서식을 보고 빈칸에 들어갈 알맞은 단어를 고른 것은?

납품(장착) 확인서

1. 제 품 명 : 슈퍼터빈(연료과급기)
2. 회 사 명 : 서원각
3. 사업자등록번호 : 123-45-67890
4. 주 소 : 경기도 고양시 일산서구 가좌동 846
5. 대 표 자 : 정 확 한
6. 공 급 받 는 자 : ㈜소정 코리아
7. 납품(계약)단가 : 일금 이십육만원정(₩ 260,000)
8. 납품(계약)금액 : 일금 이백육십만원정(₩ 2,600,000)
9. 장착차량 현황

차종	연식	차량 번호	사용 연료	규격 (size)	수량	비고
스타렉스			경유	72mm	4	
카니발			경유		2	
투싼			경유	56mm	2	
야무진			경유		1	
이스타나			경유		1	
합계					10	₩2,600,000

귀사 제품 슈퍼터빈을 테스트한 결과 연료절감 및 매연저감에 효과가 있으므로 당사 차량에 대해 ( ) 장착하였음을 확인합니다.

납 품 처 : ㈜소정 코리아
사업자등록번호 : 987-65-43210
상 호 : ㈜소정 코리아
주 소 : 서울시 강서구 가양동 357-9
대 표 자 : 장 착 해

① 일절
② 일체
③ 전혀
④ 반품
⑤ 환불

4. 다음 글을 읽고 이 글을 뒷받침할 수 있는 주장으로 가장 적합한 것은?

X선 사진을 통해 폐질환 진단법을 배우고 있는 의과대학 학생을 생각해 보자. 그는 암실에서 환자의 가슴을 찍은 X선 사진을 보면서, 이 사진의 특징을 설명하는 방사선 전문의의 강의를 듣고 있다. 그 학생은 가슴을 찍은 X선 사진에서 늑골뿐만 아니라 그 밑에 있는 폐, 늑골의 음영, 그리고 그것들 사이에 있는 아주 작은 반점들을 볼 수 있다. 하지만 처음부터 그럴 수 있었던 것은 아니다. 첫 강의에서는 X선 사진에 대한 전문의의 설명을 전혀 이해하지 못했다. 그가 가리키는 부분이 무엇인지, 희미한 반점이 과연 특정질환의 흔적인지 전혀 알 수가 없었다. 전문의가 상상력을 동원해 어떤 가상적 이야기를 꾸며내는 것처럼 느껴졌을 뿐이다. 그러나 몇 주 동안 이론을 배우고 실습을 하면서 지금은 생각이 달라졌다. 그는 문제의 X선 사진에서 이제는 늑골 뿐 아니라 폐와 관련된 생리적인 변화, 흉터나 만성 질환의 병리학적 변화, 급성질환의 증세와 같은 다양한 현상들까지도 자세하게 경험하고 알 수 있게 될 것이다. 그는 전문가로서 새로운 세계에 들어선 것이고, 그 사진의 명확한 의미를 지금은 대부분 해석할 수 있게 되었다. 이론과 실습을 통해 새로운 세계를 볼 수 있게 된 것이다.

① 관찰은 배경지식에 의존한다.
② 과학에서의 관찰은 오류가 있을 수 있다.
③ 과학 장비의 도움으로 관찰 가능한 영역은 확대된다.
④ 관찰정보는 기본적으로 시각에 맺혀지는 상에 의해 결정된다.
⑤ X선 사진의 판독은 과학데이터 해석의 일반적인 원리를 따른다.

5. 다음 A ~ F에 대한 평가로 적절하지 못한 것은?

> 어느 때부터 인간으로 간주할 수 있는가와 관련된 주제는 인문학뿐만 아니라 자연과학에서도 흥미로운 주제이다. 특히 태아의 인권 취득과 관련하여 이러한 주제는 다양하게 논의되고 있다. 과학적으로 볼 때, 인간은 수정 후 시간이 흐름에 따라 수정체, 접합체, 배아, 태아의 단계를 거쳐 인간의 모습을 갖추게 되는 수준으로 발전한다. 수정 후에 태아가 형성되는 데까지는 8주 정도가 소요되는데 배아는 2주 경에 형성된다. 10달의 임신 기간은 태아 형성기, 두뇌의 발달 정도 등을 고려하여 4기로 나뉘는데, 1 ~ 3기는 3개월 단위로 나뉘고 마지막 한 달은 4기에 해당한다. 이러한 발달 단계의 어느 시점에서부터 그 대상을 인간으로 간주할 것인지에 대해서는 다양한 견해들이 있다.
>
> A에 따르면 태아가 산모의 뱃속으로부터 밖으로 나올 때 즉 태아의 신체가 전부 노출이 될 때부터 인간에 해당한다. B에 따르면 출산의 진통 때부터는 태아가 산모로부터 독립해 생존이 가능하기 때문에 그때부터 인간에 해당한다. C는 태아가 형성된 후 4개월 이후부터 인간으로 간주한다. 지각력이 있는 태아는 보호받아야 하는데 지각력이 있어서 필수 요소인 전뇌가 2기부터 발달하기 때문이다. D에 따르면 정자와 난자가 합쳐졌을 때, 즉 수정체부터 인간에 해당한다. 그 이유는 수정체는 생물학적으로 인간으로 태어날 가능성을 갖고 있기 때문이다. E에 따르면 합리적 사고를 가능하게 하는 뇌가 생기는 시점 즉 배아에 해당하는 때부터 인간에 해당한다. F는 수정될 때 영혼이 생기기 때문에 수정체부터 인간에 해당한다고 본다.

① A가 인간으로 간주하는 대상은 B도 인간으로 간주한다.

② C가 인간으로 간주하는 대산은 E도 인간으로 간주한다.

③ D가 인간으로 간주하는 대상은 E도 인간으로 간주한다.

④ D가 인간으로 간주하는 대상은 F도 인간으로 간주하지만, 그렇게 간주하는 이유는 다르다.

⑤ 접합체에도 영혼이 존재할 수 있다는 연구결과를 얻더라도 F의 견해는 설득력이 떨어지지 않는다.

[6~7] (가)는 카드 뉴스, (나)는 신문 기사이다. 물음에 답하시오.

(가)

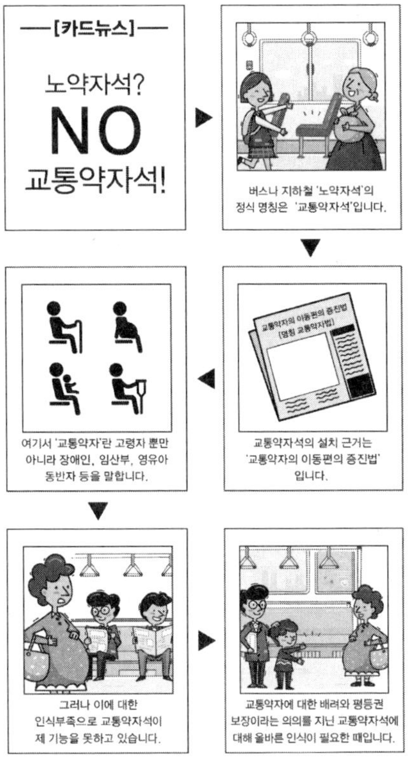

(나)

> – 교통약자석, 본래의 기능 다하고 있나? –
>
> 좌석에 대한 올바른 인식 필요
>
> 요즘 대중교통 교통약자석이 논란이 되고 있다. 실제로 서울 지하철 교통약자석 관련 민원이 2014년 117건에서 2016년 400건 이상으로 대폭 상승했다. 다음은 교통약자석과 관련된 인터뷰 내용이다.
>
> "저는 출근 전 아이를 시댁에 맡길 때 지하철을 이용해요. 가끔 교통약자석에 앉곤 하는데, 그 자리가 어르신들을 위한 자리 같아 마음이 불편해요. 자리다툼이 있었다는 뉴스를 본 후 앉는 것이 더 망설여져요." (회사원 김○○ 씨(여, 32세))
>
> '교통약자의 이동편의 증진법'에 따라 설치된 교통약자석은 장애인, 고령자, 임산부, 영유아를 동반한 사람, 어린이 등 일상생활에서 이동에 불편을 느끼는 사람이라면 누구나 이용할 수 있다. 그러나 위 인터뷰에서처럼 시민들이 교통약자석에 대해 제대로 알지 못해 교통약자석이 본래의 기능을 다하고 있지 못하는 실정이다. 교통약자석이 제 기능을 다하기 위해서는 이에 대한 시민들의 올바른 인식이 필요하다.
>
> – 2017. 10. 24. ○○신문, □□□기자

6. ㈎에 대한 이해로 적절하지 않은 것은?

① 의문을 드러내고 그에 답하는 방식을 통해 교통약자석에 대한 잘못된 통념을 환기하고 있다.

② 교통약자석과 관련된 법을 제시하여 글의 정확성과 신뢰성을 높이고 있다.

③ 용어에 대한 설명을 통해 '교통약자'의 의미를 이해하도록 돕고 있다.

④ 교통약자석에 대한 인식 부족으로 인해 발생하는 문제점들을 원인에 따라 분류하고 있다.

⑤ 교통약자석의 설치 의의를 언급함으로써 글의 주제에 대해 공감할 수 있도록 유도하고 있다.

7. ㈎와 ㈏를 비교한 내용으로 적절한 것은?

① ㈎와 ㈏는 모두 다양한 통계 정보를 활용하여 주제를 뒷받침하고 있다.

② ㈎는 ㈏와 달리 글과 함께 그림들을 비중 있게 제시하여 의미 전달을 용이하게 하고 있다.

③ ㈎는 ㈏와 달리 제목을 표제와 부제의 방식으로 제시하여 뉴스에 담긴 의미를 강조하고 있다.

④ ㈏는 ㈎와 달리 비유적이고 함축적인 표현들을 주로 사용하여 주제 전달의 효과를 높이고 있다.

⑤ ㈏는 ㈎와 달리 표정이나 몸짓 같은 비언어적 요소를 활용하여 내용을 실감 나게 전달하고 있다.

8. 응시자가 모두 30명인 시험에서 20명이 합격하였다. 이 시험의 커트라인은 전체 응시자의 평균보다 5점이 낮고, 합격자의 평균보다는 30점이 낮았으며, 또한 불합격자의 평균 점수의 2배보다는 2점이 낮았다. 이 시험의 커트라인을 구하면?

① 90점　② 92점

③ 94점　④ 96점

⑤ 98점

9. 어느 인기 그룹의 공연을 준비하고 있는 기획사는 다음과 같은 조건으로 총 1,500장의 티켓을 판매하려고 한다. 티켓 1,500장을 모두 판매한 금액이 6,000만 원이 되도록 하기 위해 판매해야 할 S석 티켓의 수를 구하면?

> ㈎ 티켓의 종류는 R석, S석, A석 세 가지이다.
> ㈏ R석, S석, A석 티켓의 가격은 각각 10만 원, 5만 원, 2만 원이고, A석 티켓의 수는 R석과 S석 티켓의 수의 합과 같다.

① 450장

② 600장

③ 750장

④ 900장

⑤ 1,050장

10. 다음은 이 대리가 휴가 기간 중 할 수 있는 활동 내역을 정리한 표이다. 집을 출발한 이 대리가 활동을 마치고 다시 집으로 돌아올 경우 전체 소요시간이 가장 짧은 것은 어느 것인가?

활동	이동수단	거리	속력	목적지 체류시간
당구장	전철	12km	120km/h	3시간
한강공원 라이딩	자전거	30km	15km/h	–
파워워킹	도보	5.4km	3km/h	–
북카페 방문	자가용	15km	50km/h	2시간
강아지와 산책	도보	3km	3km/h	1시간

① 당구장

② 한강공원 라이딩

③ 파워워킹

④ 북카페 방문

⑤ 강아지와 산책

11. 다음은 산업재산권 유지를 위한 등록료에 관한 자료이다. 다음 중 권리 유지비용이 가장 많이 드는 것은? (단, 특허권, 실용신안권의 기본료는 청구범위의 항 수와는 무관하게 부과되는 비용으로 청구범위가 1항인 경우 기본료와 1항에 대한 가산료가 부과된다)

(단위 : 원)

권리 \ 구분		설정등록료 (1~3년분)	연차등록료 4~6 년차	연차등록료 7~9 년차	연차등록료 10~12 년차	연차등록료 13~15 년차
특허권	기본료	81,000	매년 60,000	매년 120,000	매년 240,000	매년 480,000
특허권	가산료 (청구범위의 1항마다)	54,000	매년 25,000	매년 43,000	매년 55,000	매년 68,000
실용신안권	기본료	60,000	매년 40,000	매년 80,000	매년 160,000	매년 320,000
실용신안권	가산료 (청구범위의 1항마다)	15,000	매년 10,000	매년 15,000	매년 20,000	매년 25,000
디자인권		75,000	매년 35,000	매년 70,000	매년 140,000	매년 280,000
상표권		211,000 (10년분)	10년 연장 시 256,000			

① 청구범위가 3항인 특허권에 대한 3년간의 권리 유지
② 청구범위가 1항인 특허권에 대한 4년간의 권리 유지
③ 청구범위가 3항인 실용신안권에 대한 5년간의 권리 유지
④ 한 개의 디자인권에 대한 7년간의 권리 유지
⑤ 한 개의 상표권에 대한 10년간의 권리 유지

12. 다음은 물품 A ~ E의 가격에 대한 자료이다. 아래 조건에 부합하는 물품의 가격으로 가장 가능한 것은?

(단위 : 원/개)

물품	가격
A	24,000
B	㉠
C	㉡
D	㉢
E	16,000

[조건]
- 갑, 을, 병이 가방에 담긴 물품은 각각 다음과 같다.
  - 갑 : B, C, D
  - 을 : A, C
  - 병 : B, D, E
- 가방에는 해당 물품이 한 개씩만 담겨 있다.
- 가방에 담긴 물품 가격의 합이 높은 사람부터 순서대로 나열하면 갑 > 을 > 병 순이다.
- 병의 가방에 담긴 물품 가격의 합은 44,000원이다.

	㉠	㉡	㉢
①	11,000	23,000	14,000
②	12,000	14,000	16,000
③	12,000	19,000	16,000
④	13,000	19,000	15,000
⑤	13,000	23,000	15,000

13. 다음은 ㅇㅇ그룹의 2014년도와 2025년도 7개 계열사의 영업이익률이다. 자료 분석 결과로 옳은 것은?

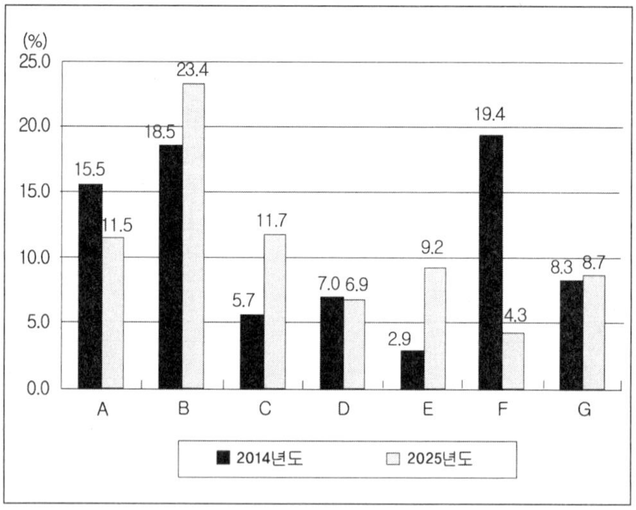

① B계열사의 2025년 영업이익률은 나머지 계열사의 영업이익률의 합보다 많다.

② 2014년도에 가장 높은 영업이익률을 낸 계열사는 2025년에도 가장 높은 영업이익률을 냈다.

③ 2025년 G계열사의 영업이익률은 2014년 E계열사의 영업이익률의 2배가 넘는다.

④ 7개 계열사 모두 2014년 대비 2025년의 영업이익률이 증가하였다.

⑤ 2014년과 2025년 모두 영업이익률이 10%을 넘은 계열사는 3곳이다.

【14~15】 다음은 우리나라의 연도별 지역별 수출입액을 나타낸 자료이다. 물음에 답하시오.

〈수출액〉

(단위 : 10억 불)

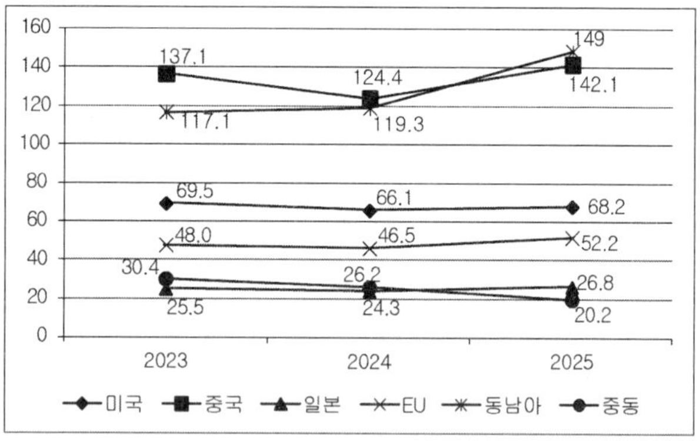

〈수입액〉

(단위 : 10억 불)

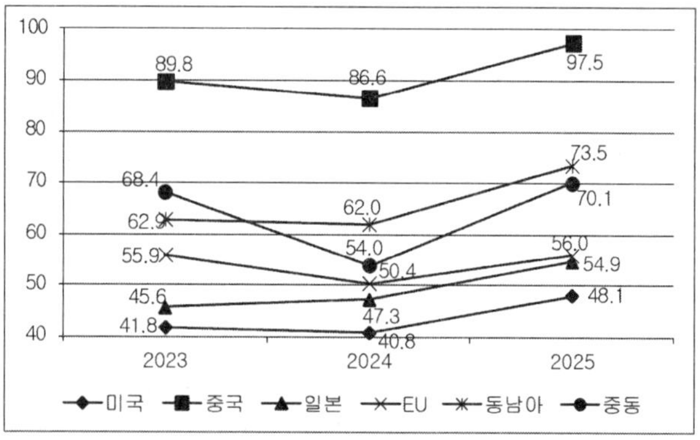

※ 무역수지는 수출액에서 수입액을 뺀 것을 의미한다. 무역수지가 양수이면 흑자, 음수이면 적자를 나타내며, 무역수지의 수치가 작아질수록 무역수지가 '악화'된 것이다.

14. **위 내용을 참고할 때, 연도별 무역수지 증감내역을 올바르게 설명한 것은 어느 것인가?**

① 무역수지 악화가 지속적으로 심해진 무역 상대국(지역)은 일본뿐이다.

② 매년 무역수지 흑자를 나타낸 무역 상대국(지역)은 2개국(지역)이다.

③ 무역수지 흑자가 매년 감소한 무역 상대국(지역)은 미국과 중국이다.

④ 무역수지가 흑자에서 적자 또는 적자에서 흑자로 돌아선 무역 상대국(지역)은 1개국(지역)이다.

⑤ 매년 무역수지 적자규모가 가장 큰 무역 상대국(지역)은 일본이다.

15. **2026년 동남아 수출액은 전년대비 20% 증가하고 EU 수입액은 20% 감소하였다면, 2026년 동남아 수출액과 EU 수입액의 차이는 얼마인가?**

① 1,310억 불 ② 1,320억 불

③ 1,330억 불 ④ 1,340억 불

⑤ 1,350억 불

16. **수인이와 혜인이는 주말에 차이나타운(인천역)에 가서 자장면도 먹고 쇼핑도 할 계획이다. 지하철노선도를 보고 계획을 짜고 있는 상황에서 아래의 노선도 및 각 조건에 맞게 상황을 대입했을 시에 두 사람의 개인 당 편도 운임 및 역의 수가 바르게 짝지어진 것은? (단, 출발역과 도착역의 수를 포함한다)**

(조건 1) 두 사람의 출발역은 청량리역이며, 환승하지 않고 직통으로 간다. (1호선)

(조건 2) 추가요금은 기본운임에 연속적으로 더한 금액으로 한다. 청량리~서울역 구간은 1,250원(기본운임)이며, 서울역~구로역까지 200원 추가, 구로역~인천역까지 300원씩 추가된다.

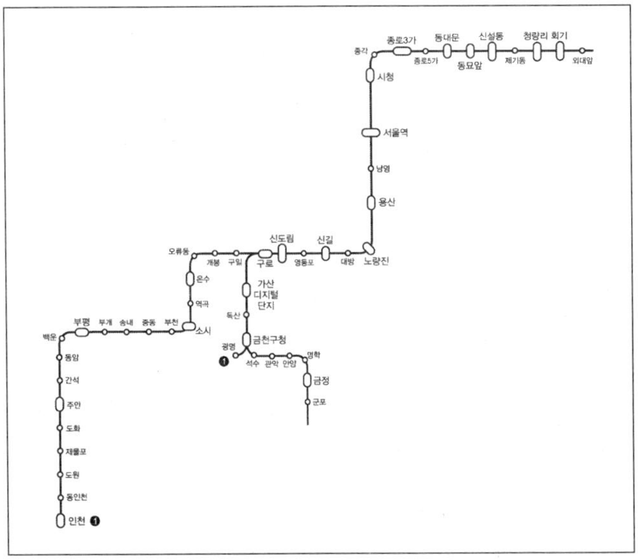

편도 금액	역의 수
① ㉠ 1,600원	㉡ 33개 역
② ㉠ 1,650원	㉡ 38개 역
③ ㉠ 1,700원	㉡ 31개 역
④ ㉠ 1,750원	㉡ 38개 역
⑤ ㉠ 1,800원	㉡ 35개 역

17. **갑, 을, 병, 정, 무 다섯 사람은 일요일부터 목요일까지 5일 동안 각각 이틀 이상 아르바이트를 한다. 다음 조건을 모두 충족시켜야 할 때, 다음 중 항상 옳지 않은 것은?**

㉠ 가장 적은 수가 아르바이트를 하는 요일은 수요일뿐이다.
㉡ 갑은 3일 이상 아르바이트를 하는데 병이 아르바이트를 하는 날에는 쉰다.
㉢ 을과 정 두 사람만이 아르바이트 일수가 같다.
㉣ 병은 평일에만 아르바이트를 하며, 연속으로 이틀 동안만 한다.
㉤ 무는 항상 갑이나 병과 같은 요일에 함께 아르바이트를 한다.

① 어느 요일이든 아르바이트 인원수는 확정된다.

② 갑과 을, 병과 정의 아르바이트 일수를 합한 값은 같다.

③ 두 사람만이 아르바이트를 하는 요일이 확정된다.

④ 어떤 요일이든 아르바이트를 하는 인원수는 짝수이다.

⑤ 일요일에 아르바이트를 하는 사람은 항상 같다.

18. 다음 글에서 추론할 수 있는 내용만을 바르게 나열한 것은?

> 빌케와 블랙은 얼음이 녹는점에 있다 해도 이를 완전히 물로 녹이려면 상당히 많은 열이 필요함을 발견하였다. 당시 널리 퍼진 속설은 얼음이 녹는점에 이르면 즉시 녹는다는 것이었다. 빌케는 쌓여있는 눈에 뜨거운 물을 끼얹어 녹이는 과정에서 이 속설에 오류가 있음을 알게 되었다. 눈이 녹는점에 있음에도 불구하고 많은 양의 뜨거운 물은 눈을 조금밖에 녹이지 못했기 때문이다.
>
> 블랙은 1757년에 이 속설의 오류를 설명할 수 있는 실험을 수행하였다. 블랙은 따뜻한 방에 두 개의 플라스크 A와 B를 두었는데, A에는 얼음이, B에는 물이 담겨 있었다. 얼음과 물은 양이 같고 모두 같은 온도, 즉 얼음의 녹는점에 있었다. 시간이 지남에 따라 B에 있는 물의 온도는 계속해서 올라갔다. 하지만 A에서는 얼음이 녹으면서 생긴 물과 녹고 있는 얼음의 온도가 녹는점에서 일정하게 유지되었는데 이 상태는 얼음이 완전히 녹을 때까지 지속되었다. 얼음을 녹이는 데 필요한 열량은 같은 양의 물의 온도를 녹는점에서 화씨 140도까지 올릴 수 있는 정도의 열량과 같았다. 블랙은 이 열이 실제로 온도계에 변화를 주지 않기 때문에 이를 '잠열(潛熱)'이라 불렀다.

> ㉠ A의 온도계로는 잠열을 직접 측정할 수 없었다.
> ㉡ 얼음이 녹는점에 이르러도 완전히 녹지 않는 것은 잠열 때문이다.
> ㉢ A의 얼음이 완전히 물로 바뀔 때까지, A의 얼음물 온도는 일정하게 유지된다.

① ㉠ ② ㉡
③ ㉠, ㉢ ④ ㉡, ㉢
⑤ ㉠, ㉡, ㉢

19. 다음은 L공사의 토지판매 알선장려금 산정 방법에 대한 표와 알선장려금을 신청한 사람들의 정보이다. 이를 바탕으로 지급해야 할 알선장려금이 잘못 책정된 사람을 고르면?

[토지판매 알선장려금 산정 방법]

□ 일반토지(산업시설용지 제외) 알선장려금(부가가치세 포함된 금액)

계약기준금액	수수료율(중개알선장려금)	한도액
4억 원 미만	계약금액 × 0.9%	360만 원
4억 원 이상~8억 원 미만	360만 원 + (4억 초과 금액 × 0.8%)	680만 원
8억 원 이상~15억 원 미만	680만 원 + (8억 초과 금액 × 0.7%)	1,170만 원
15억 원 이상~40억 원 미만	1,170만 원 + (15억 초과 금액 × 0.6%)	2,670만 원
40억 원 이상	2,670만 원 + (40억 초과 금액 × 0.5%)	3,000만 원(최고한도)

□ 산업 · 의료시설용지 알선장려금(부가가치세 포함된 금액)

계약기준금액	수수료율(중개알선장려금)	한 도 액
해당 없음	계약금액 × 0.9%	5,000만 원(최고한도)

□ 알선장려금 신청자 목록
- 김유진 : 일반토지 계약금액 3억 5천만 원
- 이영희 : 산업용지 계약금액 12억 원
- 심현우 : 일반토지 계약금액 32억 8천만 원
- 이동훈 : 의료시설용지 계약금액 18억 1천만 원
- 김원근 : 일반용지 43억 원

① 김유진 : 315만 원
② 이영희 : 1,080만 원
③ 심현우 : 2,238만 원
④ 이동훈 : 1,629만 원
⑤ 김원근 : 3,000만 원

▌20~21▌ 다음 자료를 보고 이어지는 물음에 답하시오.

〈각 교통편 운행 노선〉

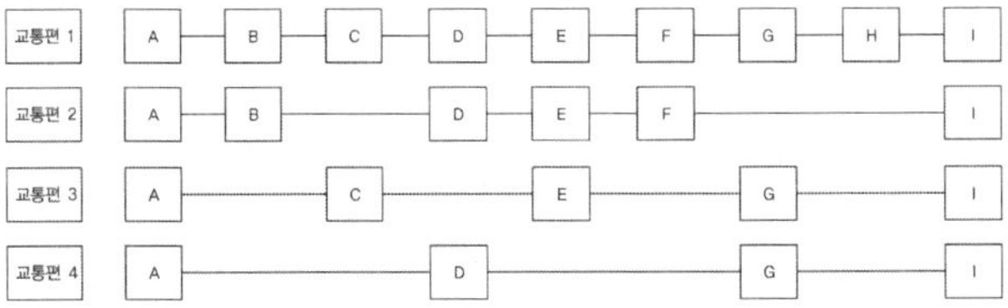

※ 전체 노선의 길이는 모든 교통편이 500km이며, 각 지점 간의 거리는 모두 동일하다.

※ A~I는 정차하는 지점을 의미하며 B~H 지점마다 공히 15분씩의 정차 시간이 소요된다.

〈교통편별 운행 정보 내역〉

구분	평균속도(km/h)	연료	연료비/리터	연비(km/L)
교통편 1	60	무연탄	1,000	4.2
교통편 2	80	중유	1,200	4.8
교통편 3	120	디젤	1,500	6.2
교통편 4	160	가솔린	1,600	5.6

20. 다음 중 A 지점에서 I 지점까지 이동할 경우, 총 연료비가 가장 적게 드는 교통편과 가장 많이 드는 교통편이 순서대로 올바르게 짝지어진 것은 어느 것인가?

① 교통편 2, 교통편 3

② 교통편 1, 교통편 2

③ 교통편 3, 교통편 2

④ 교통편 1, 교통편 4

⑤ 교통편 2, 교통편 4

21. 교통편 1~4를 이용하는 교통수단이 같은 시각에 A 지점을 출발하여 I 지점까지 이동할 경우, 가장 빨리 도착하는 교통편과 가장 늦게 도착하는 교통편과의 시간 차이는 얼마인가? (단, 시간의 계산은 반올림하여 소수 첫째 자리까지 표시하며, 0.1시간은 6분으로 계산한다.)

① 5시간 50분
② 6시간 5분
③ 6시간 15분
④ 6시간 30분
⑤ 6시간 45분

▌22~23▌ 다음 SWOT 분석에 대한 설명과 사례를 보고 이어지는 물음에 답하시오.

〈SWOT 분석방법〉

구분		내부환경요인	
		강점 (Strengths)	약점 (Weaknesses)
외부환경요인	기회 (Opportunities)	SO 내부강점과 외부기회 요인을 극대화	WO 외부기회를 이용하여 내부약점을 강점으로 전환
	위협 (Threats)	ST 강점을 이용한 외부환경 위협의 대응 및 전략	WT 내부약점과 외부위협을 최소화

〈사례〉

S	편의점 운영 노하우 및 경험 보유, 핵심 제품 유통채널 차별화로 인해 가격 경쟁력 있는 제품 판매 가능
W	아르바이트 직원 확보 어려움, 야간 및 휴일 등 시간에 타 지역 대비 지역주민 이동이 적어 매출 증가 어려움
O	주변에 편의점 개수가 적어 기본 고객 확보 가능, 매장 앞 휴게 공간 확보로 소비 유발 효과 기대
T	지역주민의 생활패턴에 따른 편의점 이용률 저조, 근거리에 대형 마트 입점 예정으로 매출 급감 우려 존재

22. 다음 중 위의 SWOT 분석방법을 올바르게 설명하지 못한 것은 어느 것인가?

① 외부환경요인 분석 시에는 자신을 제외한 모든 것에 대한 요인을 기술하여야 한다.

② 구체적인 요인부터 시작하여 점차 객관적이고 상식적인 내용으로 기술한다.

③ 같은 데이터도 자신에게 미치는 영향에 따라 기회요인과 위협요인으로 나뉠 수 있다.

④ 외부환경요인 분석에는 SCEPTIC 체크리스트가, 내부환경요인 분석에는 MMMITI 체크리스트가 활용될 수 있다.

⑤ 내부환경 요인은 경쟁자와 비교한 나의 강점과 약점을 분석하는 것이다.

23. 다음 중 위의 SWOT 분석 사례에 따른 전략으로 적절하지 않은 것은 어느 것인가?

① 가족들이 남는 시간을 투자하여 인력 수급 및 인건비 절감을 도모하는 것은 WT 전략으로 볼 수 있다.

② 저렴한 제품을 공급하여 대형 마트 등과의 경쟁을 극복하고자 하는 것은 SW 전략으로 볼 수 있다.

③ 다년간의 경험을 활용하여 지역 내 편의점 이용 환경을 더욱 극대화시킬 수 있는 방안을 연구하는 것은 SO 전략으로 볼 수 있다.

④ 매장 앞 공간을 쉼터로 활용해 지역 주민 이동 시 소비를 유발하도록 하는 것은 WO 전략으로 볼 수 있다.

⑤ 고객 유치 노하우를 바탕으로 사은품 등 적극적인 홍보활동을 통해 편의점 이용에 대한 필요성을 부각시키는 것은 ST 전략으로 볼 수 있다.

24. 조직문화에 관한 다음 글의 말미에서 언급한 밑줄 친 '몇 가지 기능'에 해당한다고 보기 어려운 것은 어느 것인가?

> 개인의 능력과 가능성을 판단하는데 개인의 성격이나 특성이 중요하듯이 조직의 능력과 가능성을 판단할 때 조직문화는 중요한 요소가 된다. 조직문화는 주어진 외부환경 속에서 오랜 시간 경험을 통해 형성된 기업의 고유한 특성을 말하며, 이러한 기업의 나름대로의 특성을 조직문화란 형태로 표현하고 있다. 조직문화에 대한 연구가 활발하게 전개된 이유 가운데 하나는 '조직문화가 기업경쟁력의 한 원천이며, 조직문화는 조직성과에 영향을 미치는 중요한 요인'이라는 기본 인식에 바탕을 두고 있다.
>
> 조직문화는 한 개인의 독특한 성격이나 한 사회의 문화처럼 조직의 여러 현상들 중에서 분리되어질 수 있는 성질의 것이 아니라, 조직의 역사와 더불어 계속 형성되고 표출되며 어떤 성과를 만들어 나가는 종합적이고 총체적인 현상이다. 또한 조직문화의 수준은 조직문화가 조직 구성원들에게 어떻게 전달되어 지각하는가를 상하부구조로서 설명하는 것이다. 조직문화의 수준은 그것의 체계성으로 인하여 조직문화를 쉽게 이해하는데 도움을 준다.
>
> 한편, 세계적으로 우수성이 입증된 조직들은 그들만의 고유의 조직문화를 조성하고 지속적으로 다듬어 오고 있다. 그들에게 조직문화는 언제나 중요한 경영자원의 하나였으며 일류조직으로 성장할 수 있게 하는 원동력이었던 것이다. 사업의 종류나 사회 및 경영환경, 그리고 경영전략이 다른데도 불구하고 일류조직은 나름의 방식으로 조직문화적인 특성을 공유하고 있는 것으로 확인되었다.
>
> 기업이 조직문화를 형성, 개발, 변화시키려고 노력하는 것은 조직문화가 기업경영에 효율적인 작용과 기능을 하기 때문이다. 즉, 조직문화는 기업을 경영함에 있어 매우 중요한 <u>몇 가지 기능</u>을 수행하고 있다.

① 조직의 영역을 정의하여 구성원에 대한 정체성을 제공한다.

② 이직률을 낮추고 외부 조직원을 흡인할 수 있는 동기를 부여한다.

③ 조직의 성과를 높이고 효율을 제고할 수 있는 역할을 한다.

④ 개인적 이익보다는 조직을 위한 몰입을 촉진시킨다.

⑤ 조직 내의 사회적 시스템의 안정을 도모한다.

25. 다음 S사의 업무분장표이다. 업무분장표를 참고할 때, 창의력과 분석력을 겸비한 경영학도인 신입사원이 배치되기에 가장 적합한 팀은 다음 중 어느 것인가?

팀	주요 업무	필요 자질
영업관리	영업전략 수립, 단위조직 손익관리, 영업인력 관리 및 지원	마케팅/유통/회계지식, 대외 섭외력, 분석력
생산관리	원가/재고/외주 관리, 생산계획 수립	제조공정/회계/통계/제품지식, 분석력, 계산력
생산기술	공정/시설 관리, 품질 안정화, 생산 검증, 생산력 향상	기계/전기 지식, 창의력, 논리력, 분석력
연구개발	신제품 개발, 제품 개선, 원재료 분석 및 기초 연구	연구 분야 전문지식, 외국어 능력, 기획력, 시장분석력, 창의/집중력
기획	중장기 경영전략 수립, 경영정보 수집 및 분석, 투자사 관리, 손익 분석	재무/회계/경제/경영 지식, 창의력, 분석력, 전략적 사고
영업(국내/해외)	신시장 및 신규고객 발굴, 네트워크 구축, 거래선 관리	제품지식, 협상력, 프리젠테이션 능력, 정보력, 도전정신
마케팅	시장조사, 마케팅 전략수립, 성과 관리, 브랜드 관리	마케팅/제품/통계지식, 분석력, 통찰력, 의사결정력
총무	자산관리, 문서관리, 의전 및 비서, 행사 업무, 환경 등 위생관리	책임감, 협조성, 대외 섭외력, 부동산 및 보험 등 일반지식
인사/교육	채용, 승진, 평가, 보상, 교육, 인재개발	조직구성 및 노사 이해력, 교육학 지식, 객관성, 사회성
홍보/광고	홍보, 광고, 언론/사내 PR, 커뮤니케이션	창의력, 문장력, 기획력, 매체의 이해

① 연구개발팀
② 홍보/광고팀
③ 마케팅팀
④ 기획팀
⑤ 영업팀

【26~27】 다음 한국 주식회사의 〈조직도〉 및 〈전결규정〉을 보고 이어지는 물음에 답하시오.

〈조직도〉

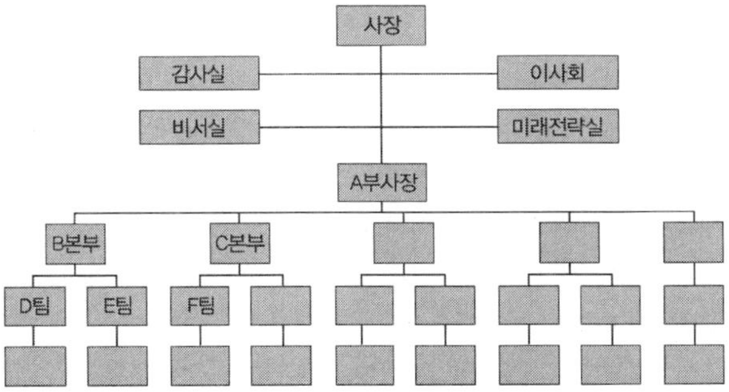

〈전결규정〉

업무내용	결재권자			
	사장	부사장	본부장	팀장
주간업무보고				○
팀장급 인수인계		○		
백만 불 이상 예산집행	○			
백만 불 이하 예산집행		○		
이사회 위원 위촉	○			
임직원 해외 출장	○(임원)		○(직원)	
임직원 휴가	○(임원)		○(직원)	
노조관련 협의사항		○		

※ 결재권자가 출장, 휴가 등 사유로 부재중일 경우에는 결재권자의 차상급 직위자의 전결사항으로 하되, 반드시 결재권자의 업무 복귀 후 후결로 보완한다.

26. 한국 주식회사의 업무 조직도로 보아 사장에게 직접 보고를 할 수 있는 조직원은 모두 몇 명인가?

① 1명
② 2명
③ 3명
④ 4명
⑤ 5명

27. 한국 주식회사 임직원들의 다음과 같은 업무 처리 내용 중 사내 규정에 비추어 적절한 행위로 볼 수 있는 것은 어느 것인가?

① C본부장은 해외 출장을 위해 사장 부재 시 비서실장에게 최종 결재를 득하였다.

② B본부장과 E팀 직원의 동반 출장 시 각각의 출장신청서에 대해 사장에게 결재를 득하였다.

③ D팀에서는 50만 불 예산이 소요되는 프로젝트의 최종 결재를 위해 부사장 부재 시 본부장의 결재를 득하였고, 중요한 결재 서류인 만큼 결재 후 곧바로 문서보관함에 보관하였다.

④ E팀에서는 그간 심혈을 기울여 온 300만 불의 예산이 투입되는 해외 프로젝트의 최종 계약 체결을 위해 사장에게 동반 출장을 요청하기로 하였다.

⑤ F팀 직원 甲은 해외 출장을 위해 사장 부재 시 부사장에게 최종 결재를 득한 후 후결로 보완하였다.

28. [조건]을 참고하여 스프레드시트(엑셀) 문서를 작성하였다. ㈎에 사용된 함수와 ㈏의 결과를 바르게 연결한 것은?

[조건]

- 성별은 주민등록번호의 8번째 문자가 '1'이면 '남자', '2'이면 '여자'로 출력한다.
- [G5]셀의 수식은 아래와 같다.
  =IF(AND(D5>=90,OR(E5>=80,F5>=90)),"합격","불합격")

	A	B	C	D	E	F	G	
1	00회사 신입사원 선발 시험							
2								
3	이름	주민등록번호	성별	면접	회화	전공	평가	
4	김유신	900114-1010xxx	남자	90	80	90	합격	(가)
5	송시열	890224-1113xxx	남자	90	80	70		(나)
6	최시라	881029-2335xxx	여자	90	70	80	불합격	
7	이순신	911201-1000xxx	남자	90	90	90	합격	
8	강리나	890707-2067xxx	여자	80	80	80	불합격	

	㈎	㈏
①	=IF(MID(B4,8,1)="1","남자","여자")	합격
②	=IF(MID(B4,8,1)="1","여자","남자")	불합격
③	=IF(RIGHT(B4,8)="1","남자","여자")	합격
④	=IF(RIGHT(B4,8)="1","여자","남자")	불합격
⑤	=IF(LEFT(B4,8)="1","남자","여자")	합격

29. 다음 [조건]에 따라 작성한 [함수식]에 대한 설명으로 옳은 것을 <보기>에서 고른 것은?

[조건]

- 품목과 수량에 대한 위치는 행과 열로 표현한다.

예 

행 \ 열	A	B
1	품목	수량
2	설탕	5
3	식초	6
4	소금	7

[함수 정의]

- IF(조건식, ㉠, ㉡) : 조건식이 참이면 ㉠ 내용을 출력하고, 거짓이면 ㉡ 내용을 출력한다.
- MIN(B2, B3, B4) : B2, B3, B4 중 가장 작은 값을 반환한다.

[함수식]

= IF(MIN(B2, B3, B4) > 3, "이상 없음", "부족")

<보기>

㉠ 반복문이 사용되고 있다.
㉡ 조건문이 사용되고 있다.
㉢ 출력되는 결과는 '부족'이다.
㉣ 식초의 수량(B3) 6을 1로 수정할 때 출력되는 결과는 달라진다.

① ㉠, ㉡　　② ㉠, ㉢
③ ㉡, ㉢　　④ ㉡, ㉣
⑤ ㉢, ㉣

┃30~31┃ 다음 글을 읽고 이어지는 물음에 답하시오.

> A사와 B사는 동일한 S제품을 생산하는 경쟁 관계에 있는 두 기업이며, 다음과 같은 각기 다른 특징을 가지고 마케팅을 진행하였다.
>
> A사
>
> 후발 주자로 업계에 뛰어든 A사는 우수한 품질과 생산 설비의 고급화를 이루어 S제품 공급을 고가 정책에 맞추어 진행하기로 하였다. 이미 S제품의 개발이 완료되기 이전부터 A사의 잠재력을 인정한 해외의 K사로부터 장기 공급계약을 체결하는 등의 실적을 거두며 대내외 언론으로부터 조명을 받았다. A사는 S제품의 개발 단계에서, 인건비 등 기타 비용을 포함한 자체 마진을 설비 1대당 1천만 원, 연구개발비를 9천만 원으로 책정하고 총 1억 원에 K사와 계약을 체결하였으나 개발 완료 시점에서 알게 된 실제 개발에 투입된 연구개발비가 약 8천 5백만 원으로 집계되어 추가의 이익을 보게 되었다.
>
> B사
>
> A사보다 먼저 시장에 진입한 B사는 상대적으로 낮은 인건비의 기술 인력을 확보할 수 있어서 동일한 S제품을 생산하는 데 A사보다 다소 저렴한 가격 구조를 형성할 수 있었다. B사는 당초 설비 1대당 5백만 원의 자체 마진을 향유하며 연구개발비로 약 8천만 원이 소요될 것으로 예상, 총 8천 5백만 원으로 공급가를 책정하고, 저가 정책에 힘입어 개발 완료 이전부터 경쟁자들을 제치고 많은 거래선들과 거래 계약을 체결하게 되었다. 그러나 S제품 개발이 완료된 후 비용을 집계해 본 결과, 당초 예상과는 달리 A사와 같은 8천 5백만 원의 연구개발비가 투입되었음을 알게 되어 개발 단계에서 5백만 원의 추가 손실을 보게 되었다.

30. 다음 중 위와 같은 상황 속에서 판단할 수 있는 설명으로 적절하지 않은 것은?

① A사는 결국 높은 가격으로 인하여 시장점유율이 하락할 것이다.

② B사는 물건을 만들면 만들수록 계속 손실이 커지게 될 것이다.

③ A사가 경쟁력을 확보하려면 가격을 인하하여야 한다.

④ 비용을 가급적 적게 책정한다고 모두 좋은 것은 아니다.

⑤ 결국 실제 들어가는 비용보다 조금 높은 개발비를 책정하여야 한다.

31. 예산자원 관리의 측면에서 볼 때, 윗글이 암시하고 있는 예산 관리의 특징으로 적절하지 않은 것은?

① 예산만 정확하게 수립되면 실제 활동이나 사업 진행하는 과정상 관리가 크게 개입될 필요가 없다.

② 개발 비용 > 실제 비용의 경우 결국 해당 기업은 경쟁력을 상실하게 된다.

③ 실제 비용 > 개발 비용의 경우 결국 해당 기업은 지속 적자가 발생한다.

④ 실제 비용 = 개발 비용으로 유지하는 것이 가장 바람직하다.

⑤ 예산관리는 최소의 비용으로 최대의 이익을 얻기 위해 요구되는 능력이다.

32. 신입사원 甲은 각 부서별 소모품 구매업무를 맡게 되었다. 아래 자료를 참고할 때, 가장 저렴한 가격에 소모품을 구입할 수 있는 곳은 어디인가?

〈소모품별 1회 구매수량 및 구매 제한가격〉

구분	A 물품	B 물품	C 물품	D 물품	E 물품
1회 구매수량	2 묶음	3 묶음	2 묶음	2 묶음	2 묶음
구매 제한가격	25,000원	5,000원	5,000원	3,000원	23,000원

※ 물품 신청 시 1회 구매수량은 부서에 상관없이 매달 일정하다. 예를 들어, A 물품은 2 묶음, B 물품은 3 묶음 단위이다.

※ 물품은 제한된 가격 내에서 구매해야 하며, 구매 제한가격을 넘는 경우에는 구매할 수 없다. 단, 총 구매 가격에는 제한이 없다.

〈소모품 구매 신청서〉

구분	A 물품	B 물품	C 물품	D 물품	E 물품
부서 1	○		○		○
부서 2		○	○	○	
부서 3	○		○	○	○
부서 4		○	○		○
부서 5	○		○	○	○

〈업체별 물품 단가〉

구분	A 물품	B 물품	C 물품	D 물품	E 물품
가 업체	12,400	1,600	2,400	1,400	11,000
나 업체	12,200	1,600	2,450	1,400	11,200
다 업체	12,400	1,500	2,550	1,500	11,500
라 업체	12,500	1,500	2,400	1,300	11,300

(물품 단가는 한 묶음당 가격)

① 가 업체
② 나 업체
③ 다 업체
④ 라 업체
⑤ 모두 동일하다

33. 다음은 프린터의 에러표시과 이에 대한 조치사항을 설명한 것이다. 에러표시에 따른 조치로 적절하지 못한 것은?

에러 표시	원인 및 증상	조치
Code 02	용지 걸림	프린터를 끈 후, 용지나 이물질을 제거하고 프린터의 전원을 다시 켜십시오.
	용지가 급지되지 않거나 한 번에 두 장 이상의 용지가 급지됨	용지를 다시 급지하고 ◎버튼을 누르십시오.
	조절레버 오류	급지된 용지에 알맞은 위치와 두께로 조절레버를 조정하십시오.
Code 03	잉크 잔량이 하단선에 도달	새 잉크 카트리지로 교체하십시오.
	잉크 잔량 부족	잉크 잔량이 하단선에 도달할 때까지 계속 사용할 것을 권장합니다.
	잉크카트리지가 인식되지 않음	• 잉크 카트리지의 보호 테이프가 제거되었는지 확인하십시오. • 잉크 카트리지를 아래로 단단히 눌러 딸깍 소리가 나는 것을 확인하십시오.
	지원하지 않는 잉크 카트리지가 설치됨	프린터와 카트리지 간의 호환 여부를 확인하십시오.
	잉크패드의 수명이 다 되어감	잉크패드를 고객지원센터에서 교체하십시오. ※ 잉크패드는 사용자가 직접 교체할 수 없습니다.
Code 04	메모리 오류	• 메모리에 저장된 데이터를 삭제하십시오. • 해상도 설정을 낮추십시오. • 스캔한 이미지의 파일 형식을 변경하십시오.

① Code 02 : 프린터를 끈 후 용지가 제대로 급지되었는지 확인하였다.

② Code 03 : 잉크 카트리지 잔량이 부족하지만 그대로 사용하였다.

③ Code 03 : 카트리지의 보호테이프가 제거되었는지 확인 후 다시 단단히 결합하였다.

④ Code 03 : 잉크패드 수명이 다 되었으므로 고객지원센터에서 정품으로 구매하여 교체하였다.

⑤ Code 04 : 스캔한 이미지를 낮은 메모리방식의 파일로 변경하였다.

34. 다음은 새로운 맛의 치킨을 개발하는 과정이다. 단계 1~5를 프로그래밍 절차에 비유했을 경우, 이에 대한 설명으로 옳은 것을 모두 고른 것은?

> 단계 1 : 소비자가 어떤 맛의 치킨을 선호하는지 온라인으로 설문 조사한 결과 ○○ 소스 맛을 가장 좋아한다는 것을 알게 되었다.
> 단계 2 : ○○ 소스 맛 치킨을 만드는 과정을 이해하기 쉽도록 약속된 기호로 작성하였다.
> 단계 3 : 단계 2의 결과에 따라 ○○ 소스를 개발하여 새로운 맛의 치킨을 완성하였다.
> 단계 4 : 새롭게 만든 치킨을 손님들에게 무료로 시식할 수 있도록 제공하였다.
> 단계 5 : 시식 결과 손님들의 반응이 좋아 새로운 메뉴로 결정하였다.

> ㉠ 단계 1은 '문제 분석' 단계이다.
> ㉡ 단계 2는 '코딩 · 입력' 단계이다.
> ㉢ 단계 4는 '논리적 오류'를 발견할 수 있는 단계이다.
> ㉣ 단계 5는 '프로그램 모의 실행' 단계이다.

① ㉠, ㉡　② ㉠, ㉢
③ ㉡, ㉢　④ ㉡, ㉣
⑤ ㉢, ㉣

35. 다음 매뉴얼의 종류는 무엇인가?

> • 물기나 습기가 없는 건조한 곳에 두세요.
> –습기 또는 액체 성분은 부품과 회로에 손상을 줄 수 있습니다.
> –물에 젖은 경우 전원을 켜지 말고(켜져 있다면 끄고, 꺼지지 않는다면 그대로 두고, 배터리가 분리될 경우 배터리를 분리하고) 마른 수건으로 물기를 제거한 후 서비스 센터에 가져가세요.
> –제품 또는 배터리가 물이나 액체 등에 젖거나 잠기면 제품 내부에 부착된 침수 라벨의 색상이 바뀝니다. 이러한 원인으로 발생한 고장은 무상 수리를 받을 수 없으므로 주의하세요.
> • 제품을 경사진 곳에 두거나 보관하지 마세요. 떨어질 경우 충격으로 인해 파손될 수 있으며 고장의 원인이 됩니다.
> • 제품을 동전, 열쇠, 목걸이 등의 금속 제품과 함께 보관하지 마세요.
> –제품이 변형되거나 고장 날 수 있습니다.
> –배터리 충전 단자에 금속이 닿을 경우 화재의 위험이 있습니다.
> • 걷거나 이동 중에 제품을 사용할 때 주의하세요. 장애물 등에 부딪혀 다치거나 사고가 날 수 있습니다.
> • 제품을 뒷주머니에 넣거나 허리 등에 차지 마세요. 제품이 파손되거나 넘어졌을 때 다칠 수 있습니다.

① 제품 매뉴얼　② 업무 매뉴얼
③ 외식 매뉴얼　④ 부품 매뉴얼
⑤ 작업량 매뉴얼

36. **아래의 기사는 기자와 어느 국회의원과의 일문일답 중 한 부분을 발췌한 것이다. 다음 중 인터뷰에 응하는 A 국회의원이 중요하게 여기는 리더십에 대한 설명으로 옳은 것을 고르면?**

> 기자 : 역대 대통령들은 지역 기반이 확고했습니다. A 의원님처럼 수도권이 기반이고, 지역 색이 옅은 정치인은 대권에 도전하기 쉽지 않다는 지적이 있습니다. 이에 대해 어떻게 생각 하시는지요
>
> A 의원 : 여러 가지 면에서 수도권 후보는 새로운 시대정신에 부합한다고 생각합니다.
>
> 기자 : 통일은 언제쯤 가능하다고 보십니까. 남북이 대치한 상황에서 남북 간 관계는 어떻게 운용해야 한다고 생각하십니까?
>
> A 의원 : 누가 알겠습니까? 통일이 언제 갑자기 올지…. 다만 언제가 될지 모르는 통일에 대한 준비와 함께, 통일을 앞당기려는 노력이 필요하다고 생각합니다.
>
> 기자 : 최근 읽으신 책 가운데 인상적인 책이 있다면 두 권만 꼽아주십시오.
>
> A 의원 : 댄 세노르, 사울 싱어의 「창업국가」와 최재천 교수의 「손잡지 않고 살아남은 생명은 없다」입니다. 「창업국가」는 이전 정부의 창조경제 프로젝트 덕분에 이미 많은 분들이 접하셨을 것이라 생각하는데요. 이 책에는 정부 관료와 기업인들은 물론 혁신적인 리더십이 필요한 사람들이 참고할만한 내용들이 풍부하게 담겨져 있습니다. 특히 인텔 이스라엘 설립자 도브 프로먼의 '리더의 목적은 저항을 극대화시키는 일이다. 그래야 의견차이나 반대를 자연스럽게 드러낼 수 있기 때문이다' 라는 말에서, 서로의 의견 차이를 존중하면서도 끊임없는 토론을 자극하는 이스라엘 문화의 특징이 인상 깊었습니다. 뒤집어 생각해보면, 다양한 사람들의 반대 의견까지 청취하고 받아들이는 리더의 자세가, 제가 중요하게 여기는 '경청의 리더십, 서번트 리더십'과도 연결되지 않나 싶습니다.
>
> (후략)

① 탁월한 리더가 되기 위해서는 차가운 지성만이 아닌 뜨거운 가슴도 함께 가지고 있어야 한다.

② 리더 자신의 특성에서 나오는 힘과 부하들이 리더와 동일시하려는 심리적 과정을 통해서 영향력을 행사하며, 부하들에게 미래에 대한 비전을 제시하거나 공감할 수 있는 가치체계를 구축하여 리더십을 발휘하게 하는 것이다.

③ 리더가 직원을 보상 및 처벌 등으로 촉진시키는 것이다.

④ 자신에게 실행하는 리더십을 말하는 것으로 자신이 스스로에게 영향을 미치는 지속적인 과정이다.

⑤ 기업 조직에 적용했을 경우 기업에서는 팀원들이 목표달성뿐만이 아닌 업무와 관련하여 개인이 서로 성장할 수 있도록 지원하고 배려하는 것이라고 할 수 있다.

37. **N팀 직원들은 4차 산업혁명 기술을 이용한 서비스 방법에 대해 토의를 진행하며 다음과 같은 의견들을 제시하였다. 다음 중 토의를 위한 기본적인 태도를 제대로 갖추지 못한 사람은 누구인가?**

> A : "고객 정보 빅데이터 구축에 관련해서 추가 진행 사항 있습니까?"
>
> B : "시스템 관련부서와 논의를 해보았는데요. 고객 정보의 보안문제도 중요하기 때문에 모든 정보를 개방하여 빅데이터를 구축하기엔 한계가 있다는 의견입니다."
>
> C : "입사한지 얼마 안 돼서 그런지 모르겠지만 일의 추진력이 부족하시네요. 일단은 시험 서비스를 진행하고 그런 문제는 추후에 해결하는 게 좋겠습니다."
>
> D : "철도자율주행 시스템을 도입하는 것은 어떻습니까?"
>
> E : "자율주행 시스템이 도입되면 도착, 출발 시간이 더욱 정확해져 알림 서비스의 질도 높아 질 것 같습니다."
>
> F : "저도 관련 자료를 찾아봤는데요. 한 번 같이 보시고 이야기 나눠보죠."

① B ② C

③ D ④ E

⑤ F

38. **대인관계의 가장 중요한 요인 중 하나는 협력이라고 할 수 있다. 다음 중 협력을 장려하는 환경을 조성하기 위한 노력으로 적절하지 않은 것은?**

① 아이디어가 상식에서 벗어난다고 해도 공격적인 비판은 삼간다.
② 팀원들이 침묵하지 않도록 자극을 주어야 한다.
③ 팀원들의 말에 흥미를 가져야 한다.
④ 아이디어를 개발하도록 팀원들을 고무시켜야 한다.
⑤ 관점을 바꿔야 한다.

39. **다음의 기사를 읽고 제시된 사항 중 올바른 명함교환예절로 볼 수 없는 항목을 모두 고르면?**

> 직장인의 신분을 증명하는 명함. 명함을 주고받는 간단한 행동 하나가 나의 첫인상을 결정짓기도 한다. 나의 명함을 받은 상대방은 한 달 후에 내 명함을 보관할 수도 버릴 수도 있다. 명함을 어떻게 활용하느냐에 따라 기억이 되는 사람이 될 수도, 잊히는 사람이 될 수도 있다는 것. 그렇다면 나에 대한 첫인상을 좋게 남기기 위한 명함 예절에는 어떤 것들이 있을까?
> 명함은 나를 표현하는 얼굴이며, 상대방의 명함 역시 그의 얼굴이다. 메라비언 법칙에 따르면 첫인상을 결정짓는 가장 큰 요소는 바디 랭귀지(표정·태도) 55%, 목소리 38%, 언어·내용 7% 순이라고 한다. 단순히 명함을 주고받을 때의 배려있는 행동만으로도 상대방에게 좋은 첫인상을 심어 줄 수 있다. 추후 상대방이 나의 명함을 다시 보게 됐을 때 교양 있는 사람으로 기억되고 싶다면 명함 예절을 꼭 기억해 두는 것이 좋다.

> ㉠ 명함은 오른손으로 받는 것이 원칙이다.
> ㉡ 거래를 위한 만남인 경우 판매하는 쪽이 먼저 명함을 건넨다.
> ㉢ 자신의 소속 및 이름 등을 명확하게 밝힌다.
> ㉣ 명함을 맞교환 할 시에는 왼손으로 받고 오른손으로 건넨다.
> ㉤ 손윗사람이 먼저 건넨다.

① ㉠, ㉡, ㉢, ㉣, ㉤　② ㉠, ㉡, ㉣, ㉤
③ ㉡, ㉢, ㉣, ㉤　④ ㉢, ㉣
⑤ ㉤

40. **A사에 입사한 원모는 근무 첫날부터 지각을 하는 상황에 놓이게 되었다. 급한 마음에 계단이 아닌 엘리베이터를 이용하게 되었고 다행히도 지각을 면한 원모는 교육 첫 시간에 엘리베이터 및 계단 이용에 관한 예절교육을 듣게 되었다. 다음 중 원모가 수강하고 있는 엘리베이터 및 계단 이용 시의 예절 교육에 관한 내용으로써 가장 옳지 않은 내용을 고르면?**

① 방향을 잘 인지하고 있는 여성 또는 윗사람과 함께 엘리베이터를 이용할 시에는 여성이나 윗사람이 먼저 타고 내려야 한다.
② 엘리베이터의 경우에 버튼 방향의 뒤 쪽이 상석이 된다.
③ 계단의 이용 시에 상급자 또는 연장자가 중앙에 서도록 한다.
④ 안내원은 엘리베이터를 탈 시에 손님들보다는 나중에 타며, 내릴 시에는 손님들보다 먼저 내린다.
⑤ 계단을 올라갈 시에는 남성이 먼저이며, 내려갈 시에는 여성이 앞서서 간다.

직무수행능력평가_경영학(40문항)

1. 앤소프의 성장 벡터에 대한 설명으로 옳지 않은 것은?

① 시장개발의 경우 시장침투보다 위험이 큰 전략이므로, 신제품의 개발보다는 기존 제품으로 시장점유율을 우선 확보해야 한다.

② 신시장, 신제품의 경우 위험도가 가장 높으므로 다각화 전략이 필요하다.

③ 제품개발 전략의 경우 브랜드에 대한 고객의 충성도가 높은 경우 유리하다.

④ 기존시장에 기존 제품을 판매하는 것은 시장침투 전략에 해당한다.

⑤ 제품개발, 시장침투, 기장개발 등의 전략을 확대전략으로 파악하고, 다각화를 이와 대비되는 전략으로 보았다.

2. BCG(Boston Consulting Group) 매트릭스에 대한 설명으로 옳은 것으로만 묶은 것은?

> ㉠ 시장성장률이 높다는 것은 그 시장에 속한 사업부의 매력도가 높다는 것을 의미한다.
> ㉡ 매트릭스 상에서 원의 크기는 전체 시장규모를 의미한다.
> ㉢ 유망한 신규사업에 대한 투자재원으로 활용되는 사업부는 현금젖소(Cash Cow) 사업으로 분류된다.
> ㉣ 상대적 시장점유율은 시장리더기업의 경우 항상 1.0이 넘으며 나머지 기업은 1.0이 되지 않는다.

① ㉠, ㉡

② ㉠, ㉢

③ ㉡, ㉣

④ ㉢, ㉣

⑤ ㉡, ㉢

3. 매슬로우의 욕구이론단계의 각 단계별 설명 중 옳지 않은 것은?

① 생리적 욕구 : 의식주와 같이 인간에게 있어서 가장 기본적이고 저차원적인 욕구

② 안전 욕구 : 복리후생제도 등 신체적 안전, 심리적 안정을 위한 욕구

③ 소속감 욕구 : 타인으로부터의 인정 등 사회적 인간으로서의 욕구

④ 존경의 욕구 : 자신의 존중, 타인의 존경을 필요로 하는 자신감, 권력욕 등의 욕구

⑤ 자아실현의 욕구 : 자기 본래의 모습 또는 삶의 의미를 찾는 등 자기완성에 대한 욕구

4. 의사결정의 이론 모형 중 기술적 모형에 관한 내용으로 가장 옳지 않은 것은?

① 현실상황에서 실제 의사결정을 내리는 방식을 설명하는 모형을 말한다.

② 의사결정자는 대안과 그 결과에 대해 완전한 정보를 가질 수 있는 무제한 합리성을 전제로 한다.

③ 이러한 모형에서의 의사결정자는 관리적 인간으로 만족을 추구한다.

④ 제약된 합리성 하에서 의사결정을 내리는 경우에 최적의 의사결정보다는 만족스러운 의사결정을 추구한다.

⑤ 지식의 불완전성, 예측의 곤란성, 가능한 대체안의 제약을 전제하는데 주로 비정형화된 문제해결에 적합하다.

5. **다음은 막스 베버의 관료제에 대한 설명이다. 이 중 가장 옳지 않은 것은?**

① 과업에 기반한 체계적인 노동의 분화
② 불안정적이고 불명확한 권한계층
③ 문서로 이루어진 규칙 및 의사결정
④ 기술적 능력에 따른 승진을 기반으로 하는 구성원 개개인 평생의 경력관리
⑤ 표준화된 운용절차의 일관된 시스템

6. **다음 그림은 포지셔닝 맵에 대한 것이다. 다음 중 이와 관련한 내용으로 보기 어려운 것을 고르면?**

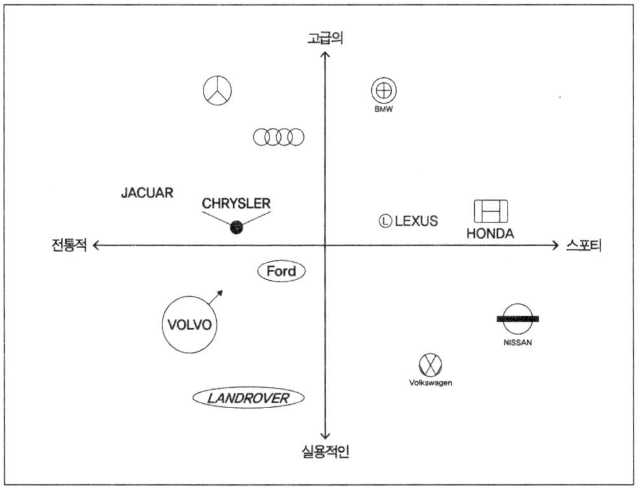

① 위 그림은 기업 및 제품에 대해 위상을 정립하기 위해 마케팅 믹스를 통해서 소비자들에게 자사 제품의 정확한 위치를 인식시키는 것이라 할 수 있다.
② 소비자가 시장에 있는 각각의 제품에 대해 지각하고 있는 유사점과 차이점을 선별하여 2차원 또는 3차원의 도면으로 작성하는 방법이다.
③ 포지셔닝의 기준이 되는 지표의 선정이 중요하다.
④ 지표의 경우 제품에 대한 공급자들이 판매를 할 때 중요하게 고려되는 것으로 선정해야 한다.
⑤ 이 경우 직접 또는 간접적으로 경쟁하고 있는 브랜드들의 시장 내에서 차지하는 위치와 소비자들의 인식을 한눈에 확인 할 수 있다.

7. **하우스와 에반스(House & Evans)의 경로-목표 리더십이론에 대한 설명으로 옳지 않은 것은?**

① 효과적 리더십의 유형은 상황변수에 따라 달라질 수 있음을 제시하였다.
② 지시적 리더십은 부하들의 역할 모호성이 높은 상황에서 필요한 리더십 유형이다.
③ 성취지향적 리더십은 부하가 과업을 어렵게 느끼거나 자신감이 결여되었을 때 불안감을 감소시킴으로서 부하의 노력 수준을 높일 수 있게 한다.
④ 참여적 리더십은 부하들이 구조화되지 않은 과업을 수행할 때 필요한 리더십 유형이다.
⑤ 경로-목표 리더십이론은 리더의 역할이 부하들 개인이나 조직의 목표를 달성하는데 대한 동기를 부여하는 것이다.

8. **다음 중 인간관계론의 한계를 잘못 설명한 것은?**

① 사회적, 심리적인 욕구 충족에 따른 성과의 불투명
② 직무자체에 있어서의 동기부여 기능 및 역할의 무시
③ 경제적, 합리적인 요인의 중시
④ 지나친 비공식 조직의 중시
⑤ 관리자의 배제, 생산자 중심의 연구

9. **다음 중 리더십 특성이론에 대한 설명으로 잘못된 것은?**

① 연구가 진행될수록 특성요인의 수가 많아진다.
② 연구가 진행될수록 특성 간 연관성이 높아진다.
③ 리더의 특성만으로는 리더십 과정을 이해하는데 한계가 있다.
④ 계층과 지위에 따라서 경영에 상이한 자질과 특성을 필요로 한다.
⑤ 여러 특성들이 실제 리더십을 발휘하는데 밀접한 관계가 없다는 실증적 연구들이 제시되고 있다.

10. 다음 중 직무분석에서 다루고 있는 개념들에 대한 설명으로 가장 옳지 않은 것을 고르면?

① 직위는 특정 개인에게 부여된 모든 과업의 집단을 말한다.

② 직무는 작업의 종류 및 수준이 비슷한 직위들의 집단을 말한다.

③ 직군은 비슷한 종업원의 특성을 요구하거나 또는 비슷한 과업을 포함하고 있는 두 가지 이상 직무의 집단을 말한다.

④ 과업은 기업 조직에서 독립된 목적으로 수행되는 하나의 명확한 작업 활동을 말한다.

⑤ 직무기술서는 직무분석의 결과를 토대로 특정한 목적의 관리절차를 구체화하는 데 있어 편리하도록 정리한 것을 말한다.

11. 다음은 직무평가의 방법 중 Ranking Method에 대한 것이다. 이에 대한 내용으로 틀린 것은?

① 직무평가의 방법 중에서 가장 간편한 방법이다.

② 적은 비용으로 평가가 가능한 방식이다.

③ 평가대상의 직무수가 많으면, 활용하기가 곤란하다는 문제가 있다.

④ 절대적 성과차이를 구별할 수 있다.

⑤ 평가 시에는 평가자의 주관이 개입될 수 있다.

12. 프렌치(J. R. P. French)와 레이븐(B.H. Raven)은 개인이 갖는 권력의 원천을 다섯 가지로 구분하였는데, 이에 속하지 않는 것은?

① 자율적 권력

② 보상적 권력

③ 합법적 권력

④ 준거적 권력

⑤ 전문적 권력

13. 다음은 TWO-BIN 방식에 대한 설명이다. 옳지 않은 것은?

① 두 개의 상자에 부품을 보관하여 필요 시 하나의 상자에서 계속 부품을 꺼내어 사용하다가 처음 상자가 바닥날 때까지 사용하고 나면, 발주를 시켜 바닥난 상자를 채우는 방식이다.

② 일반적으로 조달기간 동안에는 나머지 상자에 남겨져 있는 부품으로 충당한다.

③ 발주점법의 변형인 투-빈 시스템은 주로 고가품에 적용된다.

④ 재고수준을 계속 조사할 필요가 없다.

⑤ ABC의 C그룹에 적용되는 방식이다.

14. 다음 중 MRP의 전제조건으로 보기 어려운 것은?

① 원자재 및 구입품 등의 표시가 가능한 자재명세서가 있어야 한다.

② 기록된 자료들에 대한 정확성은 높되 그로 인한 유용성은 반드시 높을 필요가 없다.

③ 제품이 언제, 얼마만큼 필요한지를 확인할 수 있는 생산계획이 수립되어야 한다.

④ 모든 재고품목들의 확인이 가능해야 한다.

⑤ 모든 재고품목들의 구별이 가능해야 한다.

15. 다음 중 판단력 및 문제해결에 있어 개인보다 많은 정보와 경험, 아이디어 및 비판적인 능력을 갖고 있는 집단적 의사결정의 특성으로 보기 어려운 것을 고르면?

① 전문화가 가능하게 된다.

② 시간 및 자원의 낭비를 초래하게 된다.

③ 시너지의 효과를 얻을 수 있다.

④ 타협안보다는 최적안을 선택하게 된다.

⑤ 특정 사람들로 인해 자유로운 의견에 대한 제시를 방해할 수 있다.

16. 다음 중 종속수요품목에 대한 설명으로 옳지 않은 것은?

① 수요발생의 원천으로는 기준생산계획이다.

② 종속수요품목에서 재고품목은 원자재, 재공품 등이 속한다.

③ 재고관리기법으로는 유통소요량 계획, 통계적 재주문점 방식 등이 활용된다.

④ 품목의 용도는 생산이다.

⑤ 수요의 성격으로는 소요시점의 계산이 가능하다.

17. 다음 중 제조전략에서 중요하게 여기는 구성변수로 보기 어려운 것은?

① 신속성　　② 품질

③ 쇠퇴기간　　④ 원가

⑤ 신축성

18. 다음 총괄생산계획에서의 비용 요소 중 생산율 변동비용에 포함되지 않는 것은?

① 잔업비용

② 해고비용

③ 마케팅비용

④ 하청비용

⑤ 고용비용

19. **다음 재고의 기능 중 경제적 발주량의 실행으로 인해 대량취급의 이점을 얻을 수 있는 것을 지칭하는 것은?**

① 생산의 안정화
② 재고의 보유로 인한 판매의 촉진
③ 부문 간의 완충
④ 취급수량에 있어서의 경제성
⑤ 소비자들에 대한 서비스

20. **다음 중 마케팅 조사과정을 바르게 나열한 것은?**

① 조사문제의 정의 → 마케팅조사의 설계 → 조사목적의 결정 → 자료의 수집과 분석 → 보고서 작성
② 조사문제의 정의 → 조사목적의 결정 → 자료의 수집과 분석 → 마케팅조사의 설계 → 보고서 작성
③ 조사문제의 정의 → 조사목적의 결정 → 마케팅조사의 설계 → 자료의 수집과 분석 → 보고서 작성
④ 조사문제의 정의 → 마케팅조사의 설계 → 자료의 수집과 분석 → 조사목적의 결정 → 보고서 작성
⑤ 조사목적의 결정 → 조사문제의 정의 → 마케팅조사의 설계 → 자료의 수집과 분석 → 보고서 작성

21. **사업자가 자기가 취급하는 상품을 타사의 상품과 식별 (이름, 표시, 도형 등을 총칭)하기 위하여 상품에 사용하는 표지를 상표라 하는데, 다음 중 회사의 입장에서 상표의 좋은 점으로 보기 어려운 것은?**

① 자사만의 제품특성을 법적으로 보호를 받음으로서, 타사가 모방할 수 없게 해준다.
② 상표를 사용함으로서, 판매업자로 인해 주문 처리와 문제점 추적을 쉽게 할 수 있다.
③ 고객의 자사제품에 대한 신뢰도를 구축하여 꾸준하게 구매가능성이 높은 고객층을 확보하도록 해준다.
④ 상표는 상품구매의 효율성을 높여준다. 구매자들은 특정 상품에 대한 충성도가 높으면 높을수록 해당 상품에 대한 식별을 용이하게 하여, 구매할 수 있기 때문이다.
⑤ 고객에 대한 기업의 이미지가 상승한다.

22. 다음 박스 안의 내용을 참조하여 각 내용이 의미하는 바를 적절하게 표현한 것을 고르면?

> • (㉠)으로 동일한 상품일지라도 소비자에 따라 품질이나 성과가 다르게 평가되는데, 예를 들면 동일한 여행 일정으로 여행을 다녀온 소비자들 간에도 해당 여행에 대한 평가는 서로 다를 수 있다.
> • 한국병원경영연구원은 24일 대한병원협회에서 개최된 '국내병원의 START 홍보전략' 세미나에서 변화하고 있는 병원 홍보 트렌드에 대해 소개했다. 신현희 연구원은 "의료서비스는 사물이 아니기 때문에 진열이나 설명이 어렵고 환자가 직접 시술을 받기 전에는 확인이 불가능한 (㉡)적인 측면이 있다"고 말했다.

① 서비스의 특성 중 ㉠은 소멸성을 의미하고, ㉡은 무형성을 의미한다.
② 서비스의 특성 중 ㉠은 비분리성을 의미하고, ㉡은 소멸성을 의미한다.
③ 서비스의 특성 중 ㉠은 무형성을 의미하고, ㉡ 이질성을 의미한다.
④ 서비스의 특성 중 ㉠은 소멸성을 의미하고, ㉡은 이질성을 의미한다.
⑤ 서비스의 특성 중 ㉠은 이질성을 의미하고, ㉡은 무형성을 의미한다.

23. 다음 중 산업재 구매의사결정에 영향을 미치는 요인 중 개인적 요인에 해당하는 것은?

① 감정이입　② 소득
③ 절차　④ 시스템
⑤ 교육

24. 소비재 시장과 비교한 산업재 시장의 특성과 가장 거리가 먼 것은?

① 공급자와 구매자의 밀접한 관계가 형성되어 있다.
② 산업재 시장의 구매자는 전문적 구매를 하는 경향이 있다.
③ 산업재 수요는 궁극적으로 소비재 수요로부터 파생된다.
④ 산업재 수요는 소비재 수요에 비해 가격 탄력적이다.
⑤ 산업재 수요는 소비재 수요에 비해 수요의 변동이 심하다.

25. 다음 중 소비자 대상 판매촉진에 해당하는 것들로 바르게 묶은 것은?

㉠ 견본품	㉡ 구매공제
㉢ 입점공제	㉣ 사은품
㉤ 할인쿠폰	㉥ 진열공제

① ㉠, ㉡　② ㉠, ㉢
③ ㉢, ㉥　④ ㉣, ㉤
⑤ ㉣, ㉥

26. 다음 직무평가의 방법 중 분류법은 서열법을 발전시킨 형태이다. 이 중 분류법에 대한 설명으로 가장 옳지 않은 것은?

① 사전에 규정된 등급 또는 어떠한 부류에 대해 평가하려는 직무를 배정함으로써 직무를 평가하는 방법이다.
② 이를 위해서는 직무등급의 수 및 각각의 등급에 해당되는 직무의 특성을 명확하게 해 놓은 직무등급 기술서가 있어야 한다.
③ 직무들의 수가 점점 많아지고 내용 또한 복잡해지게 되면, 정확한 분류를 할 수 없게 된다.
④ 분류자체에 대한 정확성을 확실하게 보장할 수 있다.
⑤ 고정화된 등급 설정으로 인해 사회적, 경제적, 기술적 변화에 따른 탄력성이 부족하다.

27. 다음은 포지셔닝에 대한 설명들이다. 설명으로 가장 바르지 않은 것을 고르면?

① 경쟁제품에 의한 포지셔닝은 소비자들이 인지하고 있는 기존의 경쟁제품과 비교함으로써 자사 제품의 편익을 강조하는 전략을 말한다.

② 속성에 의한 포지셔닝은 자사제품의 속성이 경쟁제품에 비해 차별적인 속성을 가지고 있어 그에 대한 혜택을 제공한다는 것을 소비자에게 인지시키는 전략을 의미한다.

③ 이미지에 의한 포지셔닝은 제품이 가지고 있는 실제적인 편익을 소비자들에게 소구하는 전략이다.

④ 사용상황에 의한 포지셔닝은 자사 제품의 적절한 사용상황을 묘사함으로서 경쟁사의 제품과는 사용의 상황에 따라 차별적으로 다르다는 것을 소비자에게 인지시키는 전략을 의미한다.

⑤ 제품사용자에 의한 포지셔닝은 제품이 특정 사용자의 계층에 적합하다고 소비자에게 강조하여 포지셔닝하는 전략을 의미한다.

28. 다음 교육훈련 중 OJT(On The Job Training)에 관한 내용으로 가장 거리가 먼 것은?

① 각 종업원의 습득 및 능력에 맞춰 훈련할 수 있다.

② 낮은 비용으로 훈련이 가능하다.

③ 일과 훈련에 따른 심적 부담이 증가된다.

④ 다수의 구성원들을 훈련시키는 데 있어 상당히 효과적인 방법이다.

⑤ 훈련이 추상적이 아닌 실제적이다.

29. 다음 중 직원에 대한 인사고과의 과정에서 범하기 쉬운 오류에 대한 설명으로 가장 옳지 않은 것을 고르면?

① 피고과자의 한 가지 면을 보고 다른 것까지 모두 일반화하는 오류를 범한다.

② 피고과자의 실제 능력이나 실적보다 더 높게 평가하는 경향이 있다.

③ 피고과자를 평가함에 있어 중간 정도의 점수를 부여하는 경향을 보인다.

④ 쉽게 기억할 수 있는 최근의 실적이나 능력을 중심으로 평가하기 쉽다.

⑤ 부하와 좋은 인간관계를 갖고 있다면 오히려 능력을 낮게 평가하는 경향이 있다.

30. 다음 중 인간관계론에 대한 설명으로 바르지 않은 것은?

① 인간관계론의 경우 공식적 조직보다는 비공식 조직의 역할에만 더욱 관심을 보였다.

② 구성원들의 귀속감과 집단사기를 상당히 중요시하였다.

③ 기업 조직의 내부적 환경 요소를 배제하였다.

④ 인간의 감성만을 중요시한 나머지 조직 능률의 저해를 초래하였다.

⑤ 민주적이면서 참여적인 관리 방식을 추구하는 이론이다.

31. 노동조합이 사용주와 체결하는 노동협약에 있어 종업원의 자격 및 조합원 자격의 관계를 규정한 조항을 삽입하여 노동조합의 유지 및 발전을 도모하려는 제도를 숍 시스템이라고 하는데 아래의 내용은 어떠한 숍 제도를 의미하는가?

노동조합에 대한 가입 및 탈퇴에 대한 부분은 종업원들의 각자 자유에 맡기고, 사용자는 비조합원들도 자유롭게 채용할 수 있기 때문에, 조합원들의 사용자에 대한 교섭권은 약화되어진다.

① Union Shop

② Closed Shop

③ Preferential Shop

④ Maintenance Of – Membership Shop

⑤ Open Shop

32. 일반적으로 기업 조직이 종업원과 가족들의 생활수준을 높이기 위해서 마련한 임금 이외의 제반급부를 복리후생이라고 한다. 다음 중 복리후생에 대한 설명으로 바르지 않은 것을 고르면?

① 복리후생은 기대소득의 성격을 띠고 있다.

② 복리후생은 여러 가지 지급된다.

③ 복리후생은 구성원들의 생활수준을 안정시키는 역할을 수행한다.

④ 복리후생은 신분기준에 의해 운영되어진다.

⑤ 복리후생은 개인적인 보상의 성격을 지니고 있다.

33. 다음 내용 중 괄호 안에 들어갈 말을 순서대로 바르게 나열한 것은?

A감사는 인적자원정책의 (㉠)을 대상으로 하여 실시되는 감사를 의미하고, B 감사는 인적자원정책의 (㉡)을 대상으로 실시되는 예산감사를 의미하며, C 감사는 (㉢)을 대상으로 하는 감사를 말한다.

① ㉠ 경영면, ㉡ 인적자원관리의 효과, ㉢ 경제면

② ㉠ 경영면, ㉡ 경제면, ㉢ 인적자원관리의 효과

③ ㉠ 경제면, ㉡ 경영면, ㉢ 인적자원관리의 효과

④ ㉠ 경제면, ㉡ 인적자원관리의 효과, ㉢ 경영면

⑤ ㉠ 인적자원관리의 효과, ㉡ 경영면, ㉢ 경제면

34. 다음 재무관리의 기능 중에서 주기능만으로 바르게 묶인 것은?

㉠ 운전자본관리	㉡ 자본예산결정
㉢ 배당의 결정	㉣ 투자의 결정
㉤ 자본조달결정	

① ㉠, ㉡, ㉢　　② ㉡, ㉢, ㉣

③ ㉡, ㉣, ㉤　　④ ㉢, ㉤

⑤ ㉣, ㉤

35. 다음 중 현금흐름에 대한 추정 시 지켜야할 고려사항으로 보기 어려운 것은?

① 매몰원가, 기회비용 등에 대한 명확한 조정이 필요하다.

② 세금효과는 고려하지 않아도 된다.

③ 감가상각 등의 비현금지출비용 등에 각별히 유의해야 한다.

④ 인플레이션이 반영되어야 한다.

⑤ 증분현금흐름이 반영되어야 한다.

36. 다음 중 말킬(Malkiel)이 제시한 채권가격의 정리에 대한 설명으로 바르지 않은 것은?

① 동일한 이자율 변동에 의해 만기까지의 기간이 길어질수록 장기채권의 가격은 단기채권의 가격보다 더 큰 폭으로 변동하게 된다.

② 이표이율이 높아질수록 일정한 시장이자율 변동에 의한 채권가격의 변동률은 작아지게 된다.

③ 이자율의 변동이 발생할 시에는 만기까지의 기간이 길어질수록 채권의 가격은 보다 더 커다란 폭으로 변동하게 된다.

④ 채권가격은 이자율 수준에서의 움직임과 동일한 방향으로 변동하게 된다.

⑤ 시장이자율이 동일한 크기로 상승하거나 또는 하락할 때 채권 가격의 하락 및 상승이 비대칭적이다.

37. 다음 중 옵션가격의 결정요인에 해당하지 않는 것은?

① 기업 배당정책

② 행사가격

③ 만기까지의 기간

④ 무위험이자율

⑤ 기말자산의 가격

38. 다음 자본자산 가격결정모형(CAPM)에 관한 설명 중 바르지 않은 것은?

① 차입이자율과 대출이자율이 다를 경우에는 CAPM 성립이 불가능하다.

② 이질적인 예측을 하는 경우 CAPM은 성립이 가능하다.

③ 자본자산 가격결정모형은 자본시장이 균형의 상태를 이룰 시에 자본자산의 가격과 위험과의 관계를 예측하는 모형을 말한다.

④ 무위험자산을 투자대상에 포함시켜 지배원리를 만족시키는 효율적인 투자선을 찾아내는 것을 자본시장선이라 한다.

⑤ 자본자산 가격결정이론은 세금 및 거래비용이 존재하지 않는 상황을 가정한다.

39. **다음 중 완전자본시장에 대한 설명으로 틀린 설명은?**

① 거래비용이 많이 발생하게 된다.

② 동일한 정보를 투자자들이 가지게 된다.

③ 자본, 배당 및 이자소득에 대한 세금이 없다.

④ 자산의 공매에 있어 제약이 없다.

⑤ 자산을 쪼개어서 거래할 수 있다.

40. **다음 중 무위험자산의 시장이 균형 상태에 이르게 되었을 때, 무위험자산 시장 전체의 순차입액 및 순대여액은 얼마인가?**

① 1

② −1

③ 0

④ 2

⑤ −2

절 취 선

서울교통공사 필기시험

성 명

(자 필 성 명)

생 년 월 일

⓪	⓪	⓪	⓪	⓪	⓪	⓪	⓪
①	①	①	①	①	①	①	①
②	②	②	②	②	②	②	②
③	③	③	③	③	③	③	③
④	④	④	④	④	④	④	④
⑤	⑤	⑤	⑤	⑤	⑤	⑤	⑤
⑥	⑥	⑥	⑥	⑥	⑥	⑥	⑥
⑦	⑦	⑦	⑦	⑦	⑦	⑦	⑦
⑧	⑧	⑧	⑧	⑧	⑧	⑧	⑧
⑨	⑨	⑨	⑨	⑨	⑨	⑨	⑨

직업기초능력평가												직무수행능력평가											
1	①	②	③	④	⑤	21	①	②	③	④	⑤	1	①	②	③	④	⑤	21	①	②	③	④	⑤
2	①	②	③	④	⑤	22	①	②	③	④	⑤	2	①	②	③	④	⑤	22	①	②	③	④	⑤
3	①	②	③	④	⑤	23	①	②	③	④	⑤	3	①	②	③	④	⑤	23	①	②	③	④	⑤
4	①	②	③	④	⑤	24	①	②	③	④	⑤	4	①	②	③	④	⑤	24	①	②	③	④	⑤
5	①	②	③	④	⑤	25	①	②	③	④	⑤	5	①	②	③	④	⑤	25	①	②	③	④	⑤
6	①	②	③	④	⑤	26	①	②	③	④	⑤	6	①	②	③	④	⑤	26	①	②	③	④	⑤
7	①	②	③	④	⑤	27	①	②	③	④	⑤	7	①	②	③	④	⑤	27	①	②	③	④	⑤
8	①	②	③	④	⑤	28	①	②	③	④	⑤	8	①	②	③	④	⑤	28	①	②	③	④	⑤
9	①	②	③	④	⑤	29	①	②	③	④	⑤	9	①	②	③	④	⑤	29	①	②	③	④	⑤
10	①	②	③	④	⑤	30	①	②	③	④	⑤	10	①	②	③	④	⑤	30	①	②	③	④	⑤
11	①	②	③	④	⑤	31	①	②	③	④	⑤	11	①	②	③	④	⑤	31	①	②	③	④	⑤
12	①	②	③	④	⑤	32	①	②	③	④	⑤	12	①	②	③	④	⑤	32	①	②	③	④	⑤
13	①	②	③	④	⑤	33	①	②	③	④	⑤	13	①	②	③	④	⑤	33	①	②	③	④	⑤
14	①	②	③	④	⑤	34	①	②	③	④	⑤	14	①	②	③	④	⑤	34	①	②	③	④	⑤
15	①	②	③	④	⑤	35	①	②	③	④	⑤	15	①	②	③	④	⑤	35	①	②	③	④	⑤
16	①	②	③	④	⑤	36	①	②	③	④	⑤	16	①	②	③	④	⑤	36	①	②	③	④	⑤
17	①	②	③	④	⑤	37	①	②	③	④	⑤	17	①	②	③	④	⑤	37	①	②	③	④	⑤
18	①	②	③	④	⑤	38	①	②	③	④	⑤	18	①	②	③	④	⑤	38	①	②	③	④	⑤
19	①	②	③	④	⑤	39	①	②	③	④	⑤	19	①	②	③	④	⑤	39	①	②	③	④	⑤
20	①	②	③	④	⑤	40	①	②	③	④	⑤	20	①	②	③	④	⑤	40	①	②	③	④	⑤

서울교통공사

제4회 모의고사

성명		생년월일	
문제 수(배점)	80문항	풀이시간	/ 90분
영역	직업기초능력평가, 직무수행능력평가(경영학)		
비고	객관식 5지선다형		

※ 유의사항

- 문제지 및 답안지의 해당란에 문제유형, 성명, 응시번호를 정확히 기재하세요.
- 모든 기재 및 표기사항은 "컴퓨터용 흑색 수성 사인펜"만 사용합니다.
- 예비 마킹은 중복 답안으로 판독될 수 있습니다.

제4회 서울교통공사 필기시험 모의고사

직업기초능력평가(40문항)

1. 밑줄 친 부분과 바꾸어 쓰기에 가장 적절한 것은?

> 전 지구적인 해수의 연직 순환은 해수의 밀도 차이에 의해 발생한다. 바닷물은 온도가 낮고 염분 농도가 높아질수록 밀도가 높아져 <u>아래로 가라앉는다</u>. 이 때문에 북대서양의 차갑고 염분 농도가 높은 바닷물은 심층수를 이루며 적도로 천천히 이동한다.
>
> 그런데 지구 온난화로 인해 북반구의 고위도 지역의 강수량이 증가하고 극지방의 빙하가 녹은 물이 대량으로 바다에 유입되면 어떻게 될까? 북대서양의 염분 농도가 감소하여 바닷물이 가라앉지 못하는 일이 벌어질 수 있다. 과학자들은 컴퓨터 시뮬레이션을 통해 차가운 북대서양 바닷물에 빙하가 녹은 물이 초당 십만 톤 이상 들어오면 전 지구적인 해수의 연직 순환이 느려져 지구의 기후가 변화한다는 사실을 알아냈다

① 침강(沈降)
② 침식(侵蝕)
③ 침체(沈滯)
④ 침범(侵犯)
⑤ 침해(侵害)

2. 다음 글을 읽고, 오늘날 유행성 감기의 적절한 통제가 필요한 이유 중 가장 옳은 것을 고르면?

> 유행성 감기는 인간의 여행 속도에 비례하여 퍼진다. 수레가 없던 시대에는 이 병의 퍼지는 속도가 느렸다. 1918년 인간은 8주에 지구를 한 바퀴 돌 수 있었으며, 이는 유행성 감기가 지구 일주를 완료하는데 걸리는 것과 꼭 같은 시간이었다. 오늘날 대형 비행기 등을 통해 인간은 보다 빠른 속도로 여행한다. 이 같은 현대식 속도는 시시각각으로 유행성 감기의 도래를 예측할 수 없게 만든다. 이것은 이 질병에 대한 통제수단도 이에 비례하여 더 빨라져야 한다는 것을 뜻한다.

① 세계 전역 어디에서나 발생할 수 있기 때문에
② 병균이 비행기만큼 빨리 퍼질 수 있기 때문에
③ 인간이 유행성 감기를 피할 수 있을 만큼 빨리 여행할 수 있기 때문에
④ 유행성 감기는 항상 인간의 몸속에 기생하고 있기 때문에
⑤ 유행성 감기에 대한 적절한 백신이나 치료제가 없기 때문에

3. 다음 글을 읽고 이 글을 뒷받침할 수 있는 주장으로 가장 적합한 것은?

> X선 사진을 통해 폐질환 진단법을 배우고 있는 의과대학 학생을 생각해 보자. 그는 암실에서 환자의 가슴을 찍은 X선 사진을 보면서, 이 사진의 특징을 설명하는 방사선 전문의의 강의를 듣고 있다. 그 학생은 가슴을 찍은 X선 사진에서 늑골뿐만 아니라 그 밑에 있는 폐, 늑골의 음영, 그리고 그것들 사이에 있는 아주 작은 반점들을 볼 수 있다. 하지만 처음부터 그럴 수 있었던 것은 아니다. 첫 강의에서는 X선 사진에 대한 전문의의 설명을 전혀 이해하지 못했다. 그가 가리키는 부분이 무엇인지, 희미한 반점이 과연 특정질환의 흔적인지 전혀 알 수가 없었다. 전문의가 상상력을 동원해 어떤 가상적 이야기를 꾸며내는 것처럼 느껴졌을 뿐이다. 그러나 몇 주 동안 이론을 배우고 실습을 하면서 지금은 생각이 달라졌다. 그는 문제의 X선 사진에서 이제는 늑골 뿐 아니라 폐와 관련된 생리적인 변화, 흉터나 만성 질환의 병리학적 변화, 급성질환의 증세와 같은 다양한 현상들까지도 자세하게 경험하고 알 수 있게 될 것이다. 그는 전문가로서 새로운 세계에 들어선 것이고, 그 사진의 명확한 의미를 지금은 대부분 해석할 수 있게 되었다. 이론과 실습을 통해 새로운 세계를 볼 수 있게 된 것이다.

① 관찰은 배경지식에 의존한다.

② 과학에서의 관찰은 오류가 있을 수 있다.

③ 과학 장비의 도움으로 관찰 가능한 영역은 확대된다.

④ 관찰정보는 기본적으로 시각에 맺혀지는 상에 의해 결정된다.

⑤ X선 사진의 판독은 과학데이터 해석의 일반적인 원리를 따른다.

4. 유기농 식품 매장에서 근무하는 K씨에게 계란 알레르기가 있는 고객이 제품에 대해 문의를 해왔다. K씨가 제품에 부착된 다음 설명서를 참조하여 고객에게 반드시 안내해야 할 말로 가장 적절한 것은?

> ■ 제품명 : 든든한 현미국수
> ■ 식품의 유형 : 면 – 국수류, 스프 – 복합조미식품
> ■ 내용량 : 95g(면 85g, 스프 10g)
> ■ 원재료 및 함량
> • 면 : 무농약 현미 98%(국내산), 정제염
> • 스프 : 멸치 20%(국내산), 다시마 10%(국내산), 고춧가루, 정제소금, 마늘분말, 생강분말, 표고분말, 간장분말, 된장분말, 양파분말, 새우분말, 건미역, 건당근, 건파, 김, 대두유
> ■ 보관장소 : 직사광선을 피하고 서늘한 곳에 보관
> ■ 이 제품은 계란, 메밀, 땅콩, 밀가루, 돼지고기를 이용한 제품과 같은 제조시설에서 제조하였습니다.
> ■ 본 제품은 공정거래위원회 고시 소비분쟁해결 기준에 의거 교환 또는 보상받을 수 있습니다.
> ■ 부정불량식품신고는 국번 없이 1399

① 조리하실 때 계란만 넣지 않으시면 문제가 없을 것입니다.

② 제품을 조리하실 때 집에서 따로 육수를 우려서 사용하시는 것이 좋겠습니다.

③ 이 제품은 무농약 현미로 만들어져 있기 때문에 알레르기 체질 개선에 효과가 있습니다.

④ 이 제품은 계란이 들어가는 식품을 제조하는 시설에서 생산되었다는 점을 참고하시기 바랍니다.

⑤ 알레르기 반응이 나타나실 경우 구매하신 곳에서 교환 또는 환불 받으실 수 있습니다.

5. **다음 자료는 '인공지능'과 '통계'에 대한 관계를 설명하는 글이다. 다음 자료를 보고 대화를 나누는 5명의 의견 중, 맥락상 어긋나는 발언을 한 사람은 누구인가?**

요즘 인공지능이 대세다. 딥러닝이 여기저기서 언급되기 시작하면서 슬슬 지펴지던 열기는 지난 3월 이세돌과 알파고의 바둑 대결이 이뤄지고, 알파고가 4 : 1로 이세돌을 이기면서 한층 달아올랐다. 최근 업무 관련해서 사람들과 이야기를 나누다 보면, 전에는 '데이터 분석에는 기계 학습(Machine Learning) 을 사용하느냐', '통계와 데이터 마이닝이 뭐가 다르냐, 데이터 분석에는 무엇을 쓰냐' 등의 질문이었다. 그런데 최근에는 거기에 한 종류가 더 추가되었다. '데이터 분석은 인공지능하고 무슨 관계일까', '통계 기법은 인공지능 시대에 뒤떨어진 게 아니냐' 같은 이야기 들이다.

하지만 이 질문들에 대해 내 답은 보통 유사하다. 데이터를 사용해서 문제를 풀어서 해답을 찾는 것에서, 최적의 방식은 문제에 따라 다르고, 그 방식을 사용하면 되는 것이라고 생각한다. 그 방식이 문제에 따라 통계 기법이 될 수도 있고, 알고리즘을 활용한 데이터 마이닝이 될 수도 있다. 머신 러닝은 인공지능의 다양한 가치 중 하나이니 크게 보면 인공지능 문제가 될 수도 있을 것이다. 이런 것들이 서로 연관성이 없는 것도 아니고, 어느 한 쪽이 다른 한 쪽보다 뒤떨어진다고는 생각하지 않는다.

기계 학습, 빅데이터, 인공지능, 고급 분석 등 최근 데이터 분석 관련 용어들이 무분별하게 쏟아지다보니 많은 사람들이 이런 용어들의 개념에 대해서 헷갈려하고, 더욱 어려워한다. 하지만 이를 뜯어보면 일부는 용어 자체가 모호하거나, 혹은 각 용어들의 개념이 일부 중첩되어 있고, 어떤 한 용어가 갑자기 주목을 받는다고 해서 갑자기 사라지거나 하는 것이 아니다.

김 과장 : 이제 '인공지능' 붐이 불면서, 늘 도전을 맞이해야 했던 통계 관련 분야도 새로운 도전을 맞이하고 있는 것 같습니다.

박 과장 : 하지만 통계는 앞으로도 더욱 많은 인공지능 관련 분야에서는 활용되는 것과 동시에, 인공지능 분야 내에서 많은 기여를 할 것입니다.

정 대리 : 그렇다면 인공지능을 위한 기본적인 초석이자 근간으로, AI가 빠진 통계란 이미 상상할 수도 없으며, 아무 것도 아니라는 의미라고 할 수 있겠군요.

유 대리 : 네, 다시 말하면, 데이터에 맞게 최적화하는 과정은 대부분 무수한 통계적 기법을 활용한 변수 튜닝 및 집계 방식 변경 등으로 이루어지게 된다는 의미이지요.

문 과장 : 하지만 통계 입장에서 생각해 보면, 늘 그랬듯이, 기본적으로 '데이터가 중시되는' 변화에서는 앞으로도 통계의 역할은 작아지려야 작아질 수 없다고 봅니다.

① 김 과장
② 박 과장
③ 정 대리
④ 유 대리
⑤ 문 과장

6. 다음은 산재보험의 소멸과 관련된 글이다. 다음 보기 중 글의 내용은 올바르게 이해한 것이 아닌 것은 무엇인가?

> 가. 보험관계의 소멸사유
> - 사업의 폐지 또는 종료 : 사업이 사실상 폐지 또는 종료된 경우를 말하는 것으로 법인의 해산등기 완료, 폐업신고 또는 보험관계소멸신고 등과는 관계없음
> - 직권소멸 : 근로복지공단이 보험관계를 계속해서 유지할 수 없다고 인정하는 경우에는 직권소멸 조치
> - 임의가입 보험계약의 해지신청 : 사업주의 의사에 따라 보험계약해지 신청가능하나 신청 시기는 보험가입승인을 얻은 해당 보험 연도 종료 후 가능
> - 근로자를 사용하지 아니할 경우 : 사업주가 근로자를 사용하지 아니한 최초의 날부터 1년이 되는 날의 다음날 소멸
> - 일괄적용의 해지 : 보험가입자가 승인을 해지하고자 할 경우에는 다음 보험 연도 개시 7일 전까지 일괄적용해지신청서를 제출하여야 함
>
> 나. 보험관계의 소멸일 및 제출서류
> (1) 사업의 폐지 또는 종료의 경우
> - 소멸일 : 사업이 사실상 폐지 또는 종료된 날의 다음 날
> - 제출서류 : 보험관계소멸신고서 1부
> - 제출기한 : 사업이 폐지 또는 종료된 날의 다음 날부터 14일 이내
>
> (2) 직권소멸 조치한 경우
> - 소멸일 : 공단이 소멸을 결정 · 통지한 날의 다음날
>
> (3) 보험계약의 해지신청
> - 소멸일 : 보험계약해지를 신청하여 공단의 승인을 얻은 날의 다음 날
> - 제출서류 : 보험관계해지신청서 1부
>
> ※ 다만, 고용보험의 경우 근로자(적용제외 근로자 제외) 과반수의 동의를 받은 사실을 증명하는 서류(고용보험 해지신청 동의서)를 첨부하여야 함

① 고용보험과 산재보험의 해지 절차가 같은 것은 아니다.
② 사업장의 사업 폐지에 따른 서류 및 행정상의 절차가 완료되어야 보험관계가 소멸된다.
③ 근로복지공단의 판단으로도 보험관계가 소멸될 수 있다.
④ 보험 일괄해지를 원하는 보험가입자는 다음 보험 연도 개시 일주일 전까지 서면으로 요청을 해야 한다.
⑤ 보험계약해지 신청에 대한 공단의 승인이 12월 1일에 났다면 그 보험계약은 12월 2일에 소멸된다.

7. 다음의 내용을 참고할 때, 밑줄 친 부분이 바르게 쓰인 것은?

> - 채 [의존 명사]
> 이미 있는 상태 그대로 있다는 뜻을 나타내는 말.
> - 체 [의존 명사]
> 그럴듯하게 꾸미는 거짓 태도나 모양.
> - -째 [접사]
> '그대로', 또는 '전부'의 뜻을 더하는 접미사.

① 사과를 껍질<u>째</u>로 먹었다.
② 나는 앉은 <u>체</u>로 잠이 들었다.
③ 그녀는 혼자 똑똑한 <u>채</u>를 한다.
④ 사나운 멧돼지를 산 <u>째</u>로 잡았다.
⑤ 곰이 다가오자 그는 죽은 <u>채</u>를 했다.

8. 다음 자료에 대한 올바른 해석이 아닌 것은 어느 것인가?

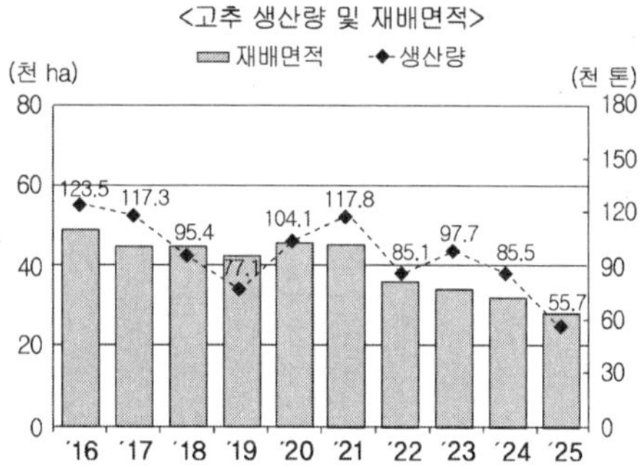

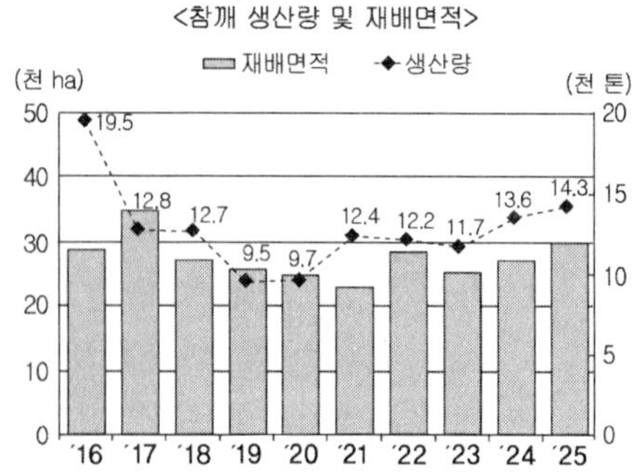

① 전년대비 2025년의 재배면적은 고추와 참깨가 모두 증가하였다.
② 2023~2025년의 재배면적과 생산량의 증감 추이는 고추와 참깨가 상반된다.
③ 2016년 대비 2025년에는 고추와 참깨의 생산이 모두 감소하였다.
④ 재배면적의 감소세는 고추가 참깨보다 더 뚜렷하다.
⑤ 재배면적이 감소하였다고 반드시 생산량도 함께 감소한 것은 아니다.

9. **수영장에 물을 가득 채울 때 수도관 A로는 6시간, B로는 4시간, C로는 3시간이 걸린다. A, B, C 세 수도관을 모두 사용하여 수영장에 물을 가득 채우는 데 걸리는 시간은?**

① 1시간 10분
② 1시간 20분
③ 1시간 30분
④ 1시간 40분
⑤ 1시간 50분

10. **다음 중 제시된 자료를 올바르게 분석한 것이 아닌 것은?**

〈65세 이상 노인인구 대비 기초 (노령)연금 수급자 현황〉

(단위 : 명, %)

연도	65세 이상 노인인구	기초(노령) 연금수급자	국민연금 동시 수급자
2017	5,267,708	3,630,147	719,030
2018	5,506,352	3,727,940	823,218
2019	5,700,972	3,818,186	915,543
2020	5,980,060	3,933,095	1,023,457
2021	6,250,986	4,065,672	1,138,726
2022	6,520,607	4,353,482	1,323,226
2023	6,771,214	4,495,183	1,444,286
2024	6,987,489	4,581,406	1,541,216
2025	7,015,278	4,592,382	1,553,179

〈가구유형별 기초연금 수급자 현황(2024년)〉

(단위 : 명, %)

65세 이상 노인 수	수급자 수					수급률
	계	단독가구	부부가구			
			소계	1인수급	2인수급	
6,987,489	4,581,406	2,351,026	2,230,380	380,302	1,850,078	65.6

① 기초연금 수급자 대비 국민연금 동시 수급자의 비율은 2017년 대비 2024년에 증가하였다.
② 기초연금 수급률은 65세 이상 노인 수 대비 수급자의 비율이다.
③ 2024년 단독가구 수급자는 전체 수급자의 50%가 넘는다.
④ 2024년 1인 수급자는 전체 기초연금 수급자의 약 17%에 해당한다.
⑤ 2017년부터 65세 이상 노인인구는 꾸준히 증가하였다.

┃11~12┃ 다음은 연도별 우울증 진료 환자 추이에 대한 자료이다. 물음에 답하시오.

〈연도별 우울증 진료 환자 추이〉

(단위 : 만 명)

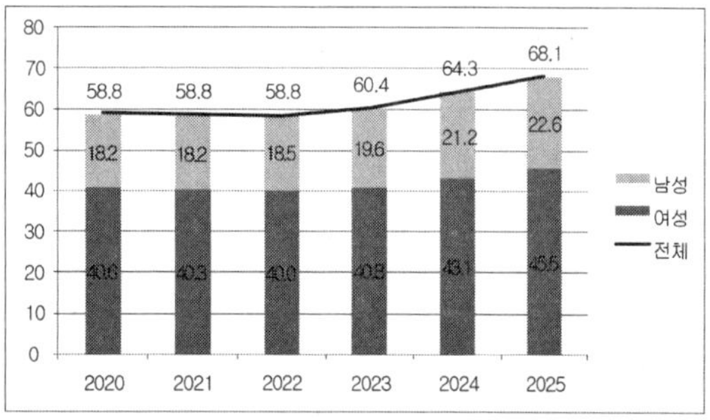

11. 자료를 통하여 알 수 있는 사실로 옳은 것을 〈보기〉에서 모두 고르면?

〈보기〉

(가) 2022년 이후 남녀 우울증 진료 환자의 수는 매년 증가하고 있다.
(나) 전체 우울증 진료 환자에서 여성이 차지하는 비중은 매년 감소하고 있다.
(다) 전체 우울증 진료 환자에서 남성이 차지하는 비중은 2024년이 가장 높다.
(라) 전년 대비 전체 우울증 진료 환자의 증가율은 2024년이 2025년보다 더 높다.

① (가), (나), (라) ② (가), (다), (라)
③ (가), (나), (다) ④ (나), (다), (라)
⑤ (가), (나), (다), (라)

12. 2026년 남성 우울증 환자 수는 전년대비 10% 증가하고 여성 우울증 환자 수는 10% 감소하였다면, 2026년 전체 우울증 환자 수는 몇 명인가? (소수 둘째 자리에서 반올림함)

① 67.9만 명 ② 66.3만 명
③ 65.8만 명 ④ 64.2만 명
⑤ 63.1만 명

13. 다음 표와 그림은 2025년 한국 골프 팀 A～E의 선수 인원수 및 총 연봉과 각각의 전년대비 증가율을 나타낸 것이다. 이에 대한 설명으로 옳지 않은 것은?

〈2025년 골프 팀 A～E의 선수 인원수 및 총 연봉〉

(단위 : 명, 억 원)

골프 팀	선수 인원수	총 연봉
A	5	15
B	10	25
C	8	24
D	6	30
E	6	24

※ 팀 선수 평균 연봉 $= \frac{\text{총 연봉}}{\text{선수 인원수}}$

〈2025년 골프 팀 A～E의 선수 인원수 및 총 연봉의 전년대비 증가율〉

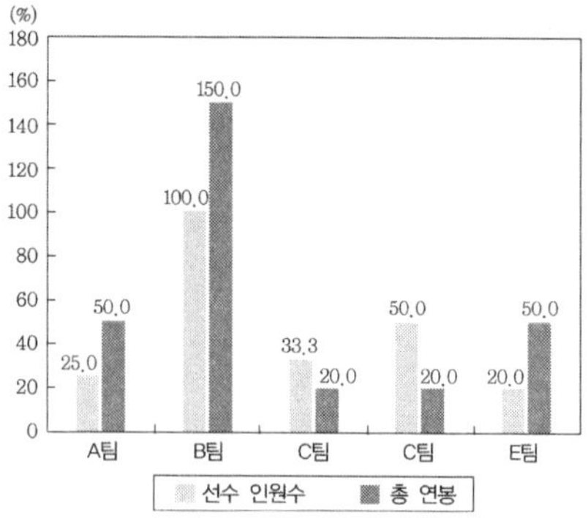

※ 전년대비 증가율은 소수점 둘째자리에서 반올림한 값이다.

① 2025년 팀 선수 평균 연봉은 D팀이 가장 많다.
② 2025년 전년대비 증가한 선수 인원수는 C팀과 D팀이 동일하다.
③ 2025년 A팀이 팀 선수 평균 연봉은 전년대비 증가하였다.
④ 2025년 선수 인원수가 전년대비 가장 많이 증가한 팀은 총 연봉도 가장 많이 증가하였다.
⑤ 2024년 총 연봉은 A팀이 E팀보다 많다.

14. 다음은 서원이가 매일하는 운동에 관한 기록지이다. 1회당 정문에서 후문을 왕복하여 달리는 운동을 할 때, <u>정문에서 후문까지의 거리 ㉠</u>과 <u>후문에서 정문으로 돌아오는데 걸린 시간 ㉡</u>은? (단, 매회 달리는 속도는 일정하다고 가정한다.)

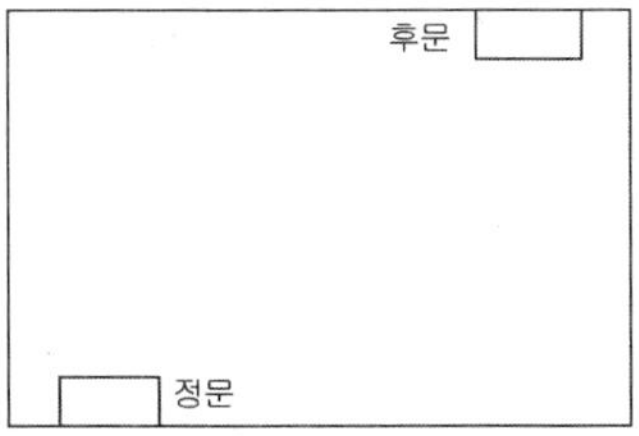

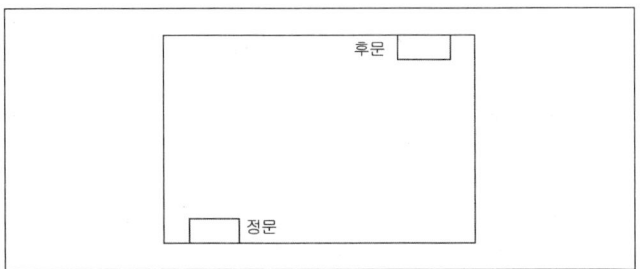

회차	속도		시간
1회	정문→후문	20m/초	5분
	후문→정문		
⋮			
5회			70분

※ 총 5회 반복

※ 마지막 바퀴는 10분을 쉬고 출발

	㉠	㉡		㉠	㉡
①	6,000m	7분	②	5,000m	8분
③	4,000m	9분	④	3,000m	10분
⑤	2,000m	11분			

15. 다음 글을 근거로 유추할 경우 옳은 내용만을 바르게 짝지은 것은?

- 9명의 참가자는 1번부터 9번까지의 번호 중 하나를 부여 받고, 동시에 제비를 뽑아 3명은 범인, 6명은 시민이 된다.
- '1번의 오른쪽은 2번, 2번의 오른쪽은 3번, …, 8번의 오른쪽은 9번, 9번의 오른쪽은 1번'과 같이 번호 순서대로 동그랗게 앉는다.
- 참가자는 본인과 바로 양 옆에 앉은 사람이 범인인지 시민인지 알 수 있다.
- "옆에 범인이 있다."라는 말은 바로 양 옆에 앉은 2명 중 1명 혹은 2명이 범인이라는 뜻이다.
- "옆에 범인이 없다."라는 말은 바로 양 옆에 앉은 2명 모두 범인이 아니라는 뜻이다.
- 범인은 거짓말만 하고, 시민은 참말만 한다.

㉠ 1, 4, 6, 7, 8번의 진술이 "옆에 범인이 있다."이고, 2, 3, 5, 9번의 진술이 "옆에 범인이 없다."일 때, 8번이 시민임을 알면 범인들을 모두 찾아낼 수 있다.

㉡ 만약 모두가 "옆에 범인이 있다."라고 진술한 경우, 범인이 부여받은 번호의 조합은 (1, 4, 7) / (2, 5, 8) / (3, 6, 9) 3가지이다.

㉢ 한 명만이 "옆에 범임이 없다."라고 진술한 경우는 없다.

① ㉡ ② ㉢

③ ㉠, ㉡ ④ ㉠, ㉢

⑤ ㉠, ㉡, ㉢

16. 아래는 이야기 내용과 그에 관한 설명이다. 이야기에 관한 설명 중 이야기 내용과 일치하는 것은 모두 몇 개인가?

> [이야기 내용] 미용사가 한 여성의 머리를 커트하고 있었고, 한 남성은 옆의 소파에 앉아 기다리고 있었다. 이 여성에 대한 커트가 끝나자, 기다리던 남성도 머리를 커트하였다. 커트 비용으로 여자 미용사는 남성으로부터 모두 10,000원을 받았다. 이들 3사람 외에 다른 사람은 없었다.
> [이야기에 관한 설명]
> 1. 이 미용실의 손님은 여성과 남성 각각 1명씩이었다.
> 2. 이 미용실의 미용사는 여성이다.
> 3. 여자 미용사는 남성의 머리를 커트하였다.
> 4. 돈을 낸 사람은 머리를 커트한 남자 손님이었다.
> 5. 이 미용실의 커트 비용은 일인당 5,000원이었다.
> 6. 머리를 커트한 사람은 모두 2명이다.

① 0개 ② 1개 ③ 2개 ④ 3개 ⑤ 4개

17. 재적의원이 210명인 '갑'국 의회에서 다음과 같은 규칙에 따라 안건 통과 여부를 결정한다고 할 때, 옳은 설명만으로 바르게 짝지어진 것은?

> 〈규칙〉
> • 안건이 상정된 회의에서 기권표가 전체의 3분의 1 이상이면 안건은 부결된다.
> • 기권표를 제외하고, 찬성 또는 반대의견을 던진 표 중에서 찬성표가 50%를 초과해야 안건이 가결된다.

※ 재적의원 전원이 참석하여 1인 1표를 행사하였고, 무효표는 없다.

> ㉠ 70명이 기권하여도 71명이 찬성하면 안건은 가결된다.
> ㉡ 104명이 반대하면 기권표에 관계없이 안건이 부결된다.
> ㉢ 141명이 찬성하면 기권표에 관계없이 안건이 가결된다.
> ㉣ 안건이 가결될 수 있는 최소 찬성표는 71표이다.

① ㉠, ㉡
② ㉠, ㉢
③ ㉡, ㉢
④ ㉡, ㉣
⑤ ㉢, ㉣

18. **다음은 L공사의 국민임대주택 예비입주자 통합 정례모집 관련 신청자격에 대한 사전 안내이다. 甲~戊 중 국민임대주택 예비입주자로 신청할 수 있는 사람은? (단, 함께 살고 있는 사람은 모두 세대별 주민등록표상에 함께 등재되어 있고, 제시되지 않은 사항은 모두 조건을 충족한다고 가정한다)**

□ 20××년 5월 정례모집 개요

구분	모집공고일	대 상 지 역
20××년 5월	20××. 5. 7(화)	수도권
	20××. 5. 15(수)	수도권 제외한 나머지 지역

□ 신청자격

입주자모집공고일 현재 무주택세대구성원으로서 아래의 소득 및 자산보유 기준을 충족하는 자

※ 무주택세대구성원이란?

다음의 세대구성원에 해당하는 사람 전원이 주택(분양권 등 포함)을 소유하고 있지 않은 세대의 구성원을 말합니다.

세대구성원(자격검증대상)	비고
• 신청자	
• 신청자의 배우자	신청자와 세대 분리되어 있는 배우자도 세대구성원에 포함
• 신청자의 직계존속 • 신청자의 배우자의 직계존속 • 신청자의 직계비속 • 신청자의 직계비속의 배우자	신청자 또는 신청자의 배우자와 세대별 주민등록표상에 함께 등재되어 있는 사람에 한함
• 신청자의 배우자의 직계비속	신청자와 세대별 주민등록표상에 함께 등재되어 있는 사람에 한함

※ 소득 및 자산보유 기준

구분	소득 및 자산보유 기준		
	가구원수	월평균 소득기준	참고사항
소득	3인 이하 가구	3,781,270원 이하	• 가구원수는 세대구성원 전원을 말함(외국인 배우자와 임신 중인 경우 태아 포함) • 월평균소득액은 세전금액으로서 세대구성원 전원의 월평균소득액을 모두 합산한 금액임
	4인 가구	4,315,641원 이하	
	5인 가구	4,689,906원 이하	
	6인 가구	5,144,224원 이하	
	7인 가구	5,598,542원 이하	
	8인 가구	6,052,860원 이하	
자산	• 총자산가액 : 세대구성원 전원이 보유하고 있는 총자산가액 합산기준 28,000만 원 이하		
	• 자동차 : 세대구성원 전원이 보유하고 있는 전체 자동차가액 2,499만 원 이하		

① 甲의 아내는 주택을 소유하고 있지만, 甲과 세대 분리가 되어 있다.

② 아내의 부모님을 모시고 살고 있는 乙 가족의 월평균소득은 500만 원이 넘는다.

③ 丙은 재혼으로 만난 아내의 아들과 함께 살고 있는데, 아들은 전 남편으로부터 물려받은 아파트 분양권을 소유하고 있다.

④ 丁은 독신으로 주택을 소유하고 있지는 않지만 2억 원의 현금과 3천만 원짜리 자동차가 있다.

⑤ 어머니를 모시고 사는 戊은 아내가 셋째 아이를 출산하면서 戊 가족의 월평균소득으로는 1인당 80만 원도 돌아가지 않게 되었다.

19. **다음은 서울교통공사가 안전하고 행복한 지하철 이용을 위해 제공한 '안전장비 취급요령'에 대한 내용이다. 보기 내용 중 가장 적절하지 않은 것은?**

소화기 사용 방법	1. 안전핀 제거	소화기의 안전핀을 뽑는다. 이때 상단레버만 손으로 잡는다.	
	2. 화재 방향 조준	바람을 등지고 3~5m 전방에서 호스를 불쪽으로 향해 잡는다.	
	3. 상단 레버	상단레버(손잡이)를 힘껏 움켜잡는다.	
	4. 약제 방사	불길 양 옆으로 골고루 약제를 방사한다.	
	유의사항	• 소화기를 방사할 때 너무 가까이 접근하여 화상을 입지 않도록 주의한다. • 바람을 등지고 상하로 방사한다. • 지하공간이나 창이 없는 곳에서 사용하면 질식의 우려가 있다. • 방사할 때 기화에 따른 동상을 주의한다. • 방사된 가스는 마시지 말고 사용 후 즉시 환기하여야 한다.	
소화전 사용 방법	1. 호스 반출	소화전함을 열고 호스를 꺼내 불이 난 곳까지 꼬이지 않게 펼친다.	
	2. 개폐밸브 개방	소화전 벨브를 왼쪽 방향으로 돌리면서 서서히 연다.	
	3. 방수	호스 끝 부분을 두 손으로 꼭 잡고 불이 난 곳을 향하여 불을 끈다.	
	유의사항	• 노즐 조작자와 개폐밸브 및 호스 조작자 등 최소 2명이 필요하다. • 소화전 사용 시 호스가 꺾이지 않도록 주의하고 호스의 반동력이 크므로 노즐을 도중에 내려놓거나 놓치지 않도록 주의한다.	
비상 코크 사용 방법	1. 위치 확인	출입문 비상코크 위치를 확인하고 뚜껑을 연다.	
	2. 비상코크 조작	비상코크를 잡고 몸 쪽으로 당긴다.	
	3. 출입문 개방	출입문을 양손으로 잡고 당겨 연다.	
	유의사항	• 출입문 비상코크는 객차 내 의자 양 옆 아래쪽에 위치해 있다. • 선로에 내릴 땐 다른 열차가 오는지 주의해야 한다.	
비상 통화 장치 사용 방법	1. 커버 열기	커버를 열고 마이크를 꺼낸다.	
	2. 통화	운전실에 비상경보음이 울리며, 마이크를 통해 승무원과 통화가 가능하다.	
	기타사항	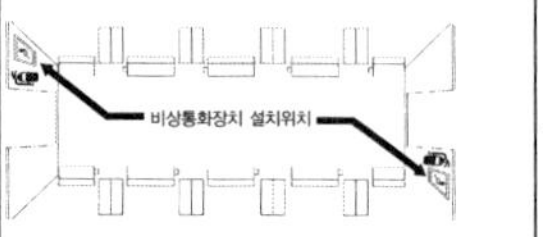	–객실당 2개 설치 –내장재 교체 차량에 설치

① 소화기를 잘못 사용하게 되면 화상 및 동상을 입을 수도 있다.

② 비상시에 출입문을 손으로 열기 위해서는 객차 양 끝의 장치를 조작해야만 한다.

③ 최소 2명이 있어야 사용할 수 있는 장치는 소화전뿐이다.

④ 소화기는 가급적 공기가 통하는 곳에서 사용하는 것이 안전하다.

⑤ 소화전 사용 시 노즐을 도중에 내려놓지 않도록 주의해야 한다.

| 20~21 | 다음은 S공사에서 제공하는 휴양콘도 이용 안내문이다. 다음 안내문을 읽고 이어지는 물음에 답하시오.

▲ 휴양콘도 이용대상

• 주말, 성수기 : 월평균소득이 243만 원 이하 근로자

– 평일 : 모든 근로자(월평균소득이 243만 원 초과자 포함), 특수형태근로종사자

– 이용희망일 2개월 전부터 신청 가능

– 이용희망일이 주말, 성수기인 경우 최초 선정일 전날 23시 59분까지 접수 요망. 이후에 접수할 경우 잔여객실 선정일정에 따라 처리

▲ 휴양콘도 이용우선순위

① 주말, 성수기

• 주말 · 성수기 선정 박수가 적은 근로자

• 이용가능 점수가 높은 근로자

• 월평균소득이 낮은 근로자

※ 위 기준 순서대로 적용되며, 근로자 신혼여행의 경우 최우선 선정

② 평일: 선착순

▲ 이용 · 변경 · 신청취소

• 선정결과 통보 : 이용대상자 콘도 이용권 이메일 발송

• 이용대상자로 선정된 후에는 변경 불가 → 변경을 원할 경우 신청 취소 후 재신청

• 신청취소는 「근로복지서비스 〉 신청결과확인」 메뉴에서 이용일 10일 전까지 취소

※ 9일전~1일전 취소는 이용점수가 차감되며, 이용당일 취소 또는 취소 신청 없이 이용하지 않는 경우 (No-Show) 1년 동안 이용 불가

• 선정 후 취소 시 선정 박수에는 포함되므로 이용우선순위에 유의(평일 제외)

※ 기준년도 내 선정 박수가 적은 근로자 우선으로 자동선발하고, 차순위로 점수가 높은 근로자 순으로 선발하므로 선정 후 취소 시 차후 이용우선순위에 영향을 미치니 유의하시기 바람

– 이용대상자로 선정된 후 타인에게 양도 등 부정사용 시 신청일 부터 5년간 이용 제한

▲ 기본점수 부여 및 차감방법 안내

• 매년(년1회) 연령에 따른 기본점수 부여

[월평균소득 243만 원 이하 근로자]

연령대	50세 이상	40~49세	30~39세	20~29세	19세 이하
점수	100점	90점	80점	70점	60점

※ 월평균소득 243만 원 초과 근로자, 특수형태근로종사자, 고용·산재보험 가입사업장 : 0점

• 기 부여된 점수에서 연중 이용점수 및 벌점에 따라 점수 차감

구분	이용점수(1박당)			벌점	
	성수기	주말	평일	이용취소 (9~1일 전 취소)	No-show (당일취소, 미이용)
차감점수	20점	10점	0점	50점	1년 사용제한

▲ 벌점(이용취소, No-show)부과 예외

• 이용자의 배우자·직계존비속 또는 배우자의 직계존비속이 사망한 경우

• 이용자 본인·배우자·직계존비속 또는 배우자의 직계존비속이 신체이상으로 3일 이상 의료기관에 입원하여 콘도 이용이 곤란한 경우

• 운송기관의 파업·휴업·결항 등으로 운송수단을 이용할 수 없어 콘도 이용이 곤란한 경우

※ 벌점부과 예외 사유에 의한 취소 시에도 선정박수에는 포함되므로 이용우선순위에 유의하시기 바람

20. **다음 중 위의 안내문을 보고 올바른 콘도 이용계획을 세운 사람은 누구인가?**

① "난 이용가능 점수도 높아 거의 1순위인 것 같은데, 올해엔 시간이 없으니 내년 여름휴가 때 이용할 콘도나 미리 예약해 둬야겠군."

② "경태 씨, 우리 신혼여행 때 휴양 콘도 이용 일정을 넣고 싶은데 이용가능점수도 낮고 소득도 좀 높은 편이라 어려울 것 같네요."

③ "여보, 지난 번 신청한 휴양콘도 이용자 선정 결과가 아직 안 나왔나요? 신청할 때 제 전화번호를 기재했다고 해서 계속 기다리고 있는데 전화가 안 오네요."

④ "영업팀 최 부장님은 50세 이상이라서 기본점수가 높지만 지난 번 성수기에 2박 이용을 하셨으니 아직 미사용 중인 20대 엄 대리가 점수 상으로는 좀 더 선정 가능성이 높겠군."

⑤ "총무팀 박 대리는 엊그제 아버님 상을 당해서 오늘 콘도 이용은 당연히 취소겠군. 취소야 되겠지만 벌점 때문에 내년에 재이용은 어렵겠어."

21. 다음 〈보기〉의 신청인 중 올해 말 이전 휴양콘도 이용 순위가 높은 사람부터 순서대로 올바르게 나열한 것은 어느 것인가?

〈보기〉

A씨 : 30대, 월 소득 200만 원, 주말 2박 선정 후 3일 전 취소(무벌점)
B씨 : 20대, 월 소득 180만 원, 신혼여행 시 이용 예정
C씨 : 40대, 월 소득 220만 원, 성수기 2박 기 사용
D씨 : 50대, 월 소득 235만 원, 올 초 선정 후 5일 전 취소, 평일 1박 기 사용

① D씨 – B씨 – A씨 – C씨
② B씨 – D씨 – C씨 – A씨
③ C씨 – D씨 – A씨 – B씨
④ B씨 – D씨 – A씨 – C씨
⑤ B씨 – A씨 – D씨 – C씨

| 22~23 | 다음 위임전결규정을 보고 이어지는 질문에 답하시오.

〈결재규정〉

- 결재를 받으려는 업무에 대해서는 최고결재권자(대표이사)를 포함한 이하 직책자의 결재를 받아야 한다.
- '전결'이라 함은 회사의 경영활동이나 관리활동을 수행함에 있어 의사 결정이나 판단을 요하는 일에 대하여 최고결재권자의 결재를 생략하고, 자신의 책임 하에 최종적으로 의사 결정이나 판단을 하는 행위를 말한다.
- 전결사항에 대해서도 위임 받은 자를 포함한 이하 직책자의 결재를 받아야 한다.
- 표시내용 : 결재를 올리는 자는 최고결재권자로부터 전결사항을 위임받은 자가 있는 경우 결재란에 전결이라고 표시하고 최종결재권자란에 위임 받은 자를 표시한다. 다만, 결재가 불필요한 직책자의 결재란은 상향대각선으로 표시한다.
- 최고결재권자의 결재사항 및 최고결재권자로부터 위임된 전결사항은 아래의 표에 따른다.

구분	내용	금액기준	결재서류	팀장	본부장	대표이사
접대비	거래처 식대, 경조사비 등	20만 원 이하	접대비 지출품의서 지출결의서	● ■		
		30만 원 이하			● ■	
		30만 원 초과				● ■
교통비	국내 출장비	30만 원 이하	출장계획서 출장비 신청서	● ■		
		50만 원 이하		●	■	
		50만 원 초과		●		■
	해외 출장비			●		■
소모품비	사무용품		지출결의서	■		
	문서, 전산 소모품					■
	기타 소모품	20만 원 이하		■		
		30만 원 이하			■	
		30만 원 초과				■
교육훈련비	사내외 교육		기안서 지출결의서	●		■
법인카드	법인카드 사용	50만 원 이하	법인카드 신청서	■		
		100만 원 이하			■	
		100만 원 초과				■

※ ● : 기안서, 출장계획서, 접대비지출품의서
■ : 지출결의서, 세금계산서, 발행요청서, 각종신청서

22. 홍 대리는 바이어 일행 내방에 따른 저녁 식사비로 약 120만 원의 지출 비용을 책정하였다. 법인카드를 사용하여 이를 결제할 예정인 홍 대리가 작성해야 할 문서의 결재 양식으로 옳은 것은 어느 것인가?

①

법인카드신청서				
결재	담당	팀장	본부장	대표이사
	홍 대리			

②

접대비지출품의서				
결재	담당	팀장	본부장	대표이사
	홍 대리			

③

법인카드신청서				
결재	담당	팀장	본부장	최종결재
	홍 대리			/

④

접대비지출품의서				
결재	담당	팀장	본부장	대표이사
	홍 대리		전결	/

⑤

법인카드신청서				
결재	담당	팀장	본부장	대표이사
	홍 대리			\

23. 권 대리는 광주로 출장을 가기 위하여 출장비 45만 원에 대한 신청서를 작성하려 한다. 권 대리가 작성해야 할 문서의 결재 양식으로 옳은 것은 어느 것인가?

①

출장비신청서				
결재	담당	팀장	본부장	최종결재
	권 대리			본부장

②

출장비계획서				
결재	담당	팀장	본부장	최종결재
	권 대리			/

③

출장비계획서				
결재	담당	팀장	본부장	최종결재
	권 대리		전결	/

④

출장비신청서				
결재	담당	팀장	본부장	최종결재
	권 대리			/

⑤

출장비신청서				
결재	담당	팀장	본부장	최종결재
	권 대리		전결	본부장

Ⅰ24~25Ⅰ 다음은 서울교통공사의 '주요 안전투자 세부 내역'과 '조직도'의 일부이다. 각 물음에 답하시오.

〈주요 안전투자 세부 내역〉

(단위 : 억 원)

구분	내용	2024년	2025년	증감
합계		4,537	5,223	686
전동차	2 · 3호선 노후전동차 교체	1430	852	△578
	5 · 7호선 노후전동차 교체	1	704	703
	전동차 전방 CCTV설치 등	57	116	59
승강장 안전문	승강장안전문 전면 재시공	70	119	49
	PSD비상문 교체	132	105	△27
	PSD 검지센서 모니터링 등	2	13	11
내진 및 고가 구조물	내진성능 보강	592	551	△41
	방음벽 및 고가 구조물 보강	19	47	28
	고가 구조물 유지보수 및 진단	17	16	△1
공기질	시청(2)역 석면 제거	11	110	99
	공기질 개선 측정기구	0	72	72
	잠실새내역 환경개선 등	15	147	132
디지털 기반 안전 시스템 (SCM)	스마트 차량검수 시스템 구축	20	34	14
	기계설비자동제어(SAMBA)	36	95	59
	CCTV 지능형통합모니터링	20	174	154
	차세대 정보통신망 구축	110	253	143
	운행정보 실시간모니터링 등	9	9	0
노후시설 개선	노후 전선로 개량	97	193	96
	노후 전력설비 개량	326	268	△58
	노후 제연설비 개량 등	653	491	△162
기타	승강편의 유지관리 용역	156	129	△27
	통합관제 시스템 구축	37	147	110
	안전5중 방호벽 시제품	727	578	△149

〈조직도〉

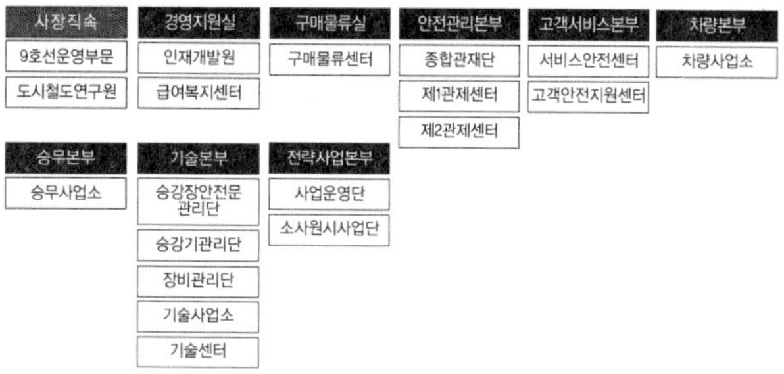

24. 다음 중 옳은 것을 모두 고르면?

㉠ 2024년과 2025년 모두 안전투자 비용에서 가장 큰 비중을 차지하고 있는 것은 '전동차'이다.
㉡ 공기질 개선 측정기구를 통해 공기질을 관리하는 것은 2025년에 새로 도입한 방법일 것이다.
㉢ 노후 전선로 및 노후 전력설비 개량비용은 2024년과 2025년 모두 노후시설 개선 분야에서 절반 이상의 비중을 차지한다.
㉣ 2024년에 비해 2025년에 각 세부 내용의 투자비용이 모두 증가한 분야는 '공기질'과 '디지털 기반 안전시스템(SCM)'이다.

① ㉠, ㉢
② ㉡, ㉣
③ ㉠, ㉡, ㉣
④ ㉡, ㉢, ㉣
⑤ ㉠, ㉡, ㉢, ㉣

25. 조직도를 참고할 때, 유추할 수 있는 내용으로 가장 잘못된 것은?

① 승강장안전문에 대한 업무는 기술본부의 '승강장안전문관리단'에서 총괄할 것이다.
② 관제사가 되고자 하는 자는 종합관제단에서 실시하는 신체검사에 합격하여야 한다.
③ 통합 관제시스템 구축 예산안은 안전관리본부 소속 종합관제단에서 수립할 것이다.
④ 각종 유지보수에 필요한 소모품 등의 구매 및 계약은 구매물류실 소속 구매물류센터에서 총괄할 것이다.
⑤ 9호선운영부문은 업무와 관련하여 사장에게 직접 보고할 것이다.

26. 다음은 서울교통공사의 데이터 관리 규칙 중 일부를 나타낸 것이다. 다음 중 옳지 않은 것은?

① 데이터는 공사의 핵심 자산으로 인식하여 체계적으로 관리되어야 한다.

② 데이터는 공사 데이터 표준이 준수되어야 하며, 데이터의 정의를 일관되고 명확하게 함으로써 사용자에게 유용할 수 있도록 하여야 한다.

③ 데이터 수요자에게 유효한 데이터를 적시, 적소에 공급될 수 있도록 데이터의 흐름을 관리하여야 한다.

④ 데이터 품질지표를 설정하여 주기적인 평가활동을 수행하고 데이터에 대한 책임 및 관리 주체를 명확히 하여야 한다.

⑤ 데이터는 개인적인 저장소에 수집 · 저장하여 정보 수요자에게 제공되어야 한다.

27. 다음은 스프레드시트(엑셀)를 이용하여 진급 대상자 명단을 작성한 것이다. 옳은 설명만을 모두 고른 것은? (단, 순위[E4:E8]은 '자동채우기' 기능을 사용한다)

	A	B	C	D	E
1	진급 대상자 명단				
2				대상인원 :	5명
3	성명	코드	부서명	승진점수	순위
4	정태정	B	기획부	93	1
5	김태영	C	인사부	80	5
6	한인수	C	인사부	82	4
7	박술희	A	총무부	85	3
8	지명환	A	총무부	92	2
9					

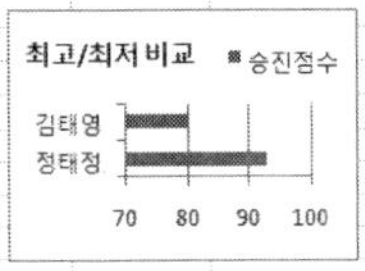

㉠ 차트는 '가로 막대형'으로 나타냈다.
㉡ 부서명을 기준으로 '오름차순' 정렬을 하였다.
㉢ 순위 [E4]셀의 함수식은 '=RANK(D4,$D$4:$D$8,0)'이다.

① ㉠ ② ㉡
③ ㉠, ㉢ ④ ㉡, ㉢
⑤ ㉠, ㉡, ㉢

| 28~29 | 다음은 서울교통공사에서 제공한 '시간대별 지하철 이용 인원수'를 나타낸 자료 중 일부이다. 각 물음에 답하시오.

	A	B	C	D	E	F	G	H	I	J
1	역명	구분	04 ~ 05	05 ~ 06	06 ~ 07	07 ~ 08	08 ~ 09	09 ~ 10	10 ~ 11	11 ~ 12
2	서울역	승차	43	386	478	1528	2853	2139	2240	3385
3	서울역	하차	2	342	2213	4387	9548	5577	3428	3082
4	시청	승차	3	80	132	285	363	509	609	864
5	시청	하차	0	164	756	3011	8725	3472	1763	1693
6	종각	승차	1	120	162	246	451	565	787	1246
7	종각	하차	1	213	1272	4317	12140	6222	3186	3029
8	종로3가	승차	7	152	163	229	421	507	993	1452
9	종로3가	하차	3	111	490	1005	2320	2507	2550	2668
10	종로5가	승차	1	78	112	211	332	465	842	1127
11	종로5가	하차	0	120	563	1330	4098	1928	1901	2105

28. 지하철역별로 시간대별 '승차' 인원수만 따로 보려고 할 때 가장 적절한 방법은?

① 구분에 '하차'라고 적혀 있는 3, 5, 7, 9, 11열을 삭제한다.

② lookup 함수를 이용한다.

③ 필터 기능을 이용하여 '구분' 셀(B1)에서 '승차'값만 선택한다.

④ '보기'의 '틀 고정'에서 '첫 행 고정'을 선택한다.

⑤ '조건부 서식 – 셀 강조 규칙'에서 '승차'를 포함한 텍스트 서식을 지정한다.

29. 위 자료를 다음과 같이 나타내려고 한다. 다음 중 사용한 기능이 아닌 것은?

	A	B	C	D	E	F	G	H	I	J
1	역명	04～05	05～06	06～07	07～08	08～09	09～10	10～11	11～12	시간대별 인원수 추이
2	서울역	45	728	2691	5915	12401	7716	5668	6467	
3	시청	3	244	888	3296	9088	3981	2372	2557	
4	종각	2	333	1434	4563	12591	6787	3973	4275	
5	종로3가	10	263	653	1234	2741	3014	3543	4120	
6	종로5가	1	198	675	1541	4430	2393	2743	3232	
7	시간대별 평균 이용자수	12.2	353.2	1268.2	3309.8	8250.2	4778.2	3659.8	4130.2	

① 열 삭제 ② sum 함수
③ 필터 ④ 스파크라인
⑤ average 함수

30. 경비 집행을 담당하는 H대리는 이번 달 사용한 비용 내역을 다음과 같이 정리하였다. 이를 본 팀장은 H대리에게 이번 달 간접비의 비중이 직접비의 25%를 넘지 말았어야 했다고 말한다. 다음과 같이 H대리가 생각하는 내용 중 팀장이 이번 달 계획했던 비용 지출 계획과 어긋나는 것은?

〈이번 달 비용 내역〉

* 직원 급여 1,200만 원	* 출장비 200만 원
* 설비비 2,200만 원	* 자재대금 400만 원
* 사무실 임대료 300만 원	* 수도/전기세 35만 원
* 광고료 600만 원	* 비품 30만 원
* 직원 통신비 60만 원	

① '비품을 다음 달에 살 걸 그랬네…'

② '출장비가 80만 원만 더 나왔어도 팀장님이 원하는 비중대로 되었을 텐데…'

③ '어쩐지 수도/전기세를 다음 달에 몰아서 내고 싶더라…'

④ '직원들 통신비를 절반으로 줄이기만 했어도…'

⑤ '가만, 내가 설비비 부가세를 포함했는지 확인해야겠다. 그것만 포함되면 될텐데…'

31. 다음은 공무원에게 적용되는 '병가' 규정의 일부이다. 다음을 참고할 때, 규정에 맞게 병가를 사용한 것으로 볼 수 없는 사람은?

병가(복무규정 제18조)

▲ 병가사유
- 질병 또는 부상으로 인하여 직무를 수행할 수 없을 때
- 감염병의 이환으로 인하여 그 공무원의 출근이 다른 공무원의 건강에 영향을 미칠 우려가 있을 때

▲ 병가기간
- 일반적 질병 또는 부상 : 연 60일의 범위 내
- 공무상 질병 또는 부상 : 연 180일의 범위 내

▲ 진단서를 제출하지 않더라도 연간 누계 6일까지는 병가를 사용할 수 있으나, 연간 누계 7일째 되는 시점부터는 진단서를 제출하여야 함

▲ 질병 또는 부상으로 인한 지각 · 조퇴 · 외출의 누계 8시간은 병가 1일로 계산, 8시간 미만은 계산하지 않음

▲ 결근 · 정직 · 직위해제일수는 공무상 질병 또는 부상으로 인한 병가일수에서 공제함

① 공무상 질병으로 179일 병가 사용 후, 같은 질병으로 인한 조퇴 시간 누계가 7시간인 K씨

② 일반적 질병으로 인하여 직무 수행이 어려울 것 같아 50일 병가를 사용한 S씨

③ 정직 30일의 징계와 30일의 공무상 병가를 사용한 후 지각 시간 누계가 7시간인 L씨

④ 일반적 질병으로 60일 병가 사용 후 일반적 부상으로 인한 지각 · 조퇴 · 외출 시간이 각각 3시간씩인 H씨

⑤ 진단서 없이 6일간의 병가 사용 후 지각 · 조퇴 · 외출 시간이 각각 2시간씩인 J씨

32. 다음과 같은 프로그램 명령어를 참고할 때, 아래의 모양 변화가 일어나기 위해서 두 번의 스위치를 눌렀다면 어떤 스위치를 눌렀는가? (위부터 아래로 차례로 1~4번 도형임)

스위치	기능
◉	1번, 4번 도형을 시계 방향으로 90도 회전함
◈	2번, 3번 도형을 시계 방향으로 90도 회전함
▣	1번, 2번 도형을 시계 반대 방향으로 90도 회전함
◐	3번, 4번 도형을 시계 반대 방향으로 90도 회전함

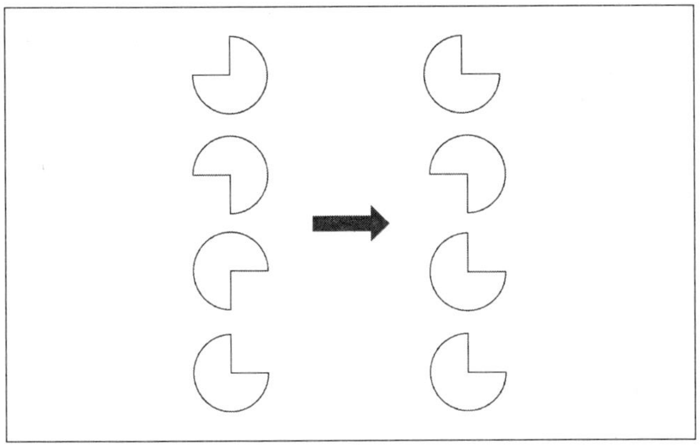

① ▣, ◉ ② ◈, ▣
③ ◉, ▣ ④ ◐, ◉
⑤ ◐, ◈

33. 다음의 사례는 4차 산업발전을 기반으로 한 C2C의 내용이다. 아래의 내용으로 미루어 보아 4차 산업발전의 기술을 기반으로 한 C 쇼핑이 제공하는 서비스와 가장 관련성이 높은 것은 무엇인가?

> 4차 산업혁명의 기술로 인해 우리의 실생활을 변화 시켜가고 있다. 자동차의 공유, 자전거우 공유, 우버택시 서비스, 카카오 택시 등 플랫폼을 활용한 공유경제가 우리 사회를 주도해 가고 있다. 특히 공유경제는 저비용, 고효율에 기반을 둔 개개인의 수익창출에 근간을 둔다. 공유경제의 기반은 플랫폼이다.
>
> 4차 산업혁명으로 인해 C2C의 경우 소비자는 상품을 구매하는 주체이면서 동시에 공급의 주체가 되기도 한다. 인터넷이 소비자들을 직접 연결시켜주는 시장의 역할을 하게 됨으로써 발생한 거래형태로 현재는 경매나 벼룩시장처럼 중고품을 중심으로 거래가 이루어지고 있는데, 그 한 가지 사례가 있어 소개한다.
>
> 스마트폰으로 팔고 싶은 물품의 사진이나 동영상을 인터넷에 올려 당사자끼리 직접 거래할 수 있는 모바일 오픈 마켓 서비스가 등장했다. C 쇼핑은 수수료를 받지 않고 개인 간 물품거래를 제공하는 스마트폰 애플리케이션 '오늘 마켓'을 서비스한다고 밝혔다. 기존 오픈 마켓은 개인이 물건을 팔려면 사진을 찍어 PC로 옮기고, 인터넷 카페나 쇼핑몰에 판매자 등록을 한 뒤 사진을 올리는 복잡한 과정을 거쳐야 했다. 오늘마켓은 판매자가 휴대전화로 사진이나 동영상을 찍어 앱으로 바로 등록할 수 있고 전화나 문자메시지, e메일, 트위터 등 연락 방법을 다양하게 설정할 수 있다.
>
> 구매자는 상품 등록시간이나 인기 순으로 상품을 검색할 수 있고 위치 기반 서비스(LBS)를 바탕으로 자신의 위치와 가까운 곳에 있는 판매자의 상품만 선택해 볼 수도 있다. 애플 스마트폰인 아이 폰용으로 우선 제공되며 안드로이드 스마트폰용은 상반기 안으로 서비스 예정이다. 이렇듯 4차 산업발전으로 인해 C2C 또한 빠르고 편리한 서비스를 제공하게 되는 것이다.

① 정부에서 필요로 하는 조달 물품을 구입할 시에 흔히 사용하는 입찰방식이다.
② 소비자와 소비자 간 물건 등을 매매할 수 있는 형태이다.
③ 정보의 제공, 정부문서의 발급, 홍보 등에 주로 활용되는 형태이다.
④ 홈뱅킹, 방송, 여행 및 각종 예약 등에 활용되는 형태이다.
⑤ 4차 산업혁명과 C2C는 기술적으로 아무런 관련성이 없는 방식이다.

34. 추후 우리나라의 물류 및 유통 분야도 4차 산업혁명의 영향을 많이 받게 될 것이다. 아래의 그림은 이러한 기술의 발전으로 인해 불필요한 물류흐름을 줄이고 나타낸 형태이다. 이때 기술발전으로 인한 물류의 각 단계별 흐름에 대한 설명으로 옳게 연결된 것을 고르면?

아마도 완전히 자동화되어 사람은 단 한 명도 찾아볼 수 없는 광경일 것이다. 좀 더 상상력이 뛰어난 사람이라면 드론이 날아다니며 물품을 옮기고, 인간형 로봇들이 물품을 분류하는 장면까지 그려낼 수 있을 것이다.

그러한 상상의 그림이 현실로 이루어질 때가 멀지 않았다. 인공지능, 빅데이터, 사물인터넷 등 다양한 ICT 기술과 타 산업의 융합을 근간으로 하는 4차 산업혁명이 현실로 다가오기 시작했다. 이는 비단 제조업계에 국한된 이야기가 아니다. 미래의 물류창고는 이미 그 모습을 드러내기 시작했다. 새로운 기술의 활용과 더불어 물류 창고 내의 패러다임에도 많은 변화가 이뤄지고 있다. 지브라 테크놀로지스의 연구 보고서에 따르면 물류창고 업계의 62%가 향후 5년 이내에 음성-화면 피킹 방식을 도입함으로써 작업자들의 눈과 손을 자유롭게 하고 작업 생산성을 높일 계획이다. 또한 응답자의 61%는 2020년까지 크로스도킹(Cross-Docking, 물품을 적재하지 않고 들어오는 차량에서 나가는 차량으로 곧바로 옮겨 싣는 방식) 사용을 확대해 작업 효율성을 극대화 할 예정이다.

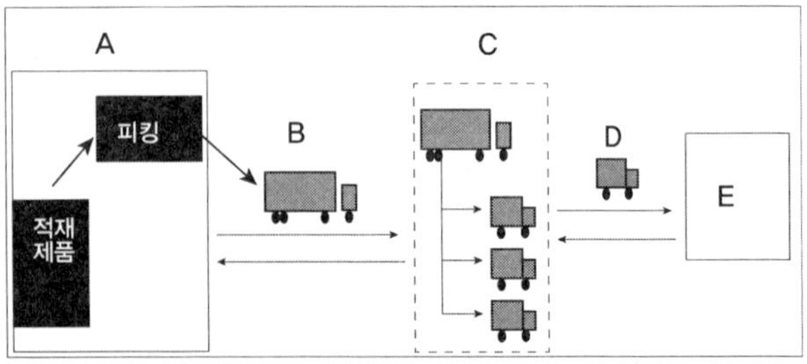

① A : 창고 → B : 수송 → C : 크로스도크 운송 → D : 루트 배송 → E : 고객

② A : 창고 → B : 수송 → C : 루트 배송 → D : 크로스도크 운송 → E : 고객

③ A : 창고 → B : 크로스도크 운송 → C : 수송 → D : 루트 배송 → E : 고객

④ A : 수송 → B : 창고 → C : 크로스도크 운송 → D : 루트 배송 → E : 고객

⑤ A : 수송 → B : 루트 배송 → C : 크로스도크 운송 → D : 창고 → E : 고객

35. 일본을 상대로 하는 무역회사에 다니고 있는 김 대리는 지금 하고 있는 일이 너무 익숙해져버려서 변화를 주어야겠다는 느낌을 받고 자기개발을 하려고 한다. 김 대리는 업무에 필요한 기초적인 일본어는 가능하지만 고급 일본어 구사에 부족함을 느껴 일본어를 공부하기로 마음을 먹었다. 다음은 김 대리가 목표와 계획을 작성한 것이다. 이를 본 상사의 반응으로 옳지 않은 것은?

〈김 대리의 자기개발 계획〉

- 목표 : 고급 일본어 공부하기
- 계획 : 일주일에 3일 고급 일본어 강의 수강
- 방법 : 퇴근하고 화, 목, 토요일 저녁 8~9시까지 집 근처 학원에서 고급 일본어를 수강

〈학원 강의 시간표〉

시간	월	화	수	목	금	토
07:00 ~ 08:00	고급 일본어	초급 중국어	고급 일본어	초급 중국어	고급 일본어	초급 중국어
20:00 ~ 21:00	초급 중국어	고급 일본어	초급 중국어	고급 일본어	초급 중국어	고급 일본어

① 목표를 장 · 단기로 나눠서 구체적으로 정하는 것이 더 좋을 것 같은데.

② 우리 회사의 특성상 야근이 많을 수 있으므로 퇴근 후보다는 출근 전에 학원을 가는 것이 좋지 않겠나?

③ 김 대리는 일본어는 기본적인 대화가 가능하니까, 이참에 중국어를 배워보는 건 어떻겠나?

④ 자기개발은 현재 직무를 고려해야 하는데 현재의 직무를 고려하지 않은 것이 흠이군.

⑤ 온라인 강의는 어떤가? 퇴근 후 학원까지 가야하는 번거로움이 줄어들 것 같은데.

36. **다음의 각 사례는 대인관계 향상을 위한 내용들이다. 이에 대한 각 사례를 잘못 파악하고 있는 것을 고르면?**

> ㉠ 야구를 매우 좋아하는 아들을 둔 친구가 있었다. 그러나 이 친구는 야구에 전혀 관심이 없었다. 어느 해 여름, 그는 아들을 데리고 프로야구를 보기 위해 여러 도시를 다녔다. 야구 구경은 6주일 이상이 걸렸고 비용 역시 엄청나게 많이 들었다. 그러나 이 여행이 부자간의 인간관계를 강력하게 결속시키는 계기가 되었다. 내 친구에게 "자네는 그 정도로 야구를 좋아하나?"라고 물었더니 그는 "아니, 그렇지만 내 아들을 그만큼 좋아하지."라고 대답했다.
>
> ㉡ 나는 몇 년 전에 두 아들과 함께 저녁시간을 보낸 적이 있다. 체조와 레슬링을 구경하고 영화를 관람하고 돌아오는 길에, 날씨가 몹시 추웠기 때문에 나는 코트를 벗어서 작은 아이를 덮어 주었다. 큰 아이는 보통 재미있는 일이 있으면 수다스러운 편인데, 그날따라 유난히 계속 입을 다물고 있었고 돌아와서는 곧장 잠잘 채비를 하였다. 그 행동이 이상해서 큰 아이의 방에 들어가서 아이의 얼굴을 보니 눈물을 글썽이고 있었다. "얘야 무슨 일이니? 왜 그래?". 큰 아이는 고개를 돌렸고 나는 그 애의 떨리는 눈과 입술 그리고 턱을 보며 그 애가 약간 창피함을 느끼고 있음을 눈치챘다. "아빠, 내가 추울 때 나에게도 코트를 덮어줄 거예요?". 그날 밤의 여러 프로그램 중 가장 중요한 것은 바로 그 사소한 친절행위였다. 작은 아이에게만 보여준 순간적이고 무의식적인 애정이 문제였던 것이다.
>
> ㉢ 나는 지키지 못할 약속은 절대로 하지 않는다는 철학을 가지고 이를 지키기 위해 노력해왔다. 그러나 이 같은 노력에도 불구하고 약속을 지키지 못하게 되는 예기치 않은 일이 발생하면 그 약속을 지키든가, 그렇지 않으면 상대방에게 나의 상황을 충분히 설명해 연기한다.
>
> ㉣ 업무설명서를 작성하는 것이 당신과 상사 중 누구의 역할인지에 대해 의견차이가 발생하는 경우를 생각해보자. 거의 모든 대인관계에서 나타나는 어려움은 역할과 목표 사이의 갈등이다. 누가 어떤 일을 해야 하는지의 문제를 다룰 때, 예를 들어 딸에게 방 청소는 시키거나 대화를 어떻게 해야 하는지, 누가 물고기에게 먹이를 주고 쓰레기를 내놓아야 하는지 등의 문제를 다룰 때, 우리는 불분명한 기대가 오해와 실망을 불러온다는 것을 알 수 있다.
>
> ㉤ 직장동료 K는 상사에게 매우 예의가 바른 사람이다. 그런데 어느 날 나와 단 둘이 있을 때, 상사를 비난하기 시작하였다. 나는 순간 의심이 들었다. 내가 없을 때 그가 나에 대한 악담을 하지 않을까?

① ㉠은 '상대방에 대한 이해심'과 관련한 내용으로 야구를 좋아하는 아들을 둔 아버지에 대한 사례이다.

② ㉡은 '사소한 일에 대한 관심'과 관련한 내용으로 사소한 일이라도 대인관계에 있어 매우 중요함을 보여주고 있다.

③ ㉢은 '약속의 이행'과 관련한 내용으로 대인관계 향상을 위해서는 철저하게 약속을 지키는 것이 매우 중요함을 보여주고 있다.

④ ㉣은 '기대의 명확화'와 관련한 내용으로 분명한 기대치를 제시해 주는 것이 대인관계에 있어서 오해를 줄이는 방법임을 보여주고 있다.

⑤ ㉤은 '진지한 사과'와 관련한 내용으로 자신이 잘못을 하였을 경우 진지하게 사과하는 것이 매우 중요하기는 하지만 같은 잘못을 되풀이하면서 사과를 하는 것은 오히려 대인관계 향상을 저해할 수 있음을 보여주고 있다.

37. 다음 상황에서 미루어 볼 때 이러한 고객 유형에 대한 응대요령으로 가장 적절한 것을 고르면?

> 타인이 보았을 때 유창하게 말하려는 사람은 자신을 과시하는 형태의 고객으로써 자기 자신은 모든 것을 다 알고 있는 전문가인 양 행동할 수 있다. 또한, 자신이 지니고 있는 확신에 대한 고집을 꺾지 않으려 하지 않으며 좀처럼 설득되지 않고 권위적인 느낌을 주어 상대의 판단에 영향을 미치려고 한다. 비록 언어 예절을 깍듯이 지키며 겸손한 듯이 행동하지만 내면에는 강한 우월감을 지니고 있으므로 거만한 인상을 주게 된다.

① 고객이 결정을 내리지 못하는 갈등요소가 무엇인지를 표면화시키기 위해 시기 적절히 질문을 하여 상대가 자신의 생각을 솔직히 드러낼 수 있도록 도와준다.

② 상대의 말에 지나치게 동조하지 말고 항의 내용의 골자를 요약해 확인한 후 문제를 충분히 이해하였음을 알리고 문제 해결에 대한 확실한 결론을 내어 고객에게 믿음을 주도록 한다.

③ 부드러운 분위기를 유지하며 정성스럽게 응대하되 음성에 웃음이 섞이지 않도록 유의한다.

④ 우선적으로 고객의 말을 잘 들으면서 상대의 능력에 대한 칭찬 및 감탄의 말로 응수해 상대를 인정하고 높여주면서 친밀감을 조성해야 한다.

⑤ 대화의 초점을 주제방향으로 유도해서 해결점에 도달할 수 있도록 자존심을 존중해 가면서 응대한다.

38. G사 홍보팀 직원들은 팀워크를 향상시킬 수 있는 방법에 대한 토의를 진행하며 다음과 같은 의견들을 제시하였다. 다음 중 팀워크의 기본요소를 제대로 파악하고 있지 못한 사람은 누구인가?

> A : "팀워크를 향상시키기 위해서는 무엇보다 팀원 간의 상호 신뢰와 존중이 중요하다고 봅니다."
> B : "또 하나 빼놓을 수 없는 것은 스스로에 대한 넘치는 자아의식이 수반되어야 팀워크에 기여할 수 있어요."
> C : "팀워크는 상호 협력과 각자의 역할에서 책임을 다하는 자세가 기본이 되어야 함을 우리 모두 명심해야 합니다."
> D : "저는 팀원들끼리 솔직한 대화를 통해 서로를 이해하는 일이 무엇보다 중요하다고 생각해요."
> E : "갈등을 어떻게 해결해 나가는지도 팀워크에 영향을 준다고 생각합니다."

① A ② B
③ C ④ D
⑤ E

39. 다음 제시된 직장 내 예절교육의 항목 중 적절한 내용으로 보기 어려운 설명을 모두 고른 것은?

> 가. 악수를 하는 동안에는 상대의 눈을 맞추기보다는 맞잡은 손에 집중한다.
> 나. 내가 속해 있는 회사의 관계자를 타 회사의 관계자에게 소개한다.
> 다. 처음 만나는 사람과 악수할 경우에는 가볍게 손끝만 잡는다.
> 라. 상대방에게서 명함을 받으면 받은 즉시 명함지갑에 넣지 않는다.
> 마. e-mail 메시지는 길고 자세한 것보다 명료하고 간략하게 만든다.
> 바. 정부 고관의 직급명은 퇴직한 사람을 소개할 경우엔 사용을 금지한다.
> 사. 명함에 부가 정보는 상대방과의 만남이 끝난 후에 적는다.

① 나, 라, 마, 사 ② 가, 다, 라
③ 나, 마, 바, 사 ④ 가, 다, 바
⑤ 가, 나, 라, 바

40. 영업팀에서 근무하는 조 대리는 아래와 같은 상황을 갑작스레 맞게 되었다. 다음 중 조 대리가 취해야 할 행동으로 가장 적절한 것은?

> 조 대리는 오늘 휴일을 맞아 평소 자주 방문하던 근처 고아원을 찾아가기로 하였다. 매번 자신의 아들인 것처럼 자상하게 대해주던 영수에게 줄 선물도 준비하였고 선물을 받고 즐거워할 영수의 모습에 설레는 마음을 감출 수 없었다.
> 그러던 중 갑자기 일본 지사로부터, 내일 방문하기로 예정되어 있던 바이어 일행 중 한 명이 현지 사정으로 인해 오늘 입국하게 되었다는 소식을 전해 들었다. 바이어의 한국 체류 시 모든 일정을 동행하며 계약 체결에 차질이 없도록 접대해야 하는 조 대리는 갑자기 공항으로 서둘러 출발해야 하는 상황에 놓이게 되었다.

① 업무상 긴급한 상황이지만, 휴일인 만큼 계획대로 영수와의 시간을 갖는다.

② 지사에 전화하여 오늘 입국은 불가하며 내일 비행기 편을 다시 알아봐 줄 것을 요청한다.

③ 영수에게 아쉬움을 전하며 다음 기회를 약속하고 손님을 맞기 위해 공항으로 나간다.

④ 지난 번 도움을 주었던 차 대리에게 연락하여 대신 공항 픽업부터 호텔 투숙, 저녁 식사까지만 대신 안내를 부탁한다.

⑤ 영수에게 먼저 들렀다가 조금 늦게 바이어 일행을 마중 나간다.

직무수행능력평가_경영학(40문항)

1. 테일러의 과학적 관리법에 대한 내용으로 옳지 않은 것은?

① 시간연구와 동작연구

② 차별적 성과급제

③ 분업의 원리에 입각한 직능식 조식

④ 고임금 저노무비

⑤ 봉사목적에 입각한 경영철학

2. 다음에서 빈 칸에 공통으로 들어갈 회사의 종류는?

> • ________은/는 2인 이상의 무한책임사원만으로 구성되는 일원적 조직의 회사로서 전사원이 회사 채무에 대하여 직접·연대·무한의 책임을 지고, 원칙적으로 각 사원이 업무집행권과 대표권을 가지는 회사이다.
> • ________은/는 2인 이상의 사원이 공동으로 정관을 작성하고, 설립등기를 함으로써 성립한다. 각 사원은 출자의무를 지지만 그 출자는 재산뿐만 아니라 노무와 신용까지도 할 수 있으며, 그 업무집행권과 대표권은 정관에 다른 규정이 없는 한 각 사원이 모두 가지게 된다.

① 유한회사

② 주식회사

③ 합명회사

④ 합자회사

⑤ 상장회사

3. 다음 빈 칸에 들어갈 개념으로 적절한 것은?

> 경제적으로 일종의 기업연합이나 법률적으로는 계약적 결합이며 법인격이 인정되지 않는다. 합리화 카르텔과 같이 시장 지배나 경제제한을 목적으로 하지 않는 것도 있지만, 본래 어느 정도의 계약이나 협정의 범위 내에서의 경쟁 제한을 목적으로 발생하였다.

① 트러스트

② 콘체른

③ 카르텔

④ 지주회사

⑤ 콤비나트

4. 프레드릭 테일러(Frederick W. Taylor)가 주장한 과학적 관리법에 대한 설명으로 옳지 않은 것은?

① 20세기 초 과학기술이 발전하면서 효율적인 생산성을 향상시켰지만 조직의 시스템은 발전하지 못하여 조직의 생산방식을 바꾸려 시도하였다.

② 경제적 보상을 통해 동기부여 하면 생산성을 증가시킬 수 있다.

③ 가장 효율적으로 과업을 수행하는 시간을 계산하고, 표준화시켜 지침서를 만들어 생산할 수 있도록 한다.

④ 자기성취를 추구하는 자주적인 인간을 기본으로 전제한다.

⑤ 테일러의 과업관리의 목표는 '높은 임금, 낮은 노무비의 원리'로 집약된다.

5. 매슬로우의 욕구단계론(Hierachy of needs Theory) 중 다음 설명에 해당하는 욕구는 무엇인가?

> • 외부로부터 자신을 보호, 보장받고 싶은 욕구
> • 신체적, 심리적 위험, 사회적 지위에 대한 위험에서 벗어나고 싶은 욕구
> • 동기부여를 위해 고용을 보장한다.

① 자아실현 욕구(self-actualization)

② 자기존중 욕구(esteem)

③ 사회적 욕구(social)

④ 안전욕구(safety)

⑤ 생리적 욕구(physiological)

6. 다음 보기에서 근대조직론의 창시자인 바나드(C.I. Barnard)가 주장하는 조직의 3요소는?

> ㉠ 공통의 목적
> ㉡ 모티베이션
> ㉢ 커뮤니케이션 네트워크
> ㉣ 리더십
> ㉤ 공헌의욕

① ㉠㉡㉢

② ㉠㉢㉣

③ ㉠㉢㉤

④ ㉡㉢㉣

⑤ ㉡㉣㉤

7. 포드시스템(ford system)에 관한 설명 중 적절하지 않은 것은?

① 기업관리에 있어서 인간관계의 분석과 노사 간의 협조에 중점을 두었다.

② 포드(H. Ford)는 기업의 경영을 사회에 대한 봉사의 수단으로 생각하였다.

③ 포드시스템은 과학적 관리운동이 봉착한 딜레마를 타개하기 위하여 주창된 것이었다.

④ 분업생산공정의 철저한 기계화로 각종 작업의 전체적 동시진행을 실현하고 관리활동을 자동화한 제도이다.

⑤ 포드가 최초로 컨베이어 시스템을 조립 작업에 적용한 것은 1913년 실시한 자기발전기의 조립 작업이다.

8. 전반적인 직무가치나 난이도 등과 같은 분류기준에 따라 여러 등급을 설정하고, 여기서 각 직무를 적절히 평가하여 배정하는 직무평가의 방법은 무엇인가?

① 서열법

② 분류법

③ 점수법

④ 요소비교법

⑤ 면접법

9. 다음 내용은 제품수명주기 중 어디에 해당하는가?

> • 급속히 성장하는 단계
> • 경쟁자가 점차적으로 증가하는 단계

① 도입기 ② 성장기

③ 성숙기 ④ 쇠퇴기

⑤ 휴면기

10. 다음은 사업부 전략 성공의 한 사례이다. 어떠한 전략에 대한 설명인가?

> 뉴코어 철강회사는 미니밀 기술을 개발하여 전기로 철을 만들기 시작하였다. 작은 방에서 고철 찌꺼기를 재생산해서 철을 만들 수 있는 기술을 개발하여 원가절감에 성공한 사례라 할 수 있다.

① 집중차별화 전략(Focused Differ-entiation)

② 원가우위 전략(Cost Leadership)

③ 차별화 전략(Differentiation)

④ 원가집중 전략(Cost Focus)

⑤ 비차별화 전략(undifferentiated)

11. 다음에서 GE 매트릭스의 '산업매력도'를 구성하는 변수를 모두 고르면?

㉠ 시장규모	㉡ 시장점유율
㉢ 성장율	㉣ 제품의 질
㉤ 경쟁정도	㉥ 경험곡선

① ㉠㉡㉢ ② ㉠㉡㉣㉤
③ ㉠㉢㉤㉥ ④ ㉡㉣㉥
⑤ ㉣㉤㉥

12. 다음 중 그린마케팅(Green Marketing)의 개념과 가장 관계가 밀접한 것은?

① 환경보호주의
② 메가 마케팅(Mega Marketing)
③ 소비자보호주의
④ 혁신적 마케팅
⑤ 공리주의

13. 다음 카테고리 수명주기에 따른 상품에 관한 설명으로 가장 바르지 않은 것은?

① 지속성 상품은 일시성 상품에 비해 여러 시즌에 걸쳐 판매가 이루어진다.
② 일시성 상품은 시간에 따라 매출유형이 가장 급격하게 변한다.
③ 일시성 상품은 상대적으로 짧은 시간에 많은 상품이 판매된다.
④ 유행성 상품과 계절성 상품은 여러 시즌에 걸쳐 특정 스타일의 판매가 이루어진다.
⑤ 일시성 상품과 지속성 상품은 특정시즌에서 다음 시즌으로의 극적인 판매의 변화가 거의 없다.

14. 다음 중 물류의 7R 원칙에 해당하지 않는 것은?

① 적절한 상품 ② 적절한 가격
③ 적절한 장소 ④ 좋은 인상
⑤ 적절한 상황

15. 다음은 가격차별에 대한 대화이다. 〈보기〉 중에서 옳은 진술을 한 사람만으로 짝지어진 것은?

〈보기〉

- 교수 : 가격차별의 예로 어떠한 것을 들 수 있습니까?
- 학생A : 비행기에서는 비즈니스석과 이코노미석의 가격을 차등적으로 받기 때문에 이는 가격차별의 예로 적절하다고 봅니다.
- 학생B : 놀이공원의 입장료와 놀이기구의 이용료를 따로 받는 것도 가격차별의 좋은 예가 될 수 있습니다.
- 교수 : 그렇다면 이러한 가격차별은 구체적으로 어느 경우에 일어납니까?
- 학생C : 반응함수가 나타나는 과점적 시장구조에서 쉽게 발생합니다.
- 학생D : 규모의 경제가 발생하는 경우에 흔하게 발생하지요.

① 학생A, 학생 B

② 학생B, 학생 C

③ 학생B, 학생 D

④ 학생B, 학생 C

⑤ 학생A, 학생 D

16. 다음 중 JIT 시스템의 효과로서 바르지 않은 것은?

① 분권화를 통한 관리의 증대

② 각 단계 간 수요변동의 증폭전달 방지

③ 수요의 변화에 대한 신속한 대응

④ 생산 리드타임의 증가

⑤ 불량의 감소

17. 다음 중 정량발주 시스템의 특징에 대한 것으로 옳지 않은 것은?

① 저렴한 발주 비용

② 정기적인 재고량의 점검

③ 품목별 관리

④ 사무관리가 용이

⑤ 발주시기는 비정기적

18. 다음의 내용이 설명하는 것으로 올바른 것을 고르면?

이것은 기업의 조직에서 관리자가 권력을 지니는 것은 그가 많은 잠재적 보상능력(호의적인 인사고과, 인정, 급여인상, 승진, 호의적인 업무할당 및 책임부여, 격려 등)을 지니고 있기 때문이다. 하지만 호의적인 업무나 또는 조직 내 중요한 책임할당의 경우에, 수임자가 이러한 무거운 책임감을 부담스러워 하든가 불안해한다면 그것은 보상이라고 볼 수 없다.

① 강압적 권력

② 전문적 권력

③ 준거적 권력

④ 보상적 권력

⑤ 합법적 권력

19. 다음 중 수요예측에 활용하는 시계열 분석에 대한 내용으로 가장 바르지 않은 것을 고르면?

① 시계열은 어떤 경제 현상이나 또는 자연 현상 등에 대한 시간적인 변화를 나타내는 자료이므로 어느 한 시점에서 관측된 시계열 자료는 그 이전까지의 자료들에 의존하게 되는 특성이 있다.

② 시계열 자료는 주가 지수와는 다르게 매 단위 시간에 따라 측정되어 생성되어지지 않으며 횡단면 자료에 비하여 상대적으로 많은 수의 변수로 구성되어진다.

③ 시간이 경과함에 따라 기술 진보에 의해 경제 현상들은 성장하게 되고, 농 · 수산 부문과의 연관된 경제 현상 등은 자연의 영향 특히 계절적 변동으로부터 많은 영향을 받게 된다.

④ 통계적인 숫자를 시간 흐름에 의해 일정한 간격으로 기록한 통계계열을 시계열 데이터라고 하며, 이러한 계열의 시간적인 변화에는 갖가지 원인에 기인한 변동이 포함되어 있다.

⑤ 이 방식은 경기변동 등의 연구에 활용되고 있다.

20. 다음은 무엇을 설명한 것인가?

(　　　　　)은/는 1960년대부터 급속히 세계적인 규모로 보급된 것으로서 수송 · 보관 · 통신 네트워크 등이 종합적인 시스템으로 작용해야 하며, 이러한 시스템을 어떻게 확립하느냐에 따라 유통경비가 크게 달라진다. 더불어 하역이나 또는 수송 등에 의해 발생하는 화물 손상의 감소로 인해 수송의 안전성이 향상되고, 고객과의 신뢰가 증진된다.

① 소매차륜이론

② ULS(Unit Load System)

③ 적시생산시스템

④ Cross Docking

⑤ 4P전략

21. 다음 중 아웃소싱 전략에 관한 설명으로 가장 거리가 먼 것은?

① 아웃소싱 전략은 경비절약, 기업의 규모축소, 전문화 등이 목적이다.

② 아웃소싱 전략은 정보통신기술(ICT)의 발달 등과 같은 최근의 환경변화는 아웃소싱을 파트너십에 입각한 전략적 차원으로 전환시키고 있다.

③ 핵심사업 부문에 집중, 채용의 용이성, 수수료 부담의 감소, 이직률의 하락, 고객에 대한 높은 충성도 등의 이점이 있다.

④ 통상적으로 정보기술의 개발능력 부족 등으로 잘 정비된 외부업체의 네트워크를 활용하기 위해 아웃소싱을 하게 된다.

⑤ 근로자들의 고용불안과 근로조건의 악화라는 단점이 있다.

22. 다음 중 재고의 기능과 유형에 대한 내용으로 바르지 않은 것은?

① 장래 수요에 대비한 비축재고

② 단거리 수송으로 인한 재고

③ 불확실성에 대비한 안전재고

④ 규모의 경제에 따라 발생하는 재고

⑤ 공정의 독립성을 유지하기 위한 완충재고

23. 기업 조직의 상하 구성원들이 서로의 참여 과정을 통해 기업 조직 단위와 구성원의 목표를 명확하게 설정하고, 그로 인한 생산 활동을 수행하도록 한 뒤, 업적을 측정 및 평가함으로써 조직 관리에 있어서의 효율화를 기하려는 일종의 포괄적인 조직관리 체제를 의미한다. 또한 이 방식은 종합적인 조직운영 기법으로 활용될 뿐만 아니라, 근무성적평정 수단으로, 더 나아가 예산 운영 및 재정 관리의 수단으로 다양하게 활용되고 있는 방식인데, 이를 무엇이라고 하는가?

① X이론 ② 목표에 의한 관리
③ Y이론 ④ 자기통제
⑤ Z이론

24. 다음은 교육훈련 기법 중 직장 외 교육훈련에 관한 설명이다. 이에 대한 설명으로 바르지 않은 것은?

① 이 방식은 현장의 직속상사를 중심으로 하는 라인 담당자를 중심으로 해서 이루어진다.
② 교육훈련을 담당하는 전문스태프의 책임 하에 집단적으로 교육훈련을 실시하는 방식이다.
③ 기업 내의 특정한 교육훈련시설을 통해서 실시되는 경우도 있고, 기업 외의 전문적인 훈련기관에 위탁하여 수행되는 경우도 있다.
④ 이러한 방식은 현장작업과 관계없이 계획적으로 훈련할 수 있는 방식이다.
⑤ 이러한 방식은 훈련결과를 직무현장에서 곧바로 활용하기 어렵다는 문제점이 있다.

25. 다음 중 GE 맥킨지 매트릭스에 대한 내용으로 옳지 않은 것은?

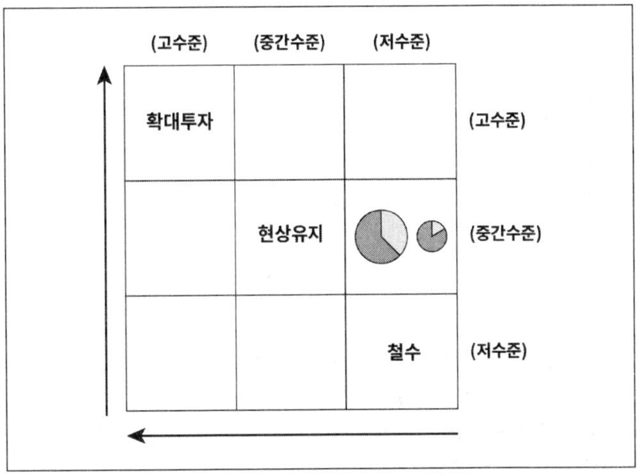

① 위 그림은 BCG 매트릭스보다 세부적으로 분석한 형태이다.
② 원의 크기는 단위사업의 성장률을 나타낸다.
③ 사업단위는 전략적이다.
④ GE 매트릭스의 이익창출영역은 BCG 매트릭스의 캐쉬카우, 물음표 사업부랑 동일하다.
⑤ 위 그림은 BCG 매트릭스와 마찬가지로 각 사업단위를 독립적으로 파악하고 내부적 자원만 고려하는 한계점을 지닌다.

26. 다음 중 캐롤(B.A. Carrol)의 피라미드 모형에서 제시된 기업의 사회적 책임의 단계로 옳은 것은?

① 경제적 책임 → 윤리적 책임 → 법적 책임 → 자선적 책임
② 경제적 책임 → 윤리적 책임 → 자선적 책임 → 법적 책임
③ 경제적 책임 → 법적 책임 → 윤리적 책임 → 자선적 책임
④ 경제적 책임 → 법적 책임 → 자선적 책임 → 윤리적 책임
⑤ 경제적 책임 → 자선적 책임 → 윤리적 책임 → 법적 책임

27. 칼스텐 솔하임은 '정보의 가치가 기업의 핸디캡을 줄일 수 있는 능력'이라고 한다. 기업이 정보를 이용하여 의사결정을 수행하는 데 있어 핸디캡을 줄이기 위해 정보시스템에 의존하는 경향과 가장 거리가 먼 것은 무엇인가?

① 정보시스템은 기업의 정보를 안전하게 보호하기 위한 보안장치를 제공한다.
② 분석정보보다 거래처리 정보에 의존한 의사결정 문제가 자주 발생하게 된다.
③ 의사결정을 신속하게 내려야 한다.
④ 대용량의 정보를 분석할 필요가 있다.
⑤ 좋은 의사결정을 내리려면 모델링이나 예측 같은 정교한 분석기법을 이용해야 한다.

28. 다음 중 BSC 균형성과표에 대한 내용으로 옳지 않은 것을 모두 고른 것은?

㉠ 균형성과표는 학습과 성장관점, 재무적 관점, 내부 프로세스 관점, 외부 프로세스 관점의 4가지로 구성된다. ㉡ 균형성과표는 외부와 내부의 균형을 맞춰야 한다. ㉢ 균형성과표는 과거의 성과, 미래 성과의 균형으로 구분된다. ㉣ 균형성과표에서 재무적 관점은 장기적이며, 나머지 관점은 단기적이다.

① ㉠, ㉡
② ㉠, ㉣
③ ㉡, ㉢
④ ㉡, ㉣
⑤ ㉢, ㉣

29. 아래 그림은 수익성 계층(profitability tiers)에 대한 고객 피라미드를 나타내고 있다. 이에 대한 내용으로 가장 적절하지 않은 것은?

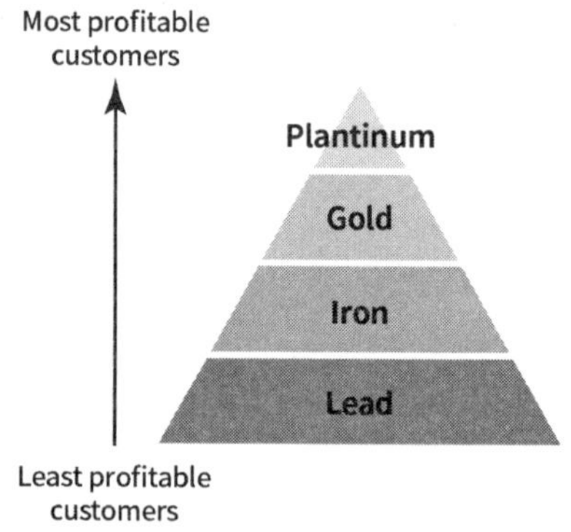

① 그림 하단의 least profitable customers에서 most profitable customers로 가는 것은 가장 수익성이 낮은 고객들에서 가장 수익성이 높은 고객들로 움직이는 것을 의미한다.
② 플래티넘층(platinum tier)은 가격에 민감하지 않은 고객층이다.
③ 골드층(gold tier)은 여러 기업과 관계를 맺음으로써 위험을 최소화하고자 하는 고객층이다.
④ 아이언층(iron tier)은 고객들의 수익은 특별한 대우를 할 만큼 충분하지 않다.
⑤ 리드(납)층(lead tier)은 자신들이 내는 수익성 이상의 배려를 요구하지 않는다.

30. 다음 중 합자회사에 관한 설명으로 옳은 것은?

① 합자회사의 설립절차는 합명회사와 다르다.

② 유한책임사원은 감시권이 없고 대표권만 가진다.

③ 지분의 양도는 무한책임사원의 동의 없이도 가능하다.

④ 무한책임사원과 직접 · 연대 · 유한책임사원(금전 기타 재산만 출자가능)으로 구성된다.

⑤ 유한책임사원의 경우, 회사채무자에게 정관에 정한 출자액의 한도 외에서도 책임을 부담한다.

31. 다음은 지각적 오류에 대한 설명이다. 지각적 오류를 가져올 수 있는 원인과 그 설명이 맞지 않는 것은?

① 선택적 지각(selective perception)이란 지각과정에서 자신의 배경, 경험 등 자신의 준거 체계에 유리하고 일관성 있는 자극만 선택적으로 받아들이는 것이다.

② 투사(projection)에 의해 면접 시 능력 없는 사람들을 면접 후에 봤다면 상대적으로 능력있는 사람으로 평가받을 수 있다.

③ 후광효과(halo effect)는 동료의 선한 행동 한 가지를 보고 성실한 사람으로 평가하는 것을 말한다.

④ 스테레오타입(stereotype)은 개인의 특성이 아니라 그 개인이 속한 사회적 집단의 특성에 대한 자신의 고정관념에 비춰 개인을 판단하는 것을 말한다.

⑤ 싫어하는 사람보다 좋아하는 사람을 더 호의적으로 평가하기 때문에 지각이 조직 상황에서 또 다른 지각 오류의 원천을 제공하는 것인데, 이를 유사효과(similar-to-me effect)라고 한다.

32. 의사결정에 필요한 모든 정보자료의 흐름을 과학적이고 합리적으로 체계화한 것은?

① MIS ② 포드시스템

③ 테일러시스템 ④ 파일링시스템

⑤ 적시생산시스템

33. 다음 중 기업의 사회적 책임 이행에 관련한 설명으로 가장 적절하지 않은 것은?

① 사회활동을 통해 사회적 책임을 다하는 기업에 대해서는 고객 평판이 좋아지는 장점이 있다.

② 환경오염 배출을 억제하는 것은 기업의 사회적 목적 실현에 도움이 안 된다.

③ 때로는 단기적인 경제적 목적 실현과 사회적 목적 실현이 상충되는 때도 있다.

④ 기업은 이익을 주주, 소비자, 사원, 공공단체 등과 적절히 나누어 가질 책임이 있다.

⑤ 기업의 사회적 책임은 기업이 사회 공동의 이익 창출을 위해 자발적으로 움직여야 하는 것이다.

34. 비교적 종업원의 관찰이 곤란한 직무에 적용이 가능하고, 그에 따른 신뢰성도 높은 반면에 직무분석에 필요한 정보를 충분히 취득할 수 없다는 문제점이 있는 직무분석 방법은?

① 질문지법 ② 중요사건서술법
③ 작업기록법 ④ 면접법
⑤ 추천법

35. 다음 중 성격이 다른 하나는?

① 기업 규모 ② 생계비
③ 경영전략 ④ 노동조합 조직여부
⑤ 기업의 지급능력

36. 다음 중 대상인물이 바라는 중요한 자원과 보상을 행위자가 통제하고 있다는 대상인물의 지각을 무엇이라고 하는가?

① 준거적 권력 ② 합법적 권력
③ 전문적 권력 ④ 보상적 권력
⑤ 강압적 권력

37. 다음의 기사를 읽고 밑줄 친 부분에 관련한 설명으로 가장 거리가 먼 것을 고르면?

> 국토교통부는 21일 올해 해외건설 현장훈련(OJT : On the Job Training) 지원 사업을 통해 선발한 중소·중견건설 업체 신규 채용인력 300명을 해외건설현장에 파견한다고 밝혔다. 이러한 지원 사업은 우수인력 확보가 어려운 중소·중견 건설사의 해외진출 지원 및 국내 실업난 해소를 위해 신규 채용인력의 해외현장 훈련비 일부를 지원하는 사업이다. 심의를 통해 선정된 업체는 왕복항공료를 포함한 파견비와 월 훈련비 80만 원 등 1인당 최대 연 1140만 원 내외의 금액을 지원받게 된다. 특히 올해부터는 업체 당 지원인원 한도를 10명에서 15명으로 늘리고 파견비에서 여행자보험료만 지원하던 것을 해외근로자 재해보상보험 등 파견과 관련된 모든 보험료로 확대했다. 신청을 희망하는 업체는 해외건설협회 인력센터에 방문 또는 우편으로 신청서를 접수하면 되고, 모집기간은 21일부터 모집 완료시까지다. 앞서 2012년부터 실시된 이 사업을 통해 중소·중견기업 101개 사에서 총 641여명을 신규 채용하여 63개국 171개 해외건설 현장으로 파견됐다. 이를 통해 중견·중소기업의 원활한 해외공사 수행 지원, 현장맞춤형 신규인력 양성 및 국내 고용률 증대 등 다양한 측면에서 효과를 거둔 바 있다. 국토부 해외건설정책과 관계자는 "앞으로 연 3,700명의 해외건설 전문 인력 추가 수요가 예상된다"며 "해외 전문 인력양성 규모를 확대하고 2015년 개교 예정인 해외건설·플랜트 마이스터고를 통해 우수인재를 발굴·육성하는 등 중소·중견 건설업체에 다각적인 인력 지원을 추진할 계획"이라고 밝혔다.

① 각 구성원의 습득 및 능력에 맞춰 훈련할 수 있다
② 교육훈련의 내용 및 수준에 있어서 통일시키기 어렵다.
③ 실행 면에서도 OFF JT보다 훨씬 용이하다.
④ 많은 수의 구성원들 교육이 가능하다.
⑤ 교육내용이 실무와 연결돼 체험적이고 실제적이다.

38. 다음 설명은 4P's 전략 중 어디에 해당하는가?

> • 제품은 마케팅 믹스의 첫 번째로 가장 중요한 요소이다.
> • 제품전략은 제품믹스, 브랜드, 포장 등에 대한 종합적 의사 결정을 말한다.
> • 제품이란 고객의 욕구를 충족시키기 위해 시장에 제공되는 것으로 유형 · 무형의 것을 말한다.

① 제품관리

② 가격관리

③ 경로관리

④ 촉진관리

⑤ 폐기관리

39. '선택과 집중' 전략의 예로 설명할 수 있으며 작은 고객군들과의 거래를 제한하고 우량고객에게 차별화된 서비스를 제공함으로 비용절감 및 수익의 극대화를 꾀하는 것으로 공급보다 수요가 많아 수요를 감소시키기 위한 전략으로도 사용되는 마케팅 방법은?

① 카운터마케팅(Counter Marketing)

② 디마케팅(Demarketing)

③ 자극적 마케팅(Stimulation Marketing)

④ 전환마케팅(Conversional Marketing)

⑤ 동시화마케팅(synchro Marketing)

40. 시장세분화의 기준으로 자주 사용되기도 하는 '사용률', '구매동기' 또는 '최종용도'와 같은 변수는 다음 중 어디에 속하는가?

① 지리적 변수

② 구매자 행동변수

③ 심리묘사적 변수

④ 사회경제적 변수

⑤ 인구통계학적 변수

절 취 선

서울교통공사 필기시험

성 명

(자 필 성 명)

생 년 월 일

⓪	⓪	⓪	⓪	⓪	⓪	⓪	⓪
①	①	①	①	①	①	①	①
②	②	②	②	②	②	②	②
③	③	③	③	③	③	③	③
④	④	④	④	④	④	④	④
⑤	⑤	⑤	⑤	⑤	⑤	⑤	⑤
⑥	⑥	⑥	⑥	⑥	⑥	⑥	⑥
⑦	⑦	⑦	⑦	⑦	⑦	⑦	⑦
⑧	⑧	⑧	⑧	⑧	⑧	⑧	⑧
⑨	⑨	⑨	⑨	⑨	⑨	⑨	⑨

직업기초능력평가												직무수행능력평가											
1	①	②	③	④	⑤	21	①	②	③	④	⑤	1	①	②	③	④	⑤	21	①	②	③	④	⑤
2	①	②	③	④	⑤	22	①	②	③	④	⑤	2	①	②	③	④	⑤	22	①	②	③	④	⑤
3	①	②	③	④	⑤	23	①	②	③	④	⑤	3	①	②	③	④	⑤	23	①	②	③	④	⑤
4	①	②	③	④	⑤	24	①	②	③	④	⑤	4	①	②	③	④	⑤	24	①	②	③	④	⑤
5	①	②	③	④	⑤	25	①	②	③	④	⑤	5	①	②	③	④	⑤	25	①	②	③	④	⑤
6	①	②	③	④	⑤	26	①	②	③	④	⑤	6	①	②	③	④	⑤	26	①	②	③	④	⑤
7	①	②	③	④	⑤	27	①	②	③	④	⑤	7	①	②	③	④	⑤	27	①	②	③	④	⑤
8	①	②	③	④	⑤	28	①	②	③	④	⑤	8	①	②	③	④	⑤	28	①	②	③	④	⑤
9	①	②	③	④	⑤	29	①	②	③	④	⑤	9	①	②	③	④	⑤	29	①	②	③	④	⑤
10	①	②	③	④	⑤	30	①	②	③	④	⑤	10	①	②	③	④	⑤	30	①	②	③	④	⑤
11	①	②	③	④	⑤	31	①	②	③	④	⑤	11	①	②	③	④	⑤	31	①	②	③	④	⑤
12	①	②	③	④	⑤	32	①	②	③	④	⑤	12	①	②	③	④	⑤	32	①	②	③	④	⑤
13	①	②	③	④	⑤	33	①	②	③	④	⑤	13	①	②	③	④	⑤	33	①	②	③	④	⑤
14	①	②	③	④	⑤	34	①	②	③	④	⑤	14	①	②	③	④	⑤	34	①	②	③	④	⑤
15	①	②	③	④	⑤	35	①	②	③	④	⑤	15	①	②	③	④	⑤	35	①	②	③	④	⑤
16	①	②	③	④	⑤	36	①	②	③	④	⑤	16	①	②	③	④	⑤	36	①	②	③	④	⑤
17	①	②	③	④	⑤	37	①	②	③	④	⑤	17	①	②	③	④	⑤	37	①	②	③	④	⑤
18	①	②	③	④	⑤	38	①	②	③	④	⑤	18	①	②	③	④	⑤	38	①	②	③	④	⑤
19	①	②	③	④	⑤	39	①	②	③	④	⑤	19	①	②	③	④	⑤	39	①	②	③	④	⑤
20	①	②	③	④	⑤	40	①	②	③	④	⑤	20	①	②	③	④	⑤	40	①	②	③	④	⑤

서울교통공사

제5회 모의고사

성명		생년월일	
문제 수(배점)	80문항	풀이시간	/ 90분
영역	직업기초능력평가, 직무수행능력평가(경영학)		
비고	객관식 5지선다형		

※ 유의사항

• 문제지 및 답안지의 해당란에 문제유형, 성명, 응시번호를 정확히 기재하세요.

• 모든 기재 및 표기사항은 "컴퓨터용 흑색 수성 사인펜"만 사용합니다.

• 예비 마킹은 중복 답안으로 판독될 수 있습니다.

제5회 서울교통공사 필기시험 모의고사

직업기초능력평가(40문항)

1. 다음은 ○○공사의 고객서비스헌장의 내용이다. 밑줄 친 단어를 한자로 바꾸어 쓴 것으로 옳지 않은 것은?

〈고객서비스<u>헌장</u>〉

1. 우리는 모든 업무를 고객의 입장에서 생각하고, 신속·정확하게 처리하겠습니다.
2. 우리는 친절한 <u>자세</u>와 상냥한 언어로 고객을 맞이하겠습니다.
3. 우리는 고객에게 잘못된 서비스로 불편을 <u>초래</u>한 경우, 신속히 시정하고 적정한 보상을 하겠습니다.
4. 우리는 다양한 고객서비스를 <u>발굴</u>하고 개선하여 고객만족도 향상에 최선을 다하겠습니다.
5. 우리는 모든 시민이 고객임을 명심하여 최고의 서비스를 제공하는 데 정성을 다하겠습니다.

이와 같이 선언한 목표를 <u>달성</u>하기 위하여 구체적인 서비스 이행기준을 설정하여 임·직원 모두가 성실히 실천할 것을 약속드립니다.

① 헌장 – 憲章
② 자세 – 姿勢
③ 초래 – 招來
④ 발굴 – 拔掘
⑤ 달성 – 達成

2. 다음은 L공사의 홈페이지 사용자만족도 설문조사 이벤트 안내이다. 빈칸에 들어갈 가장 적절한 단어를 고르면?

L공사 설문조사 이벤트

– L공사 홈페이지 사용만족도 설문조사 –

L공사에서는 20××년 대표 홈페이지 개편에 앞서 현재 운영 중인 홈페이지에서 ( )되고 있는 콘텐츠 및 서비스에 대한 여러분의 소중한 의견을 듣고자 합니다.

설문에 응하여 주신 분께는 추첨을 통하여 경품을 드립니다.

설문조사 참여하기

※ 참여방법 : L공사 홈페이지 또는 모바일홈페이지를 둘러보고 설문조사에 참여해 주세요.
※ 참여기간 : 20××.1.9.(수) ~ 20××.1.16.(수)
※ 발표 : 20××.1.21.(월) 설문 응답자 중 무작위 자동 추첨
※ 경품
 – 1등(1명) : 11형 ipad Pro(256GB) 1대(실버)
 – 참여자(200명) : 스타벅스 아메리카노 Tall 1잔

① 공급
② 공고
③ 공표
④ 제공
⑤ 생산

| 3~4 | 다음 글을 읽고 물음에 답하시오.

지레는 받침과 지렛대를 이용하여 물체를 쉽게 움직일 수 있는 도구이다. 지레에서 힘을 주는 곳을 힘점, 지렛대를 받치는 곳을 받침점, 물체에 힘이 작용하는 곳을 작용점이라 한다. 받침점에서 힘점까지의 거리가 받침점에서 작용점까지의 거리에 비해 멀수록 힘점에 작은 힘을 주어 작용점에서 물체에 큰 힘을 가할 수 있다. 이러한 지레의 원리에는 돌림힘의 개념이 숨어있다.

물체의 회전 상태에 변화를 일으키는 힘의 효과를 돌림힘이라고 한다. 물체에 회전 운동을 일으키거나 물체의 회전 속도를 변화시키려면 물체에 힘을 가해야 한다. 같은 힘이라도 회전축으로부터 얼마나 멀리 떨어진 곳에 가해 주느냐에 따라 회전 상태의 변화 양상이 달라진다. 물체에 속한 점 X와 회전축을 최단 거리로 잇는 직선과 직각을 이루는 동시에 회전축과 직각을 이루도록 힘을 X에 가한다고 하자. 이때 물체에 작용하는 돌림힘의 크기는 회전축에서 X까지의 거리와 가해 준 힘의 크기의 곱으로 표현되고 그 단위는 N · m(뉴턴미터)이다.

동일한 물체에 작용하는 두 돌림힘의 합을 알짜 돌림힘이라 한다. 두 돌림힘의 방향이 같으면 알짜 돌림힘의 크기는 두 돌림힘의 크기의 합이 되고 그 방향은 두 돌림힘의 방향과 같다. 두 돌림힘의 방향이 서로 반대이면 알짜 돌림힘의 크기는 두 돌림힘의 크기의 차가 되고 그 방향은 더 큰 돌림힘의 방향과 같다. 지레의 힘점에 힘을 주지만 물체가 지레의 회전을 방해하는 힘을 작용점에 주어 지레가 움직이지 않는 상황처럼, 두 돌림힘의 크기가 같고 방향이 반대이면 알짜 돌림힘은 0이 되고 이때를 돌림힘의 평형이라고 한다.

회전 속도의 변화는 물체에 알짜 돌림힘이 일을 해 주었을 때에만 일어난다. 돌고 있는 팽이에 마찰력이 일으키는 돌림힘을 포함하여 어떤 돌림힘도 작용하지 않으면 팽이는 영원히 돈다. 일정한 형태의 물체에 일정한 크기와 방향의 알짜 돌림힘을 가하여 물체를 회전시키면, 알짜 돌림힘이 한 일은 알짜 돌림힘의 크기와 회전 각도의 곱이고 그 단위는 J(줄)이다.

> 가령, 마찰이 없는 여닫이문이 정지해 있다고 하자. 갑은 지면에 대하여 수직으로 서 있는 문의 회전축에서 1m 떨어진 지점을 문의 표면과 직각으로 300N의 힘으로 밀고, 을은 문을 사이에 두고 갑의 반대쪽에서 회전축에서 2m 만큼 떨어진 지점을 문의 표면과 직각으로 200N의 힘으로 미는 상태에서 문이 90° 즉, 0.5π 라디안을 돌면, 알짜 돌림힘이 문에 해 준 일은 50π J이다.

알짜 돌림힘이 물체를 돌리려는 방향과 물체의 회전 방향이 일치하면 알짜 돌림힘이 양(+)의 일을 하고 그 방향이 서로 반대이면 음(−)의 일을 한다. 어떤 물체에 알짜 돌림힘이 양의 일을 하면 그만큼 물체의 회전 운동 에너지는 증가하고 음의 일을 하면 그만큼 회전 운동 에너지는 감소한다. 형태가 일정한 물체의 회전 운동 에너지는 회전 속도의 제곱에 정비례한다. 그러므로 형태가 일정한 물체에 알짜 돌림힘이 양의 일을 하면 회전 속도가 증가하고, 음의 일을 하면 회전 속도가 감소한다.

3. 윗글의 내용과 일치하지 않는 것은?

① 물체에 힘이 가해지지 않으면 돌림힘은 작용하지 않는다.

② 물체에 가해진 알짜 돌림힘이 0이 아니면 물체의 회전 상태가 변화한다.

③ 회전 속도가 감소하고 있는, 형태가 일정한 물체에는 돌림힘이 작용한다.

④ 힘점에 힘을 받는 지렛대가 움직이지 않으면 돌림힘의 평형이 이루어져 있다.

⑤ 형태가 일정한 물체의 회전 속도가 2배가 되면 회전 운동 에너지는 2배가 된다.

4. 박스 안의 예에서 문이 90° 회전하는 동안의 상황에 대한 이해로 적절한 것은?

① 갑의 돌림힘의 크기는 을의 돌림힘의 크기보다 크다.

② 알짜 돌림힘과 갑의 돌림힘은 방향이 같다.

③ 문에는 돌림힘의 평형이 유지되고 있다.

④ 문의 회전 운동 에너지는 점점 증가한다.

⑤ 알짜 돌림힘의 크기는 점점 증가한다.

5. 다음은 「보안업무규칙」의 일부이다. A연구원이 이 내용을 보고 알 수 있는 사항이 아닌 것은?

> 제3장 인원보안
> 제7조 인원보안에 관한 업무는 인사업무 담당부서에서 관장한다.
> 제8조
> ① 비밀취급인가 대상자는 별표 2에 해당하는 자로서 업무상 비밀을 항상 취급하는 자로 한다.
> ② 원장, 부원장, 보안담당관, 일반보안담당관, 정보통신보안담당관, 시설보안담당관, 보안심사위원회 위원, 분임보안담당관과 문서취급부서에서 비밀문서 취급담당자로 임용되는 자는 II급 비밀의 취급권이 인가된 것으로 보며, 비밀취급이 불필요한 직위로 임용되는 때에는 해제된 것으로 본다.
> 제9조 각 부서장은 소속 직원 중 비밀취급인가가 필요하다고 인정되는 때에는 별지 제1호 서식에 의하여 보안담당관에게 제청하여야 한다.
> 제10조 보안담당관은 비밀취급인가대장을 작성 · 비치하고 인가 및 해제사유를 기록 · 유지한다.
> 제11조 다음 각 호의 어느 하나에 해당하는 자에 대하여는 비밀취급을 인가해서는 안 된다.
> 1. 국가안전보장, 연구원 활동 등에 유해로운 정보가 있음이 확인된 자
> 2. 3개월 이내 퇴직예정자
> 3. 기타 보안 사고를 일으킬 우려가 있는 자
>
> 제12조
> ① 비밀취급을 인가받은 자에게 규정한 사유가 발생한 경우에는 그 비밀취급인가를 해제하고 해제된 자의 비밀취급인가증은 그 소속 보안담당관이 회수하여 비밀취급인가권자에게 반납하여야 한다.

① 비밀취급인가 대상자에 관한 내용
② 취급인가 사항에 해당되는 비밀의 분류와 내용
③ 비밀취급인가의 절차
④ 비밀취급인가의 제한 조건 해당 사항
⑤ 비밀취급인가의 해제 및 취소

6. 다음은 「개인정보 보호법」과 관련한 사법 행위의 내용을 설명하는 글이다. 다음 글을 참고할 때, '공표' 조치에 대한 올바른 설명이 아닌 것은?

> 「개인정보 보호법」 위반과 관련한 행정처분의 종류에는 처분 강도에 따라 과태료, 과징금, 시정조치, 개선권고, 징계권고, 공표 등이 있다. 이 중, 공표는 행정질서 위반이 심하여 공공에 경종을 울릴 필요가 있는 경우 명단을 공표하여 사회적 낙인을 찍히게 함으로써 경각심을 주는 제재 수단이다.
>
> 「개인정보 보호법」 위반행위가 은폐 · 조작, 과태료 1천만 원 이상, 유출 등 다음 7가지 공표기준에 해당하는 경우, 위반행위자, 위반행위 내용, 행정처분 내용 및 결과를 포함하여 개인정보 보호위원회의 심의 · 의결을 거쳐 공표한다.
>
> ※ 공표기준
> 1. 1회 과태료 부과 총 금액이 1천만 원 이상이거나 과징금 부과를 받은 경우
> 2. 유출 · 침해사고의 피해자 수가 10만 명 이상인 경우
> 3. 다른 위반행위를 은폐 · 조작하기 위하여 위반한 경우
> 4. 유출 · 침해로 재산상 손실 등 2차 피해가 발생하였거나 불법적인 매매 또는 건강 정보 등 민감 정보의 침해로 사회적 비난이 높은 경우
> 5. 위반행위 시점을 기준으로 위반 상태가 6개월 이상 지속된 경우
> 6. 행정처분 시점을 기준으로 최근 3년 내 과징금, 과태료 부과 또는 시정조치 명령을 2회 이상 받은 경우
> 7. 위반행위 관련 검사 및 자료제출 요구 등을 거부 · 방해하거나 시정조치 명령을 이행하지 않음으로써 이에 대하여 과태료 부과를 받은 경우
>
> 공표절차는 과태료 및 과징금을 최종 처분할 때 ① 대상자에게 공표 사실을 사전 통보, ② 소명자료 또는 의견 수렴 후 개인정보보호위원회 송부, ③ 개인정보보호위원회 심의 · 결, ④ 홈페이지 공표 순으로 진행된다.
> 공표는 행정안전부장관의 처분 권한이지만 개인정보보호위원회의 심의 · 의결을 거치게 함으로써 「개인정보 보호법」 위반자에 대한 행정청의 제재가 자의적이지 않고 공정하게 행사되도록 조절해 주는 장치를 마련하였다.

① 공표는 「개인정보 보호법」 위반에 대한 가장 무거운 행정 조치이다.
② 행정안전부장관이 공표를 결정한다고 해서 반드시 최종 공표 조치가 취해져야 하는 것은 아니다.
③ 공표 조치가 내려진 대상자는 공표와 더불어 반드시 1천만 원 이상의 과태료를 납부하여야 한다.
④ 공표 조치를 받는 대상자는 사전에 이를 통보받게 된다.
⑤ 반복적이거나 지속적인 위반 행위에 대한 제재는 공표 조치의 취지에 포함된다.

7. 보람마트에서 여름 이벤트로 아이스크림 1세트를 첫 날 3,000원을 시작으로 매일 500원씩 할인하여 판매하고 있다. 해당 아이스크림의 하루 판매 개수는 10세트로 동일하고, 총 매출이 100,000일 때, 며칠 동안 판매한 것인가?

① 4일 ② 5일
③ 6일 ④ 7일
⑤ 8일

8. 다음은 최근 5년간 혼인형태별 평균연령에 관한 자료이다. A~E에 들어갈 값으로 옳지 않은 것은? (단, 남성의 나이는 여성의 나이보다 항상 많다)

(단위 : 세)

연도	평균 초혼연령			평균 이혼연령			평균 재혼연령		
	여성	남성	남녀차	여성	남성	남녀차	여성	남성	남녀차
2021	24.8	27.8	3.0	C	36.8	4.1	34.0	38.9	4.9
2022	25.4	28.4	A	34.6	38.4	3.8	35.6	40.4	4.8
2023	26.5	29.3	2.8	36.6	40.1	3.5	37.5	42.1	4.6
2024	27.0	B	2.8	37.1	40.6	3.5	37.9	E	4.3
2025	27.3	30.1	2.8	37.9	41.3	D	38.3	42.8	4.5

① A − 3.0 ② B − 29.8
③ C − 32.7 ④ D − 3.4
⑤ E − 42.3

9. 다음은 2023~2025년도의 지방자치단체 재정력지수에 대한 자료이다. 매년 지방자치단체의 기준재정수입액이 기준재정수요액에 미치지 않는 경우, 중앙정부는 그 부족분만큼의 지방교부세를 당해년도에 지급한다고 할 때, 3년간 지방교부세를 지원받은 적이 없는 지방자치단체는 모두 몇 곳인가?

(단, 재정력지수 = $\frac{\text{기준재정수입액}}{\text{기준재정수요액}}$)

지방자치단체 \ 연도	2023	2024	2025	평균
서울	1.106	1.088	1.010	1.068
부산	0.942	0.922	0.878	0.914
대구	0.896	0.860	0.810	0.855
인천	1.105	0.984	1.011	1.033
광주	0.772	0.737	0.681	0.730
대전	0.874	0.873	0.867	0.871
울산	0.843	0.837	0.832	0.837
경기	1.004	1.065	1.032	1.034
강원	0.417	0.407	0.458	0.427
충북	0.462	0.446	0.492	0.467
충남	0.581	0.693	0.675	0.650
전북	0.379	0.391	0.408	0.393
전남	0.319	0.330	0.320	0.323
경북	0.424	0.440	0.433	0.432
경남	0.653	0.642	0.664	0.653

① 0곳
② 1곳
③ 2곳
④ 3곳
⑤ 5곳

10. 다음은 K공사 직원들의 인사이동에 따른 4개의 지점별 직원 이동 현황을 나타낸 자료이다. 다음 자료를 참고할 때, 빈칸 ㉠, ㉡에 들어갈 수치로 알맞은 것은 어느 것인가?

〈인사이동에 따른 지점별 직원 이동 현황〉

(단위 : 명)

이동 전 \ 이동 후	A	B	C	D
A	–	32	44	28
B	16	–	34	23
C	22	18	–	32
D	31	22	17	–

〈지점별 직원 현황〉

(단위 : 명)

지점 \ 시기	인사이동 전	인사이동 후
A	425	(㉠)
B	390	389
C	328	351
D	375	(㉡)

① 380, 398

② 390, 388

③ 400, 398

④ 410, 408

⑤ 420, 418

11. 다음은 철도안전법령상 철도차량정비기술자 인정기준에 관한 자료이다. '역량지수 = 자격별 경력점수 + 학력점수'일 때 역량지수가 가장 높은 사람은?

가. 자격별 경력점수

국가기술자격 구분	점수
기술사 및 기능장	10점/년
기사	8점/년
산업기사	7점/년
기능사	6점/년
국가기술자격증이 없는 경우	5점/년

나. 학력점수

학력 구분	점수	
	철도차량정비 관련 학과	철도차량정비 관련 학과 외의 학과
석사 이상	35점	30점
학사	25점	20점
전문학사(3년제)	20점	15점
전문학사(2년제)	15점	10점
고등학교 졸업	5점	

※ "철도차량정비 관련 학과"란 철도차량 유지보수와 관련된 학과 및 기계 · 전기 · 전자 · 통신 관련 학과를 말한다.

용식 : 고등학교 졸업, 철도차량정비기능장 경력 5년
재원 : 철도통신과 학사, 차량기술사 경력 2년
효봉 : 철도전기과 전문학사(3년제), 철도차량산업기사 경력 4년
범수 : 경영학과 석사, 전기철도산업기사 경력 4년
지수 : 철도전자과 석사, 철도차량정비기능사 경력 2년

① 용식

② 재원

③ 효봉

④ 범수

⑤ 지수

12. 다음은 A, B, C, D 4대의 자동차별 속성과 연료 종류별 가격에 대한 자료이다. 다음 중 옳지 않은 것은?

〈자동차별 속성〉

특성 \ 자동차	사용연료	최고시속 (km/h)	연비 (km/l)	연료탱크 (l)	신차구입가격 (만 원)
A	휘발유	200	10	60	2,000
B	LPG	160	8	60	1,800
C	경유	150	12	50	2,500
D	휘발유	180	20	45	3,500

〈연료 종류별 가격〉

연료 종류	리터당 가격(원/l)
휘발유	1,700
LPG	1,000
경유	1,500

※ 1) 자동차의 1년 주행거리는 20,000km임.
2) 필요경비 = 신차구입가격 + 연료비
3) 이자율은 0%로 가정하고, 신차구입은 일시부로 함.

① 10년을 운행하면 A자동차의 필요경비가 D자동차의 필요경비보다 적다.

② 연료탱크를 완전히 채웠을 때 추가 주유 없이 가장 긴 거리를 운행할 수 있는 것은 D자동차이다.

③ B자동차로 500km를 운행하기 위해서는 운행중간에 적어도 한 번 주유를 해야 한다.

④ 동일한 거리를 운행하는데 연료비가 가장 많이 드는 차는 A자동차이다.

⑤ 자동차 구입 시점부터 처음 1년 동안의 필요경비가 가장 적은 차량은 B자동차이고 가장 많은 차는 D자동차이다.

13. 다음 그림은 교통량 흐름에 관한 내용의 일부를 발췌한 것이다. 이에 대한 분석결과로써 가장 옳지 않은 항목을 고르면? (단, 교통수단은 승용차, 버스, 화물차로 한정한다.)

• 고속국도

구분	주행거리 (천대 · km)	구성비 (%)
승용차	153,946	68.5
버스	6,675	3.0
화물차	63,934	28.5
계	224,555	100.0

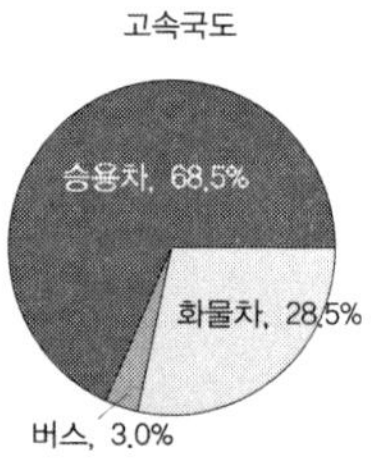

• 일반국도

구분	주행거리 (천대 · km)	구성비 (%)
승용차	123,341	75.7
버스	3,202	2.0
화물차	36,239	22.3
계	162,782	100.0

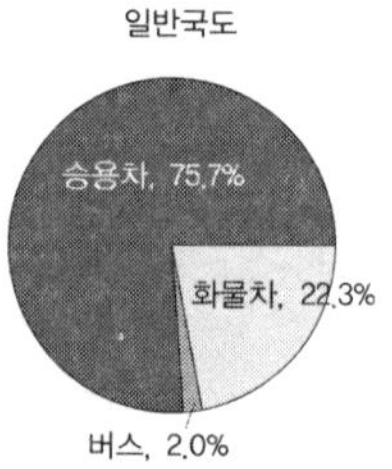

• 지방도 계

구분	주행거리 (천대 · km)	구성비 (%)
승용차	61,466	70.4
버스	2,387	2.7
화물차	23,484	26.9
계	87,337	100.0

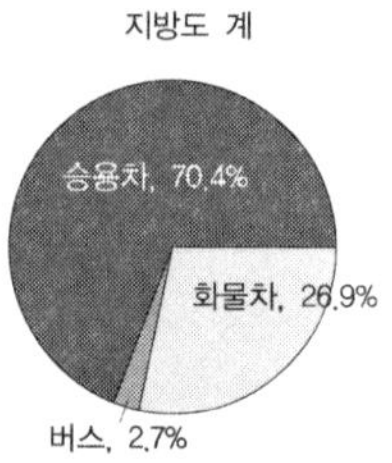

• 국가지원지방도

구분	주행거리 (천대 · km)	구성비 (%)
승용차	18,164	70.1
버스	684	2.6
화물차	7,064	27.3
계	25,912	100.0

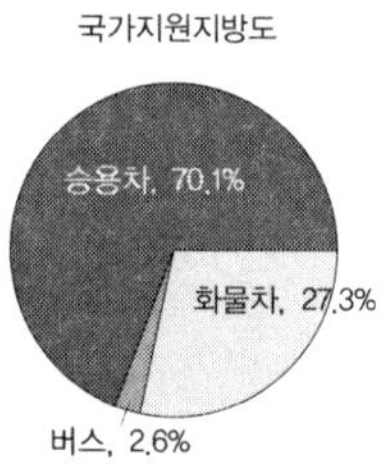

• 지방도

구분	주행거리 (천대 · km)	구성비 (%)
승용차	43,302	70.5
버스	1,703	2.8
화물차	16,420	26.7
계	61,425	100.0

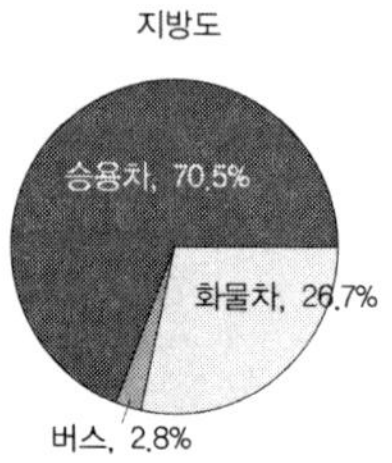

① 고속국도에서 승용차는 주행거리 및 구성비 등이 다 교통수단에 비해 압도적으로 높음을 알 수 있다.
② 일반국도의 경우 주행거리는 버스가 3,202km로 가장 낮다.
③ 지방도로의 주행거리에서 보면 가장 높은 수단과 가장 낮은 수단과의 주행거리 차이는 47,752km이다.
④ 국가지원지방도로에서 구성비가 가장 높은 수단과 가장 낮은 수단과의 차이는 67.5%p이다.
⑤ 지방도로에서 버스의 경우 타 교통수단에 비해 주행거리가 가장 낮다.

14. **빵, 케이크, 마카롱, 쿠키를 판매하고 있는 달콤 베이커리 프랜차이즈에서 최근 각 지점 제품을 섭취하고 복숭아 알레르기가 발생했다는 민원이 제기되었다. 해당 제품에는 모두 복숭아가 들어가지 않지만, 복숭아를 사용한 제품과 인접 시설에서 제조하고 있다. 아래의 사례를 참고할 때 다음 중 반드시 거짓인 경우는?**

- 복숭아 알레르기 유발 원인이 된 제품은 빵, 케이크, 마카롱, 쿠키 중 하나이다.
- 각 지점에서 복숭아 알레르기가 있는 손님이 섭취한 제품과 알레르기 유무는 아래와 같다.

광화문점	빵과 케이크를 먹고 마카롱과 쿠키를 먹지 않은 경우, 알레르기가 발생했다.
종로점	빵과 마카롱을 먹고 케이크와 쿠키를 먹지 않은 경우, 알레르기가 발생하지 않았다.
대학로점	빵과 쿠키를 먹고 케이크와 마카롱을 먹지 않은 경우 알레르기가 발생했다.
홍대점	케이크와 마카롱을 먹고 빵과 쿠키를 먹지 않은 경우 알레르기가 발생했다.
상암점	케이크와 쿠키를 먹고 빵과 마카롱을 먹지 않은 경우 알레르기가 발생하지 않았다.
강남점	마카롱과 쿠키를 먹고 빵과 케이크를 먹지 않은 경우 알레르기가 발생하지 않았다.

① 광화문점, 종로점, 홍대점의 사례만을 고려하면 케이크가 알레르기의 원인이다.
② 광화문점, 대학로점, 상암점의 사례만을 고려하면, 빵이 알레르기의 원인이다.
③ 종로점, 홍대점, 강남점의 사례만을 고려하면, 케이크가 알레르기의 원인이다.
④ 대학로점, 홍대점, 강남점의 사례만을 고려하면, 마카롱이 알레르기의 원인이다.
⑤ 대학로점, 상암점, 강남점의 사례만을 고려하면, 빵이 알레르기의 원인이다.

15. 다음의 내용을 근거로 할 때 유추할 수 있는 옳은 내용만을 바르게 짝지은 것은?

갑과 을은 ○×퀴즈를 풀었다. 문제는 총 8문제(100점 만점)이고, 분야별 문제 수와 문제당 배점은 다음과 같다.

분야	문제 수	문제당 배점
한국사	6	10점
경제	1	20점
예술	1	20점

문제 순서는 무작위로 정해지고, 갑과 을이 각 문제에 대해 ○ 또는 ×를 다음과 같이 선택하였다.

문제	갑	을
1	○	○
2	×	○
3	○	○
4	○	×
5	×	×
6	○	×
7	×	○
8	○	○
총점	80점	70점

㉠ 갑과 을은 모두 경제 문제를 틀린 경우가 있을 수 있다.
㉡ 갑만 경제 문제를 틀렸다면, 예술 문제는 갑과 을 모두 맞혔다.
㉢ 갑이 역사 문제 두 문제를 틀렸다면, 을은 예술 문제와 경제 문제를 모두 맞혔다.

① ㉡
② ㉢
③ ㉠, ㉡
④ ㉠, ㉢
⑤ ㉡, ㉢

16. H공사에 다니는 乙 대리는 우리나라 근로자의 근로 시간에 관한 다음의 보고서를 작성하였는데 이 보고서를 검토한 甲 국장이 〈보기〉와 같은 추가사항을 요청하였다. 乙 대리가 추가로 작성해야 할 자료로 적절한 것은?

우리나라의 법정근로시간은 1953년 제정된 근로기준법에서는 주당 48시간이었지만, 이후 1989년 44시간으로, 그리고 2003년에는 40시간으로 단축되었다. 주당 40시간의 법정근로시간은 산업 및 근로자 규모별로 경과규정을 두어 연차적으로 실시하였지만, 2011년 7월 1일 이후는 모든 산업의 5인 이상 근로자에게로 확대되었다. 실제 근로시간은 법정근로시간에 주당 12시간까지 가능한 초과근로시간을 더한 시간을 의미한다.

2000년 이후 우리나라 근로자의 근로시간은 지속적으로 감소되어 2016년 5인 이상 임금근로자의 주당 근로시간이 40.6시간으로 감소했다. 이 기간 동안 2004년, 2009년, 2015년 비교적 큰 폭으로 증가했으나 전체적으로는 뚜렷한 감소세를 보인다. 사업체규모별·근로시간별로 살펴보면, 정규직인 경우 5~29인, 300인 이상 사업장의 근로시간이 42.0시간으로 가장 짧고, 비정규직의 경우 시간제 근로자의 비중의 영향으로 5인 미만 사업장의 근로시간이 24.8시간으로 가장 짧다. 산업별로는 광업, 제조업, 부동산업 및 임대업의 순으로 근로시간이 길고, 건설업과 교육서비스업의 근로시간이 가장 짧다.

국제비교에 따르면 널리 알려진 바와 같이 한국의 연간 근로시간은 2,113시간으로 멕시코의 2,246시간 다음으로 길다. 이는 OECD 평균의 1.2배, 근로시간이 가장 짧은 독일의 1.54배에 달한다.

〈보기〉

"乙 대리, 보고서가 너무 개괄적이군. 이번 안내 자료 작성을 위해서는 2016년 사업장 규모에 따른 정규직과 비정규직 근로자의 주당 근로시간을 비교할 수 있는 자료가 필요한데, 쉽게 알아볼 수 있는 별도 자료를 도표로 좀 작성해 주겠나?"

①

(단위 : 시간)

구분	근로형태(2016년)			
	정규직	비정규직	재택	파견
주당 근로시간	42.5	29.8	26.5	42.7

②

(단위 : 시간)

구분	2012	2013	2014	2015	2016
주당 근로시간	42.0	40.6	40.5	42.4	40.6

③

(단위 : 시간)

구분	산업별 근로시간(2016년)			
	광업	제조업	부동산업	운수업
주당 근로시간	43.8	43.6	43.4	41.8

④

(단위 : 시간)

구분		사업장 규모(2016년)			
		5인 미만	5~29인	30~299인	300인 이상
주당 근로시간	정규직	42.8	42.0	43.2	42.0
	비정규직	24.8	30.2	34.7	35.8

⑤

(단위 : 시간)

구분	산업별 근로시간 순위(2016년)				
주당 근로시간	광업	제조업	부동산업 및 임대업	건설업	교육 서비스업
	1	2	3	4	5

17. 다음으로부터 바르게 추론한 것으로 옳은 것을 보기에서 고르면?

- 5개의 갑, 을, 병, 정, 무 팀이 있다.
- 현재 '갑'팀은 0개, '을'팀은 1개, '병'팀은 2개, '정'팀은 2개, '무'팀은 3개의 프로젝트를 수행하고 있다.
- 8개의 새로운 프로젝트 a, b, c, d, e, f, g, h를 5개의 팀에게 분배하려고 한다.
- 5개의 팀은 새로운 프로젝트 1개 이상을 맡아야 한다.
- 기존에 수행하던 프로젝트를 포함하여 한 팀이 맡을 수 있는 프로젝트 수는 최대 4개이다.
- 기존의 프로젝트를 포함하여 4개의 프로젝트를 맡은 팀은 2팀이다.
- 프로젝트 a, b는 한 팀이 맡아야 한다.
- 프로젝트 c, d, e는 한 팀이 맡아야 한다.

〈보기〉

㉠ a를 '을'팀이 맡을 수 없다.
㉡ f를 '갑'팀이 맡을 수 있다.
㉢ 기존에 수행하던 프로젝트를 포함해서 2개의 프로젝트를 맡는 팀이 있다.

① ㉠　② ㉡
③ ㉢　④ ㉠㉢
⑤ ㉡㉢

18. 다음은 철도안전법상 안전관리체계의 승인의 취소에 관한 법률이다. 이에 대한 해석으로 옳은 것은?

> ① 국토교통부장관은 안전관리체계의 승인을 받은 철도운영자등이 다음 각 호의 어느 하나에 해당하는 경우에는 그 승인을 취소하거나 6개월 이내의 기간을 정하여 업무의 제한이나 정지를 명할 수 있다. 다만, 제1호에 해당하는 경우에는 그 승인을 취소하여야 한다.
> 1. 거짓이나 그 밖의 부정한 방법으로 승인을 받은 경우
> 2. 안전관리체계의 승인 조항을 위반하여 변경승인을 받지 아니하거나 변경신고를 하지 아니하고 안전관리체계를 변경한 경우
> 3. 안전관리체계의 유지 조항을 위반하여 안전관리체계를 지속적으로 유지하지 아니하여 철도운영이나 철도시설의 관리에 중대한 지장을 초래한 경우
> 4. 안전관리체계의 유지 조항에 따른 시정조치명령을 정당한 사유 없이 이행하지 아니한 경우
>
> ② 제1항에 따른 승인 취소, 업무의 제한 또는 정지의 기준 및 절차 등에 관하여 필요한 사항은 국토교통부령으로 정한다.

① 거짓으로 승인을 받은 경우 그 사유에 따라 6개월 이내의 기간을 정하여 업무의 제한이나 정지 처분을 받을 수 있다.

② 철도운영자는 안전관리체계의 변경승인을 받지 아니한 경우 6개월 이상의 업무제한을 받을 수 있다.

③ 안전관리체계를 지속적으로 유지하지 아니하여 중대한 지장을 초래한 경우 반드시 승인을 취소해야 한다.

④ 국토교통부장관은 부정한 방법으로 안전관리체계의 승인을 받은 철도운영자에게 승인을 취소해야 한다.

⑤ 안전관리체계의 유지 조항에 따른 시정조치명령을 이행하지 않은 경우에는 반드시 승인을 취소하거나 6개월 이내의 기간을 정하여 업무의 제한이나 정지를 명해야 한다.

19. 다음은 철도안전법에 관한 내용 중 일부 법령을 제시한 것이다. 이에 대한 내용을 잘못 이해한 사람을 고르면?

> 제15조(운전적성검사)
>
> ① 운전면허를 받으려는 사람은 철도차량 운전에 적합한 적성을 갖추고 있는지를 판정받기 위하여 국토교통부장관이 실시하는 적성검사(이하 "운전적성검사"라 한다)에 합격하여야 한다.
>
> ② 운전적성검사에 불합격한 사람 또는 운전적성검사 과정에서 부정행위를 한 사람은 다음 각 호의 구분에 따른 기간 동안 운전적성검사를 받을 수 없다.
> 1. 운전적성검사에 불합격한 사람 : 검사일부터 3개월
> 2. 운전적성검사 과정에서 부정행위를 한 사람 : 검사일부터 1년
>
> ③ 운전적성검사의 합격기준, 검사의 방법 및 절차 등에 관하여 필요한 사항은 국토교통부령으로 정한다.
>
> ④ 국토교통부장관은 운전적성검사에 관한 전문기관(이하 "운전적성검사기관"이라 한다)을 지정하여 운전적성검사를 하게 할 수 있다.
>
> ⑤ 운전적성검사기관의 지정기준, 지정절차 등에 관하여 필요한 사항은 대통령령으로 정한다.
>
> ⑥ 운전적성검사기관은 정당한 사유 없이 운전적성검사 업무를 거부하여서는 아니 되고, 거짓이나 그 밖의 부정한 방법으로 운전적성검사 판정서를 발급하여서는 아니 된다.
>
> 제38조의9(인증정비조직의 준수사항) 인증정비조직은 다음 각 호의 사항을 준수하여야 한다.
> 1. 철도차량정비기술기준을 준수할 것
> 2. 정비조직인증기준에 적합하도록 유지할 것
> 3. 정비조직운영기준을 지속적으로 유지할 것
> 4. 중고 부품을 사용하여 철도차량정비를 할 경우 그 적정성 및 이상 여부를 확인할 것
> 5. 철도차량정비가 완료되지 않은 철도차량은 운행할 수 없도록 관리할 것
>
> 제47조(여객열차에서의 금지행위)
>
> ① 여객은 여객열차에서 다음 각 호의 어느 하나에 해당하는 행위를 하여서는 아니 된다.
> 1. 정당한 사유 없이 국토교통부령으로 정하는 여객출입 금지장소에 출입하는 행위
> 2. 정당한 사유 없이 운행 중에 비상정지버튼을 누르거나 철도차량의 옆면에 있는 승강용 출입문을 여는 등 철도차량의 장치 또는 기구 등을 조작하는 행위

3. 여객열차 밖에 있는 사람을 위험하게 할 우려가 있는 물건을 여객열차 밖으로 던지는 행위
4. 흡연하는 행위
5. 철도종사자와 여객 등에게 성적(性的) 수치심을 일으키는 행위
6. 술을 마시거나 약물을 복용하고 다른 사람에게 위해를 주는 행위
7. 그 밖에 공중이나 여객에게 위해를 끼치는 행위로서 국토교통부령으로 정하는 행위

② 운전업무종사자, 여객승무원 또는 여객역무원은 제1항의 금지행위를 한 사람에 대하여 필요한 경우 다음 각 호의 조치를 할 수 있다.
1. 금지행위의 제지
2. 금지행위의 녹음 · 녹화 또는 촬영

① 용구 : 어떠한 경우라도 운전적성검사기관은 옳지 못한 방식으로 운전적성검사 판정서를 발급하면 안 돼.

② 원모 : 우리 형이 서울교통공사 다니잖아. 그런데 내용을 보니까 올해 2019년 11월에 운전적성검사를 봤는데 부끄럽게도 부정행위를 하는 바람에 다음 검사는 2020년 11월에나 다시 응시할 수 있어.

③ 우진 : 그렇구나. 이러한 운전적성검사 기준, 방법, 절차 등의 사항은 행정안전부령이 아닌 국토교통부령으로 정한다는 거 알고 있지?

④ 형일 : 그래 얘들아 너희들 혹시라도 열차 타고 갈 때 심심하다고 열차 밖의 사람들에게 흉기 등을 던지면 철도안전법 중에서도 여객열차에서의 금지행위에 속한다는 것쯤은 상식으로 알고 있지?

⑤ 연철 : 그건 그렇고 교통대란으로 인해 빨리 승객을 수송하기 위해서는 철도차량정비가 비록 완료되지 않은 차량이라도 운행하도록 해서 승객들의 불편을 최소화시켜야 해.

▌20~21▐ 다음은 K지역의 지역방송 채널 편성정보이다. 다음을 보고 이어지는 물음에 답하시오.

[지역방송 채널 편성규칙]

- K시의 지역방송 채널은 채널1, 채널2, 채널3, 채널4, 채널5 다섯 개이다.
- 오후 7시부터 12시까지는 다음을 제외한 모든 프로그램이 1시간 단위로만 방송된다.

시사정치	기획물	예능	영화 이야기	지역 홍보물
최소 2시간 이상	1시간 30분	40분	30분	20분

- 모든 채널은 오후 7시부터 12시까지 뉴스 프로그램이 반드시 포함되어 있다.

[오후 7시~12시 프로그램 편성내용]

- 채널1은 3개 프로그램이 방송되었으며, 9시 30분부터 시사정치를 방송하였다.
- 채널2는 시사정치와 지역 홍보물 방송이 없었으며, 기획물, 예능, 영화 이야기가 방송되었다.
- 채널3은 6시부터 시작한 시사정치 방송이 9시에 끝났으며, 바로 이어서 뉴스가 방송되었고 기획물도 방송되었다.
- 채널4에서는 예능 프로그램이 연속 2회 편성되었고, 예능을 포함한 4종류의 프로그램이 방송되었다.
- 채널5에서는 기획물이 연속 2회 편성되었고, 총 5개의 프로그램이 방송되었다.

20. **다음 중 위의 자료를 참고할 때, 오후 7시~12시까지의 방송 프로그램에 대하여 바르게 설명하지 못한 것? (단, 프로그램의 중간에 광고방송 시간은 고려하지 않는다.)**

① 채널1에서 기획물이 방송되었다면 예능은 방송되지 않았다.
② 채널2는 정확히 12시에 프로그램이 끝나며 새로 시작되는 프로그램이 있을 수 없다.
③ 채널3에서 영화 이야기가 방송되었다면, 정확히 12시에 어떤 프로그램이 끝나게 된다.
④ 채널4에서 예능 프로그램이 연속 2회 방송되기 위해서는 반드시 뉴스보다 먼저 방송되어야 한다.
⑤ 채널5에서 지역 홍보물이 방송되고 정확히 12시에 어떤 프로그램이 끝났다면 예능도 방송되었다.

21. **다음 중 각 채널별로 정각 12시에 방송하던 프로그램을 마치기 위한 방법을 설명한 것으로 옳지 않은 것은? (단, 프로그램의 중간에 광고방송 시간은 고려하지 않는다.)**

① 채널1에서 기획물을 방송한다면 시사정치를 2시간 반만 방송한다.
② 채널2에서 지역 홍보물 프로그램을 추가한다.
③ 채널3에서 영화 이야기 프로그램을 추가한다.
④ 채널2에서 영화 이야기 프로그램 편성을 취소한다.
⑤ 채널5에서 영화 이야기 프로그램을 2회 연속 편성한다.

▌22~23▐ 다음은 승강기의 검사와 관련된 안내문이다. 이를 보고 물음에 답하시오.

❑ 근거법령

『승강기시설 안전관리법』 제13조 및 제13조의2에 따라 승강기 관리주체는 규정된 기간 내에 승강기의 검사 또는 정밀안전검사를 받아야 합니다.

❑ 검사의 종류

종류	처리기한	내용
완성검사	15일	승강기 설치를 끝낸 경우에 실시하는 검사
정기검사	20일	검사유효기간이 끝난 이후에 계속하여 사용하려는 경우에 추가적으로 실시하는 검사
수시검사	15일	승강기를 교체·변경한 경우나 승강기에 사고가 발생하여 수리한 경우 또는 승강기 관리 주체가 요청하는 경우에 실시하는 검사
정밀안전검사	20일	설치 후 15년이 도래하거나 결함원인이 불명확한 경우, 중대한 사고가 발생하거나 또는 그 밖에 행정안전부장관이 정한 경우

❑ 검사의 주기

승강기 정기검사의 검사주기는 1년이며, 정밀안전검사는 완성검사를 받은 날부터 15년이 지난 경우 최초 실시하며, 그 이후에는 3년마다 정기적으로 실시합니다.

❑ 적용범위

"승강기"란 건축물이나 고정된 시설물에 설치되어 일정한 경로에 따라 사람이나 화물을 승강장으로 옮기는 데에 사용되는 시설로서 엘리베이터, 에스컬레이터, 휠체어리프트 등 행정안전부령으로 정하는 것을 말합니다.

• 엘리베이터

용도	종류	분류기준
승객용	승객용 엘리베이터	사람의 운송에 적합하게 제작된 엘리베이터
	침대용 엘리베이터	병원의 병상 운반에 적합하게 제작된 엘리베이터
	승객·화물용 엘리베이터	승객·화물겸용에 적합하게 제작된 엘리베이터
	비상용 엘리베이터	화재 시 소화 및 구조활동에 적합하게 제작된 엘리베이터
	피난용 엘리베이터	화재 등 재난 발생 시 피난활동에 적합하게 제작된 엘리베이터
	장애인용 엘리베이터	장애인이 이용하기에 적합하게 제작된 엘리베이터
	전망용 엘리베이터	엘리베이터 안에서 외부를 전망하기에 적합하게 제작된 엘리베이터
	소형 엘리베이터	단독주택의 거주자를 위한 승강행정이 12m 이하인 엘리베이터

• 에스컬레이터

용도	종류	분류기준
승객 및 화물용	에스컬레이터	계단형의디딤판을 동력으로 오르내리게 한 것
	무빙워크	평면의 디딤판을 동력으로 이동시키게 한 것

• 휠체어리프트

용도	종류	분류기준
승객용	장애인용 경사형 리프트	장애인이 이용하기에 적합하게 제작된 것으로서 경사진 승강로를 따라 동력으로 오르내리게 한 것
	장애인용 수직형 리프트	장애인이 이용하기에 적합하게 제작된 것으로서 수직인 승강로를 따라 동력으로 오르내리게 한 것

❑ 벌칙 및 과태료

• 벌칙 : 1년 이하의 징역 또는 1천만 원 이하의 벌금

• 과태료 : 500만 원 이하, 300만 원 이하

22. 다음에 제시된 상황에서 받아야 하는 승강기 검사의 종류가 잘못 연결된 것은?

① 1년 전 정기검사를 받은 승객용 엘리베이터를 계속해서 사용하려는 경우 → 정기검사

② 2층 건물을 4층으로 증축하면서 처음 소형 엘리베이터 설치를 끝낸 경우 → 완성검사

③ 에스컬레이터에 쓰레기가 끼이는 단순한 사고가 발생하여 수리한 경우 → 정밀안전검사

④ 7년 전 설치한 장애인용 경사형 리프트를 신형으로 교체한 경우 → 수시검사

⑤ 비상용 엘리베이터를 설치하고 15년이 지난 경우 → 정밀안전검사

23. ○○승강기 신입사원 甲는 승강기 검사와 관련하여 고객의 질문을 받아 응대해 주는 과정에서 상사로부터 고객에게 잘못된 정보를 제공하였다는 지적을 받았다. 甲이 응대한 내용 중 가장 옳지 않은 것은?

① 고객 : 승강기 검사유효기간이 끝나가서 정기검사를 받으려고 합니다. 오늘 신청하면 언제쯤 검사를 받을 수 있나요?

甲 : 정기검사의 처리기한은 20일입니다. 오늘 신청하시면 20일 안에 검사를 받으실 수 있습니다.

② 고객 : 비상용 엘리베이터와 피난용 엘리베이터의 차이는 뭔가요?

甲 : 비상용 엘리베이터는 화재 시 소화 및 구조활동에 적합하게 제작된 엘리베이터를 말합니다. 이에 비해 피난용 엘리베이터는 화재 등 재난 발생 시 피난활동에 적합하게 제작된 엘리베이터입니다.

③ 고객 : 판매 전 자동차를 대놓는 주차장에 자동차 운반을 위한 엘리베이터를 설치하려고 합니다. 덤웨이터를 설치해도 괜찮을까요?

甲 : 덤웨이터는 적재용량이 300kg 이하인 소형 화물 운반에 적합한 엘리베이터입니다. 자동차 운반을 위해서는 자동차용 엘리베이터를 설치하시는 것이 좋습니다.

④ 고객 : 지난 2025년 1월에 마지막 정밀안전검사를 받았습니다. 승강기에 별 문제가 없다면, 다음 정밀안전검사는 언제 받아야 하나요?

甲 : 정밀안전검사는 최초 실시 후 3년마다 정기적으로 실시합니다. 2025년 1월에 정밀안전검사를 받으셨다면, 2028년 1월에 다음 정밀안전검사를 받으셔야 합니다.

⑤ 고객 : 고객들이 쇼핑카트나 유모차, 자전거 등을 가지고 층간 이동을 쉽게 할 수 있도록 에스컬레이터나 무빙워크를 설치하려고 합니다. 뭐가 더 괜찮을까요?

甲 : 말씀하신 상황에서는 무빙워크보다는 에스컬레이터 설치가 더 적합합니다.

24. **아래 제시된 두 개의 조직도에 해당하는 조직의 특성을 올바르게 설명하지 못한 것은 어느 것인가?**

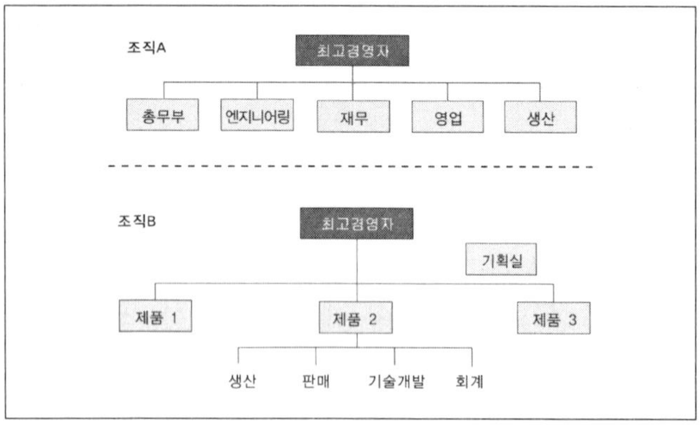

① 조직의 내부 효율성을 중요시하는 작은 규모 조직에서는 조직 A와 같은 조직도가 적합하다.

② 조직 A와 같은 조직도를 가진 조직은 결재 라인이 짧아 보다 신속한 의사결정이 가능하다.

③ 주요 프로젝트나 생산 제품 등에 의하여 구분되는 업무가 많은 조직에서는 조직 B와 같은 조직도가 적합하다.

④ 조직 B와 같은 조직도를 가진 조직은 내부 경쟁보다는 유사 조직 간의 협력과 단결된 업무 능력을 발휘하기에 더 적합하다.

⑤ 조직 A는 기능적 조직구조를 가진 조직이며, 조직 B는 사업별 조직구조를 가진 조직이다.

25. **아래의 글은 4차 산업혁명과 기업의 인력확보 전략에 관한 내용 중 일부를 발췌한 것이 다. 특히 4차 산업혁명과 OJT는 서로 불가분의 관계에 있는데 다음 중 밑줄 친 부분에 대한 내용으로 옳지 않은 것은?**

> ■ 로봇, 3D프린터 등 4차 산업 분야 국가기술자격 신설된다.
> 새로운 노동시장 환경에 필요한 기술인력 양성을 위해 로봇, 3D프린터 등의 제4차 산업 분야 국가기술자격 신설을 본격 추진합니다. 고용노동부는 관계부처 합동으로 마련한 「제4차 산업혁명 대비 국가기술자격 개편방안」을 3월28일(화) 국무회의에서 확정 · 발표 했습니다.
> 이번 대책은 그간 산업발전을 견인해 온 국가기술자격을 최신 산업현장 직무에 맞게 개 선하기 위해 마련되었습니다. 올해는 4차 산업 분야 등 총 17개 자격을 중점 신설하고, 내년부터는 매년 산업계 주도로 신설이 필요한 자격을 지속 발굴합니다. 산업현장에서 필요로 하지 않는 자격은 시험을 중단합니다.
> 폐지 대상 자격은 부처 · 산업계 · 전문가로 구성된 '자격개편 분과위원회'에서 현장수요, 산 업 특성 및 전망 등을 검토하고, 토론회, 공청회 등을 통해 다양한 의견 수렴을 거쳐 선정합니다. 시험횟수 축소, 유예기간(2~3년) 등을 거쳐 단계적으로 자격 발급을 중단하며, 기존에 취득 한 자격의 효력은 그대로 유지됩니다.
> ■ 직업교육 · 훈련을 통한 국가기술자격 취득 확대
> 특성화고, 전문대학, 폴리텍 등 직업교육 · 훈련기관을 통해 자격을 취득하는 과정평가형자 격을 연차적으로 확대합니다. 또한 교육 · 훈련과정 운영 지원과 외부 모니터링 강화 등을 통해 교육 · 훈련의 질을 높입니다. 아울러, 현장 실무능력을 보강할 수 있도록 교육 · 훈련 과정에 기업실습, <u>OJT</u> 도입도 추진합니다.

① 현업에 종사하면서 감독자의 지휘 하에 훈련받는 현장실무 중심의 교육훈련 방식이다.

② 각 종업원의 습득 및 능력에 맞춰 훈련할 수 있다

③ 일을 하면서 훈련을 할 수 있다.

④ 다량의 인원을 한 번에 교육하기에 가장 적절한 방법이다.

⑤ 현실적이면서 많이 쓰이는 방식이다.

❙26~27❙ T사에 입사한 당신은 시스템 모니터링 및 관리 업무를 담당하게 되었다. 시스템을 숙지한 후 이어지는 상황에 알맞은 입력코드를 고르시오.

〈시스템 상태 및 조치〉

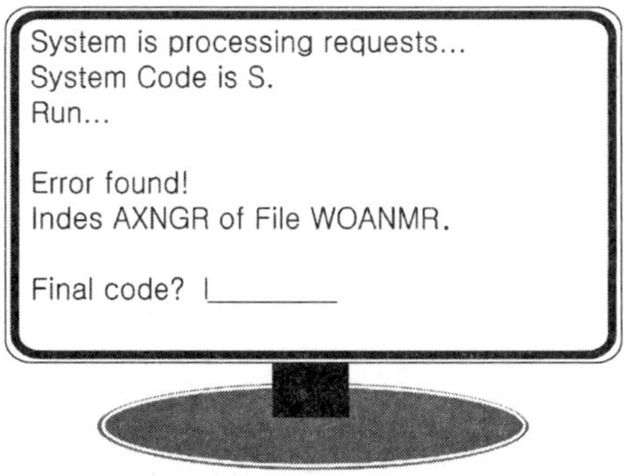

항목	세부사항
Index @@ of File@@	• 오류 문자 : Index 뒤에 나타나는 문제 • 오류 발생 위치 : File 뒤에 나타나는 문자
Error Value	오류 문자와 오류 발생 위치를 의미하는 문자에 사용된 알파벳을 비교하여 일치하는 알파벳의 개수를 확인
Final Code	Error Value를 통하여 시스템 상태 판단

〈시스템 상태 판단 기준〉

판단 기준	Final Code
일치하는 알파벳의 개수 = 0	Svem
0 < 일치하는 알파벳의 개수 ≤ 1	Atur
1 < 일치하는 알파벳의 개수 ≤ 3	Lind
3 < 일치하는 알파벳의 개수 ≤ 5	Nugre
5 < 일치하는 알파벳의 개수	Hfklhl

26.

〈상황〉

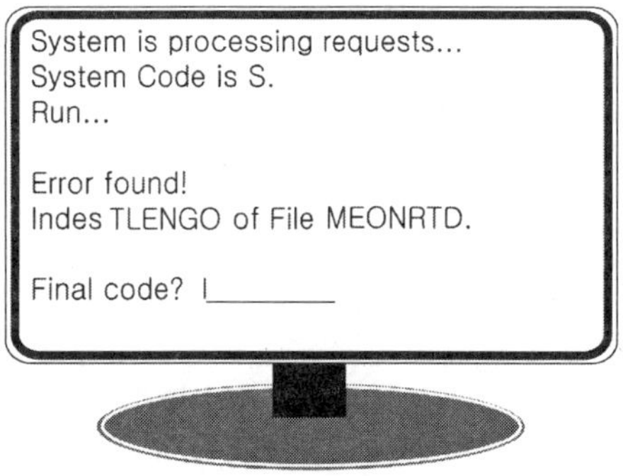

① Svem
② Atur
③ Lind
④ Nugre
⑤ Hfklhl

27.

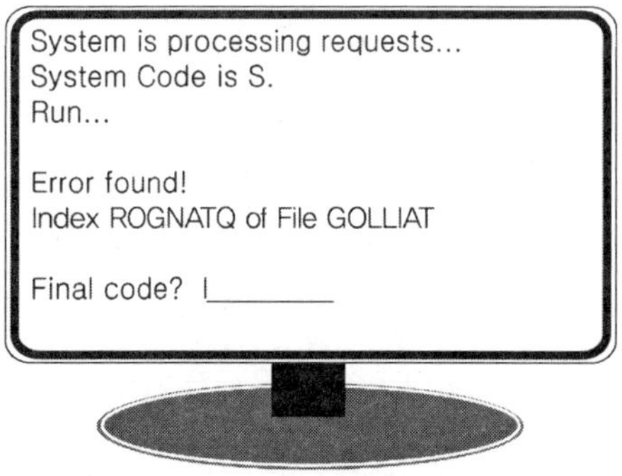

① Svem
② Atur
③ Lind
④ Nugre
⑤ Hfklhl

| 28~29 | 다음 물류 창고 내 재고상품의 코드 목록을 보고 이어지는 질문에 답하시오.

[재고상품 코드번호 예시]
2025년 4월 20일 오전 3시 15분에 입고된 강원도 목장3에서 생산한 산양의 초유 코드 250420A031502E3C

250420	A0315	02E	3C
입고연월일	입고시간	지역코드 + 고유번호	분류코드 + 고유번호

입고연월일	입고시간	생산 목장				제품 종류			
		지역코드		고유번호		분류코드		고유번호	
• 250415 −2025년 4월 15일 • 250425 −2025년 4월 25일	• A0102 −오전 1시 2분 • P0607 −오후 6시 7분	01	경기	A	목장1	1	우유	A	소
				B	목장2			B	염소
		02	강원	C	목장1			C	산양
				D	목장2	2	분유	A	소
				E	목장3			B	염소
		03	충북	F	목장1			C	산양
				G	목장2	3	초유	A	소
		04	충남	H	목장1			B	염소
		05	경북	I	목장1			C	산양
				J	목장2	4	버터	A	소
		06	경남	K	목장1			B	염소
				L	목장2			C	산양
		07	전북	M	목장1	5	치즈	A	소
				N	목장2			B	염소
		08	전남	O	목장1			C	산양
		09	제주	P	목장1	6	털	B	염소
				Q	목장2			C	산양

28. 재고상품 중 2025년 4월 22일 오후 4시 14분에 입고된 경상북도 목장2에서 생산한 염소 치즈의 코드로 알맞은 것은 무엇인가?

① 250422P041405L5B

② 250422P041405J5B

③ 250422A041405J5B

④ 250422P041405J5C

⑤ 250422P041405J5A

29. 물류 창고 관리자인 甲은 경북 지역에서 발생한 구제역으로 인하여 창고 내 재고상품 중 털 제품을 제외하고 경북 지역의 목장에서 생산된 제품을 모두 폐기하기로 하였다. 다음 중 폐기해야 하는 제품이 아닌 것은?

① 250401A080905I2C

② 250425P014505J1A

③ 250311A095905J4B

④ 250428P112505I6C

⑤ 250311A095905J3A

30. 다음은 4차 산업혁명 테마별 산업분류 코드목록이다. 각 산업의 코드형성 방식이 '대분류 – 테마 – 산업분류' 순서로 조합될 때 제시된 코드가 잘못된 것은?

가. 대분류

제조업	개발업	공급업	서비스업
mb	dv	sp	sv

나. 테마

자율주행차	로봇	인공지능	빅데이터	가상현실	블록체인
AD	RB	AI	BD	VR	BC

다. 산업분류

테마	산업분류	산업분류 부호
자율주행차	축전지 제조업	28202
	응용소프트웨어 공급업	58222
	전기 · 전자공학 연구 개발업	70121
로봇	물리, 화학 및 생물학 연구 개발업	70111
	전자집적회로 제조업	26110
인공지능	컴퓨터 제조업	26310
	전기 · 전자공학 연구 개발업	70121
빅데이터	컴퓨터시스템 통합 자문 및 구축 서비스업	62021
	컴퓨터 프로그래밍 서비스업	62010
	응용소프트웨어 개발 및 공급업	58222
가상현실	전자집적회로 제조업	26110
	전기 · 전자공학 연구 개발업	70121
	시스템소프트웨어 개발업	58221
블록체인	포털 및 기타 인터넷 정보 매개 서비스업	63120
	전기 · 전자공학 연구 개발업	70121

① 자율주행차 응용소프트웨어 공급업 : spAD58222
② 로봇 전자집적회로 제조업 : mbRB26110
③ 인공지능 전기 · 전자공학 연구 개발업 : dvAI70111
④ 빅데이터 컴퓨터 프로그래밍 서비스업 : svBD62010
⑤ 블록체인 포털 및 기타 인터넷 정보 매개 서비스업 : svBC63120

31. 다음은 ○○그룹 자원관리팀에 근무하는 현수의 상황이다. A자원을 구입하는 것과 B자원을 구입하는 것에 대한 분석으로 옳지 않은 것은?

> 현수는 새로운 프로젝트를 위해 B자원을 구입하였다. 그런데 B자원을 주문한 날 상사가 A자원을 구입하라고 지시하자 고민하다가 결국 상사를 설득시켜 그대로 B자원을 구입하기로 결정했다. 단, 여기서 두 자원을 구입하기 위해 지불해야 할 금액은 각각 50만 원씩으로 같지만 ○○그룹에게 있어 A자원의 실익은 100만 원이고 B자원의 실익은 150만 원이다. 그리고 자원을 주문한 이상 주문 취소는 불가능하다.

① 상사를 설득시켜 그대로 B자원을 구입하기로 결정한 현수의 선택은 합리적이다.
② B자원의 구입으로 인한 기회비용은 100만 원이다.
③ B자원을 구입하기 위해 지불한 50만 원은 회수할 수 없는 매몰비용이다.
④ ○○그룹에게 있어 더 큰 실제의 이익을 주는 자원은 A자원이다.
⑤ 주문 취소가 가능하더라도 B자원을 구입하는 것이 합리적이다.

32. 다음은 ○○도시철도공사의 이듬해 철도안전투자의 예산이다. ○○도시철도공사의 예산 중 철도차량교체 예산의 비중은?(단, 계산 값은 소수점 둘째 자리에서 반올림 한다.)

(단위 : 백만 원)

철도차량 교체	철도시설 개량	안전설비의 설치	철도안전 교육훈련	철도안전 연구개발	철도안전 홍보
9,994	49,179	91	669	7	60

① 15.9%
② 16.7%
③ 18.2%
④ 19.3%
⑤ 19.8%

33. 다음은 특정 시점 우리나라의 주택유형별 매매가격 대비 전세가격 비율을 나타낸 도표이다. 다음 자료에 대한 올바른 설명을 〈보기〉에서 모두 고른 것은? (단, 비교하는 모든 주택들은 동일 크기와 입지조건이라고 가정한다)

(단위 : %)

구분	전국	수도권	지방
종합	65	68	65
아파트	75	74	75
연립주택	66	65	69
단독주택	48	50	46

〈보기〉

(가) 수도권의 아파트가 지방의 아파트보다 20% 높은 매매가이고 A평형 지방의 아파트가 2.5억 원일 경우, 두 곳의 전세가 차이는 2천만 원이 넘는다.
(나) 연립주택은 수도권이, 단독주택은 지방이 매매가 대비 전세가가 더 낮다.
(다) '종합'의 수치는 각각 세 가지 유형 주택의 전세가 지수의 평균값이다.
(라) 수도권의 연립주택이 지방의 연립주택보다 20% 높은 매매가이고 A평형 지방의 연립주택이 2억 원일 경우, 두 곳의 전세가 차이는 2천만 원이 넘지 않는다.

① (나), (다), (라)　② (가), (나), (라)
③ (가), (다), (라)　④ (가), (나), (다)
⑤ (가), (나), (다), (라)

Ⅰ34~35Ⅰ 다음은 에어컨 실외기 설치 시의 주의사항을 설명하는 글이다. 다음을 읽고 이어지는 물음에 답하시오.

〈실외기 설치 시 주의사항〉

실외기는 다음의 장소를 선택하여 설치하십시오.

- 실외기 토출구에서 발생되는 뜨거운 바람 및 실외기 소음이 이웃에 영향을 미치지 않는 장소에 설치하세요. (주거지역에 설치 시, 운전 시간대에 유의하여 주세요.)
- 실외기를 도로상에 설치 시, 2m 이상의 높이에 설치하거나, 토출되는 열기가 보행자에게 직접 닿지 않도록 설치하세요. (건축물의 설비 기준 등에 관한 규칙으로 꼭 지켜야 하는 사항입니다.)
- 보수 및 점검을 위한 서비스 공간이 충분히 확보되는 장소에 설치하세요.
- 공기 순환이 잘 되는 곳에 설치하세요. (공기가 순환되지 않으면, 안전장치가 작동하여 정상적인 운전이 되지 않을 수 있습니다.)
- 직사광선 또는 직접 열원으로부터 복사열을 받지 않는 곳에 설치하여야 운전비가 절약됩니다.
- 실외기의 중량과 운전 시 발생되는 진동을 충분히 견딜 수 있는 장소에 설치하세요. (강도가 약할 경우, 실외기가 넘어져 사고의 위험이 있습니다.)
- 빗물이 새거나 고일 우려가 없는 평평한 장소에 설치하세요.
- 황산화물, 암모니아, 유황가스 등과 같은 부식성 가스가 존재하는 곳에 실내기 및 실외기를 설치하지 마세요.
- 해안지역과 같이 염분이 다량 함유된 지역에 설치 시, 부식의 우려가 있으므로 특별한 유지관리가 필요합니다.
- 히트펌프의 경우, 실외기에서도 드레인이 발생됨으로 배수처리 및 설치되는 바닥의 방수가 용이한 곳에 설치하세요. (배수가 용이하지 않을 경우, 물이 얼어 낙하사고와 제품 파손이 될 수 있으므로 각별한 주의가 필요합니다.)
- 강풍이 불지 않는 장소에 설치하여 주세요.
- 실내기와 실외기의 냉매 배관 허용 길이 내에 배관 접속이 가능한 장소에 설치하세요.

34. 다음은 에어컨 설치 순서를 그림으로 나타낸 것이다. 위의 실외기 설치 시 주의사항을 참고할 때 빈 칸에 들어갈 가장 적절한 말은 어느 것인가?

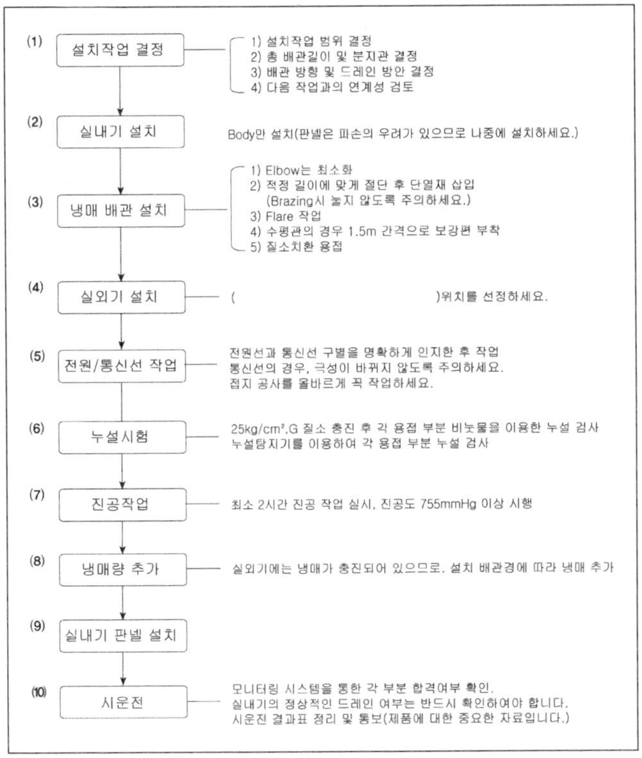

① 전원의 위치 및 전선의 길이를 감안한

② 이웃에 설치된 실외기와의 적정 공간을 감안한

③ 집밖에서 보았을 때 전체적인 미관을 손상시키는지를 감안한

④ 실내기와의 적정 거리를 충분히 유지할 수 있는지를 감안한

⑤ 배관에 냉매가 충진되어 있으므로 배관 길이를 감안한

35. 위의 실외기 설치 시 주의사항을 참고하여 설치한 다음 실외기 설치 방법 중 주의사항에서 설명한 내용에 부합되는 방법이라고 볼 수 없는 것은 어느 것인가?

① 실외기를 콘크리트 바닥면에 설치 시 기초지반 사이에 방진패드를 설치하였다.

② 실외기 토출구 열기가 보행자에게 닿지 않도록 토출구를 안쪽으로 돌려 설치하였다.

③ 실외기를 안착시킨 후 앵커볼트를 이용하여 제품을 단단히 고정하였다.

④ 주변에 배수구가 있는 베란다 창문 옆에 설치하였다.

⑤ 여러 대의 실외기가 설치된 곳에 실외기 간의 공간을 충분히 확보하여 설치하였다.

36. 당신은 ㈜소정의 신입사원이다. 당신은 아직 조직 문화에 적응하지 못하고 있어, 선배 사원들의 행동을 모방하며 적응해 가려고 한다. 그런데 회사의 내부 분위기는 상사가 업무 전반을 지휘하고, 그 하급자들은 명령에 무조건 복종하는 '상명하복 문화'가 지배적인 업무환경으로 판단된다. 또한 대부분의 선배 사원들은 상사의 업무 지휘에 대해 큰 불만을 가지지 않고, 맡겨진 업무에 대해서는 빠르게 처리하는 분위기이다. 이러한 조직 문화에 적응하려 할 때, 당신이 팔로워로서 발현하게 될 특징으로 가장 적절한 것은?

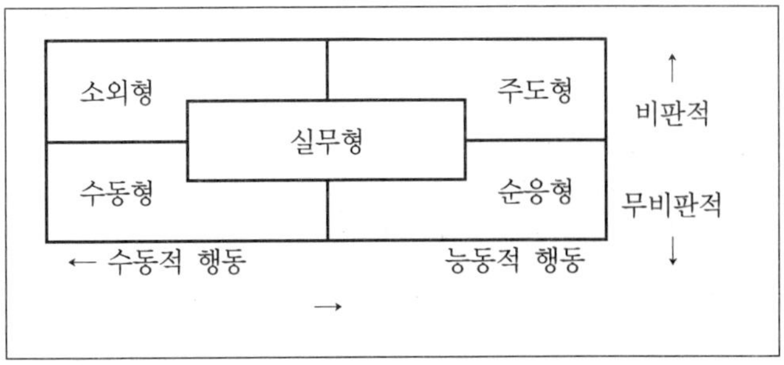

① 조직 변동에 민감하게 반응한다.

② 가치를 창조하는 직무활동을 수행한다.

③ 조직을 위해 자신과 가족의 요구를 양보한다.

④ 조직이 나의 아이디어를 원치 않는다고 생각한다.

⑤ 독립적인 사고와 비판적인 입장으로 생각한다.

37. A철도 운영자인 甲은 이번 안전관리 수준평가에서 우수운영자 지정을 받는 것을 목표로 하고 있다. 甲이 해야 하는 노력으로 옳지 않은 것은?

① 철도교통사고 건수를 줄이기 위해 철도안전점검을 실시한다.
② 최근 안전사고가 가장 많이 일어난 사항들을 확인하고 대책회의를 소집한다.
③ 우수운영자 지정의 권한을 가진 국토교통부장관의 최근 관심사와 학연을 알아본다.
④ 철도안전투자의 예산에 맞춰 예정된 사항들을 집행한다.
⑤ 정기검사를 주기적으로 실시하여 실적을 쌓는다.

38. 다음은 세계적인 스타트업 기업인 '우버'에 관한 사례이다. 다음 글을 보고 고객들이 우버의 윤리의식에 대하여 표출할 수 있는 불만의 내용으로 가장 적절하지 않은 것은 어느 것인가?

> 2009년 미국 샌프란시스코에서 차량 공유업체로 출발한 우버는 세계 83개국 674개 도시에서 여러 사업을 운영하고 있다. 2016년 기준 매출액 65억 달러, 순손실 28억 달러, 기업가치 평가액 680억 달러로 세계 1위 스타트업 기업이다. 우버가 제공하는 가장 일반적인 서비스는 개인 차량을 이용한 '우버 X'가 있다. 또한, '우버 블랙'은 고급 승용차를 이용한 프리미엄 서비스를 제공하고, 인원이 많거나 짐이 많을 경우에 '우버 XL'이 대형 차량 서비스를 제공한다. '우버 풀(POOL)'은 출퇴근길 행선지가 비슷한 사람들끼리 카풀을 할 수 있게 서로 연결해주는 일종의 합승서비스다. 그 밖에 '우버 이츠(EATS)'는 우버의 배달 서비스로서, 음식배달 주문자와 음식을 배달하는 일반인을 연결해주는 플랫폼이다.
>
> 앞으로 자율주행차량이 도입되면 가장 주목받는 기업으로 계속 발전할 것이라는 전망 속에서 2019년 주식 상장 계획이 있던 우버에게 2017년은 악재의 연속이었다. 연초에 전직 소프트웨어 엔지니어 수잔 파울러가 노골적인 성추행과 성차별이 횡행하는 막장 같은 우버의 사내 문화를 폭로하면서 악재가 시작되었다. 또 연말에는 레바논 주재 영국대사관 여직원 다이크스가 수도 베이루트에서 우버 택시 운전기사에 의해 살해당하는 사건이 발생했다. 우버 서비스의 고객 안전에 대한 우려가 현실로 나타난 것이다.

① 불안정 노동 문제에 대해 사회적 책임 의식을 공유해야 한다.
② 운전기사 고용 과정에서 이력 검증을 강화해야 한다.
③ 고객의 안전을 최우선시하는 의무 소홀에 대한 책임을 져야한다.
④ 실력이 있는 뛰어난 직원이라면 근무태도는 문제 삼지 않는 문화를 고쳐야 한다.
⑤ 단기 일자리를 제공하는 임시 고용형태를 없애야 한다.

39. 「4차 산업혁명 시대의 직업윤리 교육의 방향」의 논문에서 저자들은 4차 산업혁명으로 인해 사람을 기계의 일부로 봄으로써 윤리 규범을 붕괴시킬 우려를 언급하기도 했다. 다음의 사례는 테일러의 과학적 관리론에 관한 사례를 제시하였다. 아래의 글을 읽고 4차 산업혁명 시대의 직업윤리로서 인간을 기계의 일부분으로 취급하는 과학적관리론으로 인해 나타나는 내용 중 옳지 않은 것을 고르면?

> 자본주의 경제는 '비효율과의 전쟁'을 통해 발전해왔다. 초기에 비효율은 삼림 파괴, 수(水)자원 낭비, 탄광 개발 남발 등 주로 자원과 관련한 문제였다. 프레드릭 테일러(Frederick Taylor · 1856~1915)는 사람의 노력이 낭비되고 있다는 데 처음으로 주목했다. 효율적인 국가를 건설하려면 산업 현장에서 매일 반복되는 실수, 잘못된 지시, 노사 갈등을 해결하는 데서 출발해야 한다고 믿었다. 노사가 협업해 과학적인 생산 방법으로 생산성을 끌어올리면 분배의 공평성도 달성할 수 있다고 주장했다. 그가 이런 생각을 체계적으로 정리한 책이 《과학적 관리법》(1911년)이다.
>
> 테일러는 고등학교 졸업 후 공장에 들어가 공장장 자리에까지 오른 현장 전문가였다. 그는 30년간 과학적 관리법 보급을 위해 노력했지만 노동자로부터는 '초시계를 이용해 노동자를 착취한다'고, 기업가로부터는 '우리를 눈먼 돼지로 보느냐'고 비난받았다. 그러나 그는 과학적 관리법이 노사 모두에 도움이 되기 때문에 결국 널리 퍼질 것으로 확신했다. 훗날 과학적 관리법은 '테일러리즘(Taylorism)'으로 불리며 현대 경영학의 뿌리가 됐다. 1900년대 영국과 미국에선 공장 근로자의 근무태만이 만연했다. 노동조합도 '노동자가 너무 많은 일을 하면 다른 사람의 일자리를 뺏을 수 있다'며 '적은 노동'을 권했다. 전체 생산량에 따라 임금을 주니 특별히 일을 더 많이 할 이유도 없었다.

① 조직목표인 능률성 향상과 개인목표인 인간의 행복 추구 사이에는 궁극적으로 양립·조화 관계로 인식하였다.

② 작업 계층의 효율적인 관리를 위해 하위 계층 관리만을 연구대상으로 하고 인간을 목표 달성을 위한 조종 대상으로 보았다.

③ 생산성, 능률성 향상이 궁극적인 목적이다.

④ 조직 외적 환경과의 상호작용을 경시하고 조직을 개방체제가 아닌 폐쇄체제로 인식하였다.

⑤ 타인에 의한 내부적인 동기부여가 효율적이라고 생각한다.

40. 다음과 같은 상황을 맞은 강 대리가 취할 수 있는 가장 적절한 행동은 어느 것인가?

> 강 대리는 자신이 일하는 ◇◇교통공사에 고향에서 친하게 지냈던 형이 다음 주부터 철도차량운전사로 일하게 되었다는 소식을 듣게 되었다. 이 소식을 듣고 오랜만에 형과 만난 강 대리는 형과 이야기를 하던 중 형이 현재 복용하고 있는 약물이 법적으로 금지된 마약류이며 중독된 상황임을 알게 되었다. 강 대리는 형이 어렵게 취업을 하게 된 사정을 생각하며 고민하게 되었다.

① 인사과에 추가적인 이유는 말하지 않고 신입 운전사를 해고해야 할 것 같다고 말한다.

② 형에게 자신이 비밀을 지키는 대신 자신과 회사에서는 아는 척을 하지 말아달라고 부탁한다.

③ 철도차량 운전상의 위험과 장해를 일으킬 수 있으므로 형에게 직접 회사에 알릴 것을 권해야 한다.

④ 형의 성격상 철도차량운전사로 손색이 없다는 것을 알고 있으므로 괜히 기분 상할 일을 만들지 않고 그냥 넘어간다.

⑤ 면허가 취소될 수도 있기 때문에 형에게 그 동안 다른 사람의 면허를 잠시 대여하는 방법을 알려준다.

1. **다음 중 조직문화에 대한 설명으로 가장 적절하지 않은 것은?**

① 한 조직의 구성원들이 공유하는 가치관, 신념, 이념, 지식 등을 포함하는 종합적인 개념이다.

② 특정 조직 구성원들의 사고판단과 행동의 기본 전제로 작용하는 비가시적인 지식적, 정서적, 가치적 요소이다.

③ 조직구성원들이 공통적으로 생각하는 방법, 느끼는 방향, 공통의 행동 패턴의 체계이다.

④ 조직 외부 자극에 대한 조직 전체의 반응과 임직원의 가치의식 및 행동을 결정하는 요인을 포함한다.

⑤ 다른 기업의 제도나 시스템을 벤치마킹하는 경우 그 조직 문화적가치도 쉽게 이전된다.

2. **영양과 의료기술이 향상되면서 평균수명은 증가하였으나 정년은 점점 짧아지고 있다. 이는 경제위기가 심화되면서 더 앞당겨질 수 있어 서민과 중산층의 가장 큰 불안거리로 자리매김하고 있다. 다음 중 이러한 사회적 상황을 배경으로 하여 모색되고 있는 정책으로 가장 적절한 것은?**

① 고용의 유연성 확대

② 임금피크제의 확대

③ 비정규직의 정규직화

④ 정규직의 비정규직 전환 유도

⑤ 파업의 확대

3. **수 개의 기업들이 카르텔처럼 독립성을 유지하면서 주식의 보유나 금융적 방법에 의해 결합한 기업형태를 무엇이라 하는가?**

① 콤비나트(combinat)

② 트러스트(trust)

③ 콘체른(concern)

④ 벤처 캐피탈(venture capital)

⑤ 카르텔(cartel)

4. **다음 중 리더십 유형에 대한 설명으로 옳은 것은?**

① 거래적 리더십(transactional leadership)은 부하들에게 비전을 제시하여 그 비전 달성을 위해 함께 협력할 것을 호소한다.

② 비전적 리더십(visionary leadership)은 하위자들이 자기 자신을 스스로 관리하고 통제할 수 있는 힘과 기술을 갖도록 개입하고 지도하는 것이다.

③ 서번트 리더십(servant leadership)은 섬기는 자세를 가진 봉사자로서의 역할을 먼저 생각하는 리더십이다.

④ 카리스마 리더십(charismatic leadership)에서 리더가 원하는 것과 하위자들이 원하는 보상이 교환되고, 하위자들의 과업수행 시 예외적인 사항에 대해서만 리더가 개입함으로써 영향력을 발휘하는 것이다.

⑤ 변혁적리더십(transformational leadership)은 카리스마, 비전의 2가지 차원에서 중요한 변화를 주도 및 관리하는 리더십 행위이다.

5. **디지털 마케팅이 기존 마케팅과 차별화하는 요인이 아닌 것은?**

① 데이터 중심
② 높은 가격
③ 관객의 도달 및 세분화
④ 단방향에서 쌍방향으로의 대화 진행
⑤ 기존보다 높은 ROI

6. **무점포 소매업에 관한 설명 중 가장 올바르지 않은 것은?**

① 모바일 커머스 거래는 이용자의 이동성과 위치정보를 정확히 알 수 있으므로 이용자의 원투원 마케팅과 타겟 마케팅이 가능하다.
② 아웃바운드 텔레마케팅은 불평 고객의 문제해결, 제품소개, 서비스의 예약이나 접수 등을 통해 고객에게 가치를 제공하는 기법이다.
③ 인터넷 쇼핑몰은 정보제공에 의한 판매가 이루어지는 형태로 유통경로가 짧고 단순하며 쌍방향 마케팅이 가능하다.
④ 카탈로그 판매는 지속적인 고객 데이터베이스 관리를 통해 통신판매를 선호하는 계층과 그들이 선호하는 제품들을 대상으로 하는 카탈로그 개발이 중요하다.
⑤ TV 홈쇼핑은 매체를 활용하여 가상점포를 운영하는 것으로, 점포소매상을 이용하기 어려운 중소 제조업체가 비교적 저렴한 비용으로 접근할 수 있는 유통경로이다.

7. **직무분석의 절차로 바른 것을 고르면?**

① 배경정보의 수집 → 직무정보의 획득 → 직무기술서의 작성 → 대표직위의 선정 → 직무명세서의 작성
② 배경정보의 수집 → 대표직위의 선정 → 직무기술서의 작성 → 직무정보의 획득 → 직무명세서의 작성
③ 배경정보의 수집 → 직무정보의 획득 → 대표직위의 선정 → 직무기술서의 작성 → 직무명세서의 작성
④ 배경정보의 수집 → 대표직위의 선정 → 직무정보의 획득 → 직무기술서의 작성 → 직무명세서의 작성
⑤ 배경정보의 수집→직무기술서의 작성→직무정보의 획득→직무명세서의 작성→대표직위의 선정

8. **친환경 녹색물류에 관한 설명으로 옳지 않은 것은?**

① 녹색물류 활동을 통한 비용 절감이 가능하며, 기업의 사회적 이미지가 제고된다.
② 물류 활동을 통하여 발생되는 제품 및 포장재의 감량과 폐기물의 발생을 최소화하는 방법 등을 말한다.
③ 우리나라에서는 폐기물을 다량 발생시키고 있는 생산자에게 폐기물을 감량 및 회수하고, 재활용을 할 의무를 부여하는 생산자책임 재활용 제도를 운영하고 있다.
④ 기업에서는 비용과 서비스에 상관없이 환경을 고려한 물류시스템을 도입해야 한다.
⑤ 조달 · 생산 → 판매 → 반품 · 회수 · 폐기(reverse) 상의 과정에서 발생하는 환경오염을 감소시키기 위한 제반 물류 활동을 의미한다.

9. 주변에서 뛰어나다고 생각되는 상품이나 기술을 선정하여 자사의 생산방식에 합법적으로 근접시키는 방법의 경영전략은?

① 벤치마킹(bench marking)

② 리컨스트럭션(reconstruction)

③ 리엔지니어링(reengineering)

④ 리포지셔닝(repositioning)

⑤ 목표에 의한 관리(MBO)

10. 지식근로자가 기업에서 활동할 때 가장 지양해야 할 자세에 해당되는 것은?

① 개인이 창출한 지식이 조직의 지식으로 승화될 수 있도록 해야 한다.

② 자신의 업무를 확대하고 새로운 업무에 도전한다.

③ 세부적인 업무에 치중하는 것보다는 더 넓은 시각을 갖고 근본 목적을 달성할 수 있어야 한다.

④ 프로세스 위주의 사고방식을 가져야 한다.

⑤ 모든 관련 정보를 취득하여 표면상의 문제점을 위주로 해결하여야 한다.

11. 다음 중 사업포트폴리오 설계 툴(Tool)에 대한 설명으로 가장 옳지 않은 것은?

① BCG매트릭스의 단순성과 약점을 보완하기 위해 개발된 것이 GE매트릭스이다.

② BCG매트릭스가 제품수명주기이론을 개념적 토대로 한다면 GE매트릭스는 경쟁우위론을 개념적 토대로 한다.

③ GE매트릭스는 산업매력도와 사업 강점의 2부문으로 구성된다.

④ GE매트릭스에서 왼쪽 상단의 사업부문은 매력적인 산업에서 강한 포지션을 가지므로 매력도가 높은 특징을 지니며 BCG 매트릭스의 DOG 단계와 구사하는 전략이 유사하다고 볼 수 있다.

⑤ GE/ 맥킨지 매트릭스(GE/McKinsey Matrix)는 산업의 장기매력도와 사업단위의 경쟁력이라는 두 가지 차원에서 전략산업 단위를 평가한다.

12. **다음 제품수명주기 내용에서 ㉠과 ㉡에 들어갈 적절한 개념이 순서대로 바르게 연결된 것은?**

> 사람에도 수명이 있듯이 제품도 인간과 비슷하게 일정한 수명주기를 지닌다. 제품 수명은 새로운 제품이 등장할 때마다 반복적인 형태로 나타나며 일반적으로 하나의 제품이 시장에 출시되면 도입기→성장기→(㉠)→쇠퇴기의 4단계를 겪게 된다.
> 제품의 출시와 함께 시작되는 도입기는 조기수용자(Early Adopter) 또는 혁신자가 구입하는 단계이고, 이를지나 성장기에는 조기다수자(Early Majority)가 구입하게 된다. 한편 도입기와 성장단계의 사이에 (㉡)(가)이 존재하는 경우도 있으며, 이를 넘어서지 못하고 많은 기술과 상품들이 도태되기도 한다. 하지만 이 지점을 넘어서면 수요층이 다수로 확장될 수 있다.

	㉠	㉡
①	성숙기	기술포화
②	포화기	확산거점
③	성숙기	확산거점
④	성숙기	캐즘(Chasm)
⑤	도입기	판매정점

13. **다음 ( ) 안에 들어갈 말을 순서대로 고르면?**

> 다단계 생산공정의 생산시스템은 푸시(push)와 풀(pull)의 두 가지 형태가 있다. 이 때 푸시(push)는 ( )(을)를 뜻하고 풀(pull)은 ( )(을)를 뜻한다.

① 전통적 서구의 생산시스템, 일본의 JIT시스템
② 일본의 JIT시스템, 전통적 서구의 생산시스템
③ 유연생산시스템(FMS), 셀제조시스템(CMS)
④ 셀제조시스템(CMS), 유연생산시스템(FMS)
⑤ 유럽의 판매시스템, 독일의 순차시스템

14. **물건을 하나 사면 하나를 덤으로 준다는 의미로 소비자의 구매 욕구를 촉진시키면서 동시에 저렴한 비용으로 제품홍보도 하는 1석 2조의 마케팅전략인 것은?**

① 데이터베이스마케팅 (database marketing)
② 노이즈 마케팅 (noise marketing)
③ 세그먼트 마케팅 (segment marketing)
④ 보고(BOGO)마케팅
⑤ 데카르트 마케팅 (techart marketing)

15. 다음 중 제4자 물류에 관한 설명으로 바르지 않은 것은?

① 앤더슨 컨설팅에 따르면 4PL은 "하주기업에게 포괄적인 공급사슬 솔루션을 제공하기 위해, 물류서비스 제공기업이 자사의 부족한 부문을 보완할 수 있는 타사의 경영자원, 능력 및 기술과 연계하여 보다 완전한 공급사슬 솔루션을 제공하는 공급사슬 통합자"라고 정의한다.

② 4PL은 공급사슬의 모든 활동과 계획 및 관리를 전담한다는 의미를 지니고 있다.

③ 4PL 성공의 핵심은 고객에게 제공되는 서비스를 극대화하는 것이라 할 수 있다.

④ 4PL은 3PL보다 범위가 좁은 공급사슬 역할을 담당한다.

⑤ 4PL은 전체 공급망에 대한 인사이트를 제공하여 정보에 입각한 의사결정을 내릴 수 있도록 지원한다.

16. 다음 중 소매차륜이론에 관한 설명으로 가장 옳지 않은 것은?

① 이 이론은 소매시장에서 변화하는 소비자들의 구매 욕구에 맞추기 위한 소매업자의 노력이 증가됨에 따라 또 다른 소매업자에 의해 원래 형태의 소매업이 출현하게 되는 일종의 순환 과정이론이다.

② 소매업 수레바퀴 이론에 따르면 새로운 형태의 소매점은 주로 혁신자로 시장 진입 초기에는 저가격, 저서비스, 제한적인 제품의 구색으로 해당 시장에 진입하게 된다.

③ 이전 소매점들은 새 유형의 소매점에 맞추기 위해 가격을 낮추고, 제한된 서비스, 낮은 마진의 형태로 운영하게 된다.

④ 새로운 형태의 소매상이 처음에는 낮은 수준의 서비스와 저마진으로 저가격을 실현함으로써 시장에 등장하지만, 높은 수준의 서비스를 제공하는 기존 형태의 소매상과의 경쟁으로 인해 소비자들에게 추가적인 만족을 제공하기 위해 어쩔 수 없이 설비를 개선하고 서비스를 확대해 가는 과정에서 가격경쟁력을 더욱 더 얻게 된다.

⑤ 미국의 멕네어 교수가 주장한 이론으로 소매기관의 발달을 설명하는데 가장 보편적으로 받아들여지고 있다.

17. 특정 기업이 모든 구매자를 대상으로 하나의 제품을 대량 생산하여 대량유통하고 대량 촉진하고자 하는 형태, 즉 최소의 원가·가격으로 최대의 잠재시장을 현실시장으로 창출해 낼 수 있다고 판단될 경우 취할 수 있는 최적의 마케팅 기법은?

① Ambush Marketing

② Mass Marketing

③ Massclusivity Marketing

④ Loop Marketing

⑤ Counter Marketing

18. 다음의 설명들 중 바르지 않은 것은?

① 지식은 앎을 바탕으로 무엇인가를 새롭게 창출하고 조직해 체계화함으로써 다시 새로운 것을 창출할 수 있는 기술과 정보까지도 포괄하는 개념이다.

② 지식경영은 기업을 둘러싼 환경이 급변함에 따라 이에 적극 대응하기 위한 지속적인 혁신과 함께 이를 가능하게 하는 지식의 중요성이 커짐에 따라 필립 코틀러에 의해 제창된 개념이다.

③ 지식과 정보의 생산, 유통, 사용, 축적은 컴퓨터와 인터넷 등 정보통신 기술의 발달이라는 물리적 기반에 기초해서 이루어진다.

④ 지식경영은 조직 전체의 문제해결 능력을 비약적으로 향상시키는 경영방식이다.

⑤ 형식지는 언어나 숫자로 표현할 수 있고 쉽게 공유할 수 있는 객관적 지식을 말한다.

19. 다음 중 POS 시스템에 관한 설명으로 바르지 않은 것은?

① POS 터미널의 도입에 의해 판매원 교육 및 훈련시간이 짧아지고 이로 인해 입력 오류를 방지할 수 없다.

② 전자주문 시스템과 연계하여 신속하고 적절한 구매를 할 수 있다.

③ 단품관리에 의해 잘 팔리는 상품과 잘 팔리지 않는 상품을 즉각적으로 찾아낼 수 있다.

④ 재고의 적정화, 물류관리의 합리화, 판촉 전략의 과학화 등을 가져올 수 있다.

⑤ 일반적으로 POS 시스템은 다양한 기능, 손쉬운 조작 실시간 데이터 업데이트, 사용자 정의, 높은 보안 및 모바일 사용의 특성을 지니고 있다.

20. 다음 물류관리의 원칙에 관한 설명으로 옳은 것을 모두 고르면?

> ㉠ 필요한 시기와 장소 등에 공급이 보장되어야 한다.
> ㉡ 수요·공급 및 조달·분배 등에 있어 균형성을 유지해야 한다.
> ㉢ 수송운반 시 화물 및 저장시설 등이 보호되어야 한다.
> ㉣ 최대의 자원으로 최소의 물자공급 효과를 얻어야 한다.
> ㉤ 필요하지 않더라도 중간과정의 유통과정을 포함시켜야 한다.

① ㉠, ㉡, ㉢

② ㉠, ㉣, ㉤

③ ㉡, ㉣, ㉤

④ ㉡, ㉢, ㉤

⑤ ㉢, ㉣, ㉤

21. 명령 및 권한의 체계가 명확한 공식적인 조직에서 활용되는 커뮤니케이션 네트워크 형태로 가장 적절한 것은?

① 바퀴형(wheel)

② 완전연결형(all channel)

③ 원형(circle)

④ Y형

⑤ 사슬형(chain)

22. 아래 그림과 같은 형태의 조직구조에 관한 설명으로 가장 적절하지 않은 것은?

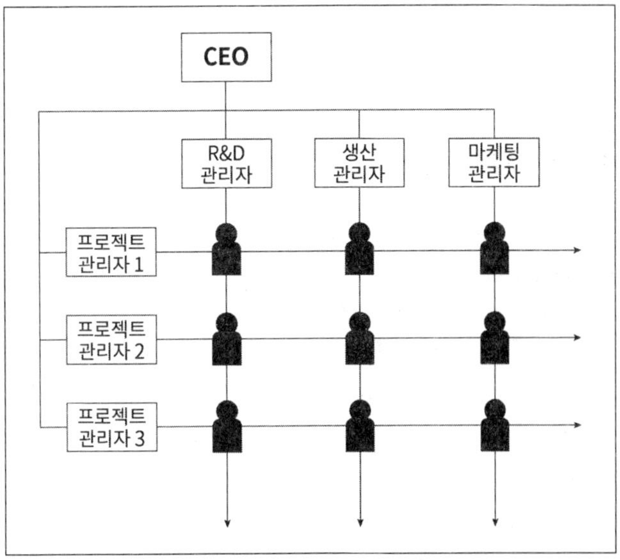

① 각 프로젝트별로 필요 인력을 기능별 조직으로부터 배정하는 형태로 구성원들은 최소 두 개의 부서에 해당된다.

② 소수의 제품라인을 지니고 있는 중규모의 조직에 가장 적절하다.

③ 인적자원을 효과적으로 활용할 수 있으며, 새로운 시장 변화에 융통성 있게 대처할 수 있다.

④ 명령일원화의 원칙에 위배되지 않는다.

⑤ 다양한 인간관계 기술에 대한 교육훈련이 필요하다.

23. 다음 중 인적자원관리에 관련된 능력주의와 연공주의를 비교한 설명으로 옳지 않은 것은?

분류	능력주의	연공주의
① 승진기준	직무중심 (직무능력기준)	사람중심(신분중심)
② 승진요소	업적, 성과, 직무수행 능력 등	경력, 연령, 학력, 근속년수 등
③ 승진제도	직계승진제도	연공승진제도
④ 경영 내적요인	통상적으로 전문직종의 보편화(절대적은 아님)	통상적으로 일반직종의 보편화(절대적은 아님)
⑤ 특성	승진관리의 안정성/객관적인 기준의 확보 가능	승진관리의 불안정/능력평가의 객관성 확보가 어려움

24. 다음 사례를 표현한 것으로 가장 적절한 것은?

> • 아시아인들은 운전을 잘하지 못한다.
> • 강남에 살면 돈이 많다.

① 주관의 객관화(projection)
② 선택적 지각(selective perception)
③ 대비효과(contrast effect)
④ 스테레오타이핑(stereo typing)
⑤ 후광효과(halo effect)

25. 다음 중 판매개념에 대한 설명으로 바르지 않은 것을 고르면?

① 기업 요구를 강조하고 있다.
② 대내적이면서 기업지향성의 특성을 띠고 있다.
③ 판매 및 촉진이라는 수단을 활용한다.
④ 기존의 제품에 초점이 맞추어져 있다.
⑤ 목표는 고객의 만족을 통한 이윤의 창출에 있다.

26. 경영혁신의 방법 중 생산제품의 효율성을 높이기 위하여 작업방법, 장비, 작업흐름에 새로운 변화를 도입하여 실용화한 것을 의미하는 것은?

① 관리 혁신
② 공정 혁신
③ 제품 혁신
④ 인적자원 혁신
⑤ 모듈화 혁신

27. 다음 중 서비스 시스템의 특징이 아닌 것은?

① 생산과 소비의 동시성
② 고객의 높은 참여도
③ 저장성
④ 표준품질 측정의 어려움
⑤ 고객의 짧은 반응시간

28. 다음 중 적시생산시스템의 구성 요소로 옳지 않은 것은?

① 긴 셋업 타임
② 균일한 작업부하
③ 그룹 테크놀로지
④ 다기능 작업자
⑤ 칸반 시스템

29. 다음의 기사와 가장 관련이 깊은 용어는?

> 백화점과 할인점의 마케팅 대행업체 '메일러스 클럽'은 최근 고객에게 발송하는 DM 시스템을 전면 개선하였다. 기존에 획일적으로 제공하던 DM을 고객의 구매 이력을 분석하여 가장 많이 구입한 상품과 추천 상품의 할인 쿠폰을 개인별 맞춤 형태로 다르게 발송한 것이다. 그 후 일반적인 DM 회수율이 2% 미만이었던 반면 맞춤형 DM의 경우 회수율이 48%에 달하는 기대 이상의 성과를 올렸다. 이렇게 맞춤형 DM의 제작이 가능하게 된 것은 기존의 '옵셋(Off－Set)'에 비해 20~30% 가량 출력 비용이 저렴하고 빠른 출력 속도로 생산성이 높은 디지털 인쇄기를 활용한 덕분이다.

① STP전략

② 트랜스코더

③ 트랜스프로모

④ SWOT 분석

⑤ 4p 전략

30. 인사고과 방법 중 하나로 피고과자 스스로 자신을 평가하는 것으로 능력개발을 목적으로 시행하며, 개인이 가진 스스로의 결함의 파악과 개선에 효과가 있어서 상위자에 의한 고과의 보충적 기법으로 사용되는 것은?

① 자기고과

② 타인고과

③ 동료고과

④ 전문고과

⑤ 다면고과

31. 다음 중 생산시스템의 관리과정을 순서대로 바르게 나열한 것은?

① 수요예측 → 대일정계획 → 절차계획 → 일정계획 → 작업배정 → 총괄생산계획 → 진도관리

② 수요예측 → 총괄생산계획 → 대일정계획 → 절차계획 → 일정계획 → 작업배정 → 진도관리

③ 수요예측 → 총괄생산계획 → 절차계획 → 대일정계획 → 작업배정 → 일정계획 → 진도관리

④ 수요예측 → 절차계획 → 총괄생산계획 → 대일정계획 → 일정계획 → 작업배정 → 진도관리

⑤ 수요예측 → 작업배정 → 대일정계획 → 절차계획 → 총괄생산계획 → 일정계획 → 진도관리

32. 최근 많은 기업들은 자사의 성과를 향상시키기 위한 방법으로 소비자심리를 파악하여 구매동기나 구매욕구를 자극하고 있다. 이와 관련된 이론적 설명으로 가장 올바르지 않은 것은?

① Freud에 의하면 소비자는 특별한 상표를 검토할 때 이미 기업이 주장한 그 상표의 능력뿐만 아니라 기타 무의식적인 단서에 반응하므로 형태, 크기, 무게, 자재, 색상 및 상표명 등으로 동기를 부여하여야 한다.

② Maslow는 소비자들이 특정한 시기에 특정한 욕구에 의해 움직인다는 것을 욕구단계설(또는 욕구계층설)로 주장하였다.

③ Maslow는 욕구단계설에서 예를 들어 배고픈 사람은 예술세계의 최근 동향, 다른 사람들에게 어떻게 보일까하는 문제, 자기가 깨끗한 공기를 마시고 있는지에 관해서는 관심이 없다는 것을 주장하였다.

④ Herzberg는 동기부여 이론에서 불만족 요인과 만족 요인을 개발하였는데, 불만족 요인이 없다는 것으로도 충분히 구매동기를 부여할 수 있다고 판단함으로써 기업들은 불만족 요인의 제거를 통해 구매동기를 부여할 수 있다고 주장하였다.

⑤ 이러한 동기부여이론들은 욕구가 강렬하고 충분한 수준으로 일어나면 구매동기가 된다고 주장한다는 점에서 공통점이 있다.

33. SERVQUAL에 대한 설명 중 가장 거리가 먼 것은?

① 초기에 10가지 차원에서 서비스 품질 평가를 하도록 제시되었으나, 실증적 연구를 통해 유형성, 신뢰성, 반응성, 확신성, 공감성 등 5개 영역차원으로 압축시켜 평가되고 있다.

② 측정 시 고객의 기대와 성과에 대한 차이가 크면 고객의 품질지각은 기대와 멀어지게 되고, 반대로 차이가 작으면 서비스 품질에 대한 평가가 낮아지게 된다.

③ 고객의 기대와 지각간의 차이점수를 이용하여 서비스 품질을 측정하는 것으로 이는 측정도구로서 신뢰성과 타당성에 한계를 가져올 수 있다.

④ 측정방식은 소비자의 구매 의지를 정확하게 예측할 수 있는 예측능력이 결여되어 있다.

⑤ 서비스 접촉의 결과보다는 과정에 초점을 맞추고 있어 기술적 품질부분의 측정이 결여되어 있다.

34. 의사결정지원시스템(DSS)의 일반적 특성에 대한 설명으로 가장 옳지 않은 것은?

① 경영계층에 속하는 의사결정자를 지원하는 시스템으로 주로 구조적, 반구조적 상황에서 인간의 판단과 객관적인 정보를 통합하여 이루어진다.

② 다수의 상호의존적인 의사결정 또는 순차적인 의사결정을 지원한다.

③ 다양한 의사결정 과정의 스타일뿐만 아니라 탐색, 설계, 선택, 구현 등의 단계를 지원한다.

④ 복잡한 문제에 관한 효율적·효과적 해결안을 제공하는 지식관리 구성요소를 갖추고 있다.

⑤ 학습을 촉진함으로써 응용에 대한 신규 수요를 창출하고 정교화를 도출한다.

35. 판매촉진 기간 중 판매증대를 유발하는 요인에 대한 설명 중 가장 거리가 먼 것을 고르면?

① 상표 전환은 상표 표준화의 증가에 따라 특정 상표에 대한 고객 충성도가 증가하면서 발생하는 현상을 의미한다.

② 재구매는 소비자의 학습 과정에 의해 특정 상표를 반복구매하거나 특정 점포를 반복 선택하게 되는 습관을 통해 형성된다.

③ 구매 가속화는 재고가 있음에도 불구하고 판매촉진 기간 중 선호하는 제품을 미리 구매하는 구매시점 앞당김 현상을 말한다.

④ 제품군 확장은 새로운 구매상황의 창출이나 특정 제품의 사용량 자체를 증대시키는 현상을 통해 달성된다.

⑤ 상표 전환은 경쟁 상표 간에 전환 행동을 보이는 소비자의 수가 동일하지 않다는 점에서 비대칭성을 갖는다.

36. 다음 중 "개방적 유통전략"에 해당하는 것만 모아놓은 것은 무엇인가?

㉠ 경로구성원과의 긴밀한 관계를 더욱 강화할 수 있는 전략 ㉡ 특정 점포에 특정 제품을 제공하는 전략 ㉢ 제품이 가능한 한 많은 소매점에서 취급되는 전략 ㉣ 제품의 독특함, 희소성, 선택성 등의 이미지를 부여하고자 할 때 구사하는 전략

① ㉠, ㉡

② ㉡

③ ㉢

④ ㉢, ㉣

⑤ ㉣

37. 다음 물류의 역할에 관한 내용 중 국민경제적 관점에서 서술된 것이 아닌 것은?

① 정확하고 규칙적인 배송 등의 물류관리를 통한 재고량의 감축

② 물류비용을 절감해 기업의 체질을 개선하고 소비자 및 도매 물가의 상승을 억제

③ 사회간접자본 및 물류시설에 대한 투자의 증대로 인하여 경제성장 촉진

④ 물류합리화는 자재 및 자원 등의 낭비를 방지해 자원의 효율적인 이용을 촉진

⑤ 효율적인 물류체계가 구축되면 지역 경제가 발전하여 지역 간 균형 있는 발전 촉진 및 인구의 편중을 방지

38. 6시그마 프로젝트의 직접적인 수행자로서 과학적인 기법을 활용하여 문제를 해결하는 전문가를 의미하는 것은?

① White Belt

② Green Belt

③ Black Belt

④ Master Black Belt

⑤ Champion

39. 아래의 내용을 읽고 문맥 상 괄호 안에 들어갈 말로 가장 적절한 것을 고르면?

> (　　)에서 중점을 두어야 할 것으로는 사내 파레트 풀 결성 등 물류 단위화, 포장의 모듈화·간이화·기계화, 하역의 기계화·자동화 등이 있으며, 합리화 과제로는 물류센터의 입지와 규모의 결정, 적정 서비스 수준과 적정재고의 유지, 수배송 정책의 결정 등이 있다.

① 폐기물류

② 조달물류

③ 역물류

④ 판매물류

⑤ 사후물류

40. 임금관리에 있어, 임금 수준, 임금 체계, 임금 형태의 3가지를 결정하여야 한다. 그리고 임금관리를 위해서는 공정성, 적정성, 합리성 등의 원칙이 지켜져야 한다. 다음 중 공정성 원칙이 지켜져야 하는 것과 가장 관련이 높은 것은?

① 임금 관리

② 임금 수준

③ 임금 체계

④ 임금 형태

⑤ 임금 시기

절 취 선

서울교통공사 필기시험

성 명

(자 필 성 명)

생 년 월 일

⓪	⓪	⓪	⓪	⓪	⓪	⓪	⓪
①	①	①	①	①	①	①	①
②	②	②	②	②	②	②	②
③	③	③	③	③	③	③	③
④	④	④	④	④	④	④	④
⑤	⑤	⑤	⑤	⑤	⑤	⑤	⑤
⑥	⑥	⑥	⑥	⑥	⑥	⑥	⑥
⑦	⑦	⑦	⑦	⑦	⑦	⑦	⑦
⑧	⑧	⑧	⑧	⑧	⑧	⑧	⑧
⑨	⑨	⑨	⑨	⑨	⑨	⑨	⑨

직업기초능력평가				직무수행능력평가			
1	① ② ③ ④ ⑤	21	① ② ③ ④ ⑤	1	① ② ③ ④ ⑤	21	① ② ③ ④ ⑤
2	① ② ③ ④ ⑤	22	① ② ③ ④ ⑤	2	① ② ③ ④ ⑤	22	① ② ③ ④ ⑤
3	① ② ③ ④ ⑤	23	① ② ③ ④ ⑤	3	① ② ③ ④ ⑤	23	① ② ③ ④ ⑤
4	① ② ③ ④ ⑤	24	① ② ③ ④ ⑤	4	① ② ③ ④ ⑤	24	① ② ③ ④ ⑤
5	① ② ③ ④ ⑤	25	① ② ③ ④ ⑤	5	① ② ③ ④ ⑤	25	① ② ③ ④ ⑤
6	① ② ③ ④ ⑤	26	① ② ③ ④ ⑤	6	① ② ③ ④ ⑤	26	① ② ③ ④ ⑤
7	① ② ③ ④ ⑤	27	① ② ③ ④ ⑤	7	① ② ③ ④ ⑤	27	① ② ③ ④ ⑤
8	① ② ③ ④ ⑤	28	① ② ③ ④ ⑤	8	① ② ③ ④ ⑤	28	① ② ③ ④ ⑤
9	① ② ③ ④ ⑤	29	① ② ③ ④ ⑤	9	① ② ③ ④ ⑤	29	① ② ③ ④ ⑤
10	① ② ③ ④ ⑤	30	① ② ③ ④ ⑤	10	① ② ③ ④ ⑤	30	① ② ③ ④ ⑤
11	① ② ③ ④ ⑤	31	① ② ③ ④ ⑤	11	① ② ③ ④ ⑤	31	① ② ③ ④ ⑤
12	① ② ③ ④ ⑤	32	① ② ③ ④ ⑤	12	① ② ③ ④ ⑤	32	① ② ③ ④ ⑤
13	① ② ③ ④ ⑤	33	① ② ③ ④ ⑤	13	① ② ③ ④ ⑤	33	① ② ③ ④ ⑤
14	① ② ③ ④ ⑤	34	① ② ③ ④ ⑤	14	① ② ③ ④ ⑤	34	① ② ③ ④ ⑤
15	① ② ③ ④ ⑤	35	① ② ③ ④ ⑤	15	① ② ③ ④ ⑤	35	① ② ③ ④ ⑤
16	① ② ③ ④ ⑤	36	① ② ③ ④ ⑤	16	① ② ③ ④ ⑤	36	① ② ③ ④ ⑤
17	① ② ③ ④ ⑤	37	① ② ③ ④ ⑤	17	① ② ③ ④ ⑤	37	① ② ③ ④ ⑤
18	① ② ③ ④ ⑤	38	① ② ③ ④ ⑤	18	① ② ③ ④ ⑤	38	① ② ③ ④ ⑤
19	① ② ③ ④ ⑤	39	① ② ③ ④ ⑤	19	① ② ③ ④ ⑤	39	① ② ③ ④ ⑤
20	① ② ③ ④ ⑤	40	① ② ③ ④ ⑤	20	① ② ③ ④ ⑤	40	① ② ③ ④ ⑤